中华驿站与现代物流

李芏巍　著

中国财富出版社

图书在版编目（CIP）数据

中华驿站与现代物流/李芏巍著．—北京：中国财富出版社，2013.1

ISBN 978-7-5047-4608-5

Ⅰ.①中…　Ⅱ.①李…　Ⅲ.①驿站—研究—中国—古代　Ⅳ.①F512.99

中国版本图书馆 CIP 数据核字（2013）第 015561 号

策划编辑　赵金杨　　**责任印制**　何崇杭　王　洁

责任编辑　何　乐　赵金杨　　**责任校对**　梁　凡

出版发行　中国财富出版社

社　　址　北京市丰台区南四环西路 188 号 5 区 20 楼　　**邮政编码**　100070

电　　话　010-52227568（发行部）　　010-52227588 转 307（总编室）

010-68589540（读者服务部）　　010-52227588 转 305（质检部）

网　　址　http://www.clph.cn

经　　销　新华书店

印　　刷　中国农业出版社印刷厂

书　　号　ISBN 978-7-5047-4608-5/F·1907

开　　本　787mm×1092mm　1/16　　**版　　次**　2013 年 1 月第 1 版

印　　张　12.75　　**印　　次**　2013 年 1 月第 1 次印刷

字　　数　302 千字　　**定　　价**　30.00 元

序 言

人类文明在历史的长河中已经流淌了几千年，而物流的概念却刚刚兴起不过几十年的时间。这不免让人思考，在百年以前甚至是千年前的人们是如何运输物资的，这几百年里乃至几千年里有没有一脉相承的“物流”思想存在，有没有类似的“物流”形态存在，古人又留存下来怎样的经验和教训供当代人学习和借鉴，这些都是需要今天从事物流工作者思考和研究的。

物流业的产生与时代的进步和社会化分工密切相关，“物流”思想一直陪伴着人类从原始走向现代，它是人类文明的发展史记，也是人类进步的象征。

中华文化对中国物流思想的延续和继承，可以从古今的物流难题中得以体现。可以说，有人的地方，就有物流；有物流的地方，就有难题的存在。古代利用聪明才智解决物流难题而加官进爵的大有人在，下面用一个很好的案例来说明。

宋真宗祥符年间“丁谓巧修皇宫”：一日，宫中突然发生了一场大火，烧毁了不少宫殿楼阁，时任参知政事的丁谓奉命修缮，然而修缮活动遇到四大难题。一是烧制砖瓦需要大量的土；二是重修楼阁需要大量的竹木良材；三是重建后需要将大量的废料杂物运出；四是为了不劳民伤财，重修宫室的进度时间被严格限制。丁谓是如何策划并一举解决这些难题的呢？“患取土远，公乃令凿通衢取土，不日皆成巨堑。乃决汴水入堑中，引诸道竹木排筏及船运杂材，尽自堑中入至宫门。事毕，却以斥弃瓦砾灰尘壤实於堑中，复为街衢。一举而三役济，计省费以亿万计。”

丁谓命令工匠在大街上挖土，解决了用土与移动的难题；命令工匠将汴河河水引进沟中，再用很多竹排和船将修缮宫室要用的材料顺着沟中的水运进宫中，用水运解决了材料运输难题。宫殿修完后，再将被烧毁的器材和多出来建筑材料回填进挖出来得深沟里，重新将街道填出来，解决了建筑废料的利用和运输移动难题。这一举做了三件事，不但节约了大量的时间、运力、人力和物力，又实现废物的回收利用，并节省下来的超过了亿万财力。

可以说古往今来，解决物流难题的思想和智慧并不完全是因科技和经济的不同而有天地之别。中国古代几千年的物流思想和智慧通过书籍、文物、遗址等一代代地传承了下来，通过当代人的研究、挖掘，将这些思想和智慧转化成生产力，造福当代人。本书作者李芏巍先生拥有中国物流园区最多成功案例和经典案例，作者带领的研究团队经历了两年时间研究“中华驿站与现代物流”的课题，并将成果著成本书。

在一年前，李芏巍就向我介绍其“中华驿站与现代物流”的研究，我个人认为，这一

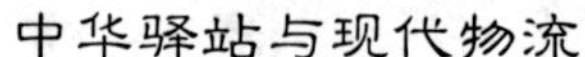

项工作非常重要，迄今为止，我国很缺乏这方面的研究成果，应该说这是我国物流工作者第一次用现代物流的理论观点和思想对“中华驿站”进行的追踪研究。从这一点来讲，李�巍及其物流策划团队做出了开创性的研究工作。从物流的角度来看，作者所在的研究机构作为中华驿站研究成果的载体，是围绕“中华驿站”结合“现代物流”的主线，将研究材料通过收集、整理、分析等各种研究手段融为一体，从而有效地完成本课题。其中关键的一点就是运用科学的实地考察资料，结合图文并茂的表达方式，研究成果在深度和难度上都有突破。我个人认为，这项研究成果注重科研成果转化和为物流发展服务，具有重要的应用价值。

作为高等院校、物流专业研究院所也好，还是作为物流研究、咨询公司也好，或是作为物流科研人员，归根到底，培育持续竞争优势的基础在于构筑与众不同的核心能力。人们常常在谈发展战略，其实应该考虑是否具有独特的资源与知识，以及这些能否带来独特的价值，竞争能力的核心来源于长期积累的技能的有机融合，竞争优势来源于将核心能力发挥最大效率，并强调实践学习与创新研究的重要性。李�巍及其领导下的物流策划团队的实例正是体现实践学习与勇于研究的重要性，《中华驿站与现代物流》一书的面世，就是一个很好的体现。

该书借助中华历史文化中的物流思想，探讨中华驿站与现代物流的关系，总结了中国古代邮驿在物流研究方面留存下来的思想和智慧，探讨了如何更好地将高科技运用于物流领域，为决策者改善物流运作能力提供有力的支撑，通过将理论知识转化成生产力，为我国现代物流的发展注入新的活力。

2012 年 10 月 11 日于北京·中物策院办

王之泰教授，中国物流学界的泰斗，曾任中国人民政治协商会议全国委员会常委、北京市政协副主席、北京市人大常委、民建北京市委员会主委、北京物资学院副院长，中国物流学会副会长，曾获国家科委科技进步三等奖，物资部科技进步二等奖。被授予“国家有突出贡献的专家”称号，主要著作有《现代物流学》、《物流学及其应用》等。王之泰教授在物流学领域建树颇丰，是中国现代物流产业发展的积极推动者，早在 1986 年 2 月出版了我国第一本物流工具书《物流手册》，成为中国最早进行现代物流学研究的物流专家之一，并为中国现代物流的发展作出了卓越的贡献。

自　序

探访中华驿站

李芏巍

中华驿站三千年历史引发更多思考，
马啼声夹着奔跑声合成远去的路谣，
千年史中有没有物流思想一脉相承，
历史沉淀遗留价值需要去探索追访。
中华文化传承物流智慧思想在吟唱，
可以从古今的物流难题中探索对照，
物流伴着人类文明发展和不断进步，
历史印记在传承中碰撞出耀世之光。
中华驿站文化物流智慧思想呈辉煌，
改善物流运作能力珍藏着无尽力量，
现代物流注入文化活力创造新时代，
让物流似行云如水尽情欢腾与流徜。

注：2010 年 8 月下旬至 9 月初，作者率中国物流策划团队一行人专程前往内蒙古自治区二连浩特市，在没有正式公路的茫茫大草原驱车奔驰，依据指引的方位终于寻找到了历史上元代“草原丝绸之路”的重要节点——在清嘉庆二十五年（1820 年）正式设置的“伊林驿站”的遗址，并在此进行实地勘察。

伊林驿站遗址位于二连浩特市区东北 9 千米处，占地面积约 1600 平方米。此遗址是张家口——二连浩特——库伦（今蒙古国乌兰巴托）古“茶叶之路”上的一个重要遗存。这条路线称为“张库路”，全长 1600 余千米，南接京师（今北京），北接恰克图（今蒙俄交界的一边境城市），大量的中国茶叶曾由此运抵中亚。“张库路”始于明末，盛于清中期，衰落于民国初年。“伊林”为蒙语，汉语意为“纪元、初始”。“伊林驿站”遗址现为内蒙古自治区重点文物保护单位。

伊林驿站是中国内陆茶丝道上的最后一站，也是重要一站，令人遗憾的是被日本军队炸毁。据介绍，我们是中外物流方向研究机构中第一支到达伊林驿站遗址现场的队伍。当时我们万分兴奋，在茫茫大草原欢呼，舞动着物流策划的旗帜呐喊：“中华驿站，我们现代物流人来了!”

感慨万千，彻夜难眠，提笔而作此诗。

前　言

我国是世界上最早建立传递与输送信息组织的国家，原始社会出现了以物示意的传递方式，奴隶社会发展为早期的声光通信和传递，到封建社会时，中华驿站在世界上已居于前列。时至今日，中华驿站已百三千多年的历史，经历了春秋、汉、唐、宋、元、明清等朝代的发展。

本书是我国物流研究工作者第一次用现代物流的理论观点和思想，对“中华驿站”进行的追踪研究、普及物流知识文化的读物。本书深入挖掘和整理了中华驿站传统文化，同时结合社会发展，注入了新时代物流文化。文化是维系一个民族生存和发展的强大动力，物流的存在与发展自然依赖文化，书中运用生动、简明、通俗的文字，以图文并茂的形式，把中华文化中的驿站文化、制度文化、物流文化、商业文化、贸易文化、行为文化、礼仪文化等知识全面展示给读者，本书区别于一般的物流知识读物的特别之处在于本书在物流学、交通学、道路学、管理学、地理学、考古学、历史学、经济学、社会学、人类学，规划学、策划学、设计学、艺术史等方面皆有研究和参考价值。

中华驿站，是人类物质文明和精神文明有机融合的产物，同时又是一个历史现象，是社会的历史沉积。对于中华驿站和驿道交通及其作用进行过梳理和研究，从物流、交通、历史、地理、社会变迁等角度看到了中华驿站及其驿道上的物流形态和物流思想，又从动态角度看到了中华驿站在驿道沿线地域积淀着丰富多彩的历史文化、驿站文化、物流文化。本书主要内容包括：对中华驿站和驿道及其相关影响的研究；中华驿站对物流形态、物流思想、物流理念的进化推动经济的发展重要意义；中华驿站和驿道对商品市场一体分布格局等的出现形成的重要影响；中华驿站和和驿道对地区的“国家化”及城镇格局、市场格局及功能形成带来的重要影响。

千百年过去了，在当初强烈的国家意志下开辟的维系统治集权地与边陲或边疆之间命脉的“中华驿站”和“官道”，一系列重大社会变革，无一不与中华驿站和驿道有着密切的关系。随着其后一系列政策的实施，逐渐退隐而淹没在历史尘埃中。然而，回溯历史，我们看到，中华驿站和古驿道及其沿线及周边地域，不仅留下了厚重而多样的文化积淀及景观，至今，还时隐时现地显露出它的神秘魅力。对我们了解物流过程、物流文化、国家化过程、汉族移民史、族群文化、商品流动的交融与互动、文化景观及非物质文化遗产保护等问题都有着重要的研究价值。

当今世界，随着经济全球化进程的加快，随着我国综合国力的日益强大，广大民众对重塑民族自尊心和自豪感的愿望日益迫切，可以说人们也越来越重视中华驿站，并且外国人也非常重视和渴望了解神秘的中华驿站。本书旨在加强对中华驿站的追踪研究，更好地弘扬民族文化和民族精神，增强民族凝聚力。

现代物流是伴随社会化大生产进程产生和发展的，随着科学技术的进步、贸易范围的扩大，其功能也在不断拓展，服务领域不断延伸。因此现代物流的发展呈现出一体化、网络化、智能化、专业化、社会化、国际化等趋势。现代物流业存在于国民经济体系之中，但又具有区别于其他产业门类的独特产业特性，它是一个复合产业，它依附于其他产业，它具有明显的外部性等，这些产业特性必然使物流业的发展有着个性化的独特趋势。随着产业环境、服务对象以及产业自身的发展变化，现代物流已经呈现出许多新的发展趋势。现代物流理念的进化推动产业发展模式的转变，产业回报与社会、环境效益将在共同的利益基础上推动现代物流业健康、快速、持续发展。作为物流研究的机构或工作者，对"中华驿站"进行的追踪研究，借助传承中华历史文化中的物流思想，探讨中华驿站与现代物流的现象，以科学的发展观来总结中华驿站在物流方面留存下来的形态、思想和智慧，将源远流长、博大精深的中华驿站研究传播给大众，特别是传播给物流人，是作为一名物流研究工作者的最大心愿。

作　者

2012 年 10 月于广州大学

目　　录

第一章 绪　论

第一节 研究背景

古今中外，道路在国家和地区经济发展中的地位至关重要。道路既是国民经济重要的基础设施，又是国民经济的先导性产业。许多发达国家和地区的发展和振兴，都是以加强交通道路建设为先导，从而带动了整个经济社会的持续、快速、健康发展。交通运输需求的变化，相应地引起各种道路的重要性发生改变。

道路体系成长的过程是缓慢的。两点之间的连线逐渐延长，连接许多点而成为网状。由核心地区辐射，先成为线型，再成为树型，然后支线与支线之间，有了新的连线，终于演化为密布的网型。因此，中国的扩张，不是面的扩大，而是线的延长。中国文化的扩张，随着道路的延伸而进展。

从古代驿道，到如今现代化的物流运输，道路建设是运输的根本。从古时的“车同轨”，到如今的铁路、动车、高铁；省道、国道、高等级公路至高速公路等更加现代化的基础设施，好比是物流输送的“血管”，而驿站和物流园区才是物流调度、配送、管理的“器官”。那么，从中华驿站到如今的现代化物流，是不是存在着某种历史延续，中华驿站在远古时又担当了什么样的物流作用，是否能提供给当前我国的现代化物流发展建设一些借鉴？在这本书里，我们将一一进行探讨。图1-1是作者在内蒙古自治区二连浩特（简称“二连”）伊林驿站博物馆拍摄的驿站简史介绍照片。

图1-1　驿站简史介绍照片

注：作者摄于伊林驿站博物馆

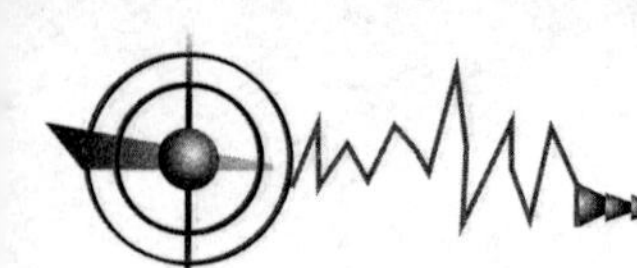

研究中华驿站与现代物流之间的联系，我们需要分别对其进行一番认知。我们先对“中华驿站”进行一些简单的了解，看看“驿站”原本扮演着怎样的角色。

“驿站”拼音：yì zhàn，基本解释是古时专供传递文书者或来往官吏中途住宿、补给、换马的处所。详细解释是古时供传递文书、官员来往及运输等中途暂息、住宿的地方或旅店。《水浒传·楔子》：“洪太尉次日早朝，见了天子，奏说：‘天师乘鹤驾云，先到京师，臣等驿站而来，纔得到此。’”清魏源《圣武记》卷十一：“故元太宗言：‘我即位后，惟四善政：一、平定金国；二、设立驿站；三、无水草处穿井立营；四、各处城池，设官镇守。’”朱自清《踪》：“曲曲折折的路旁，隐现着几多的驿站，是行客们休止的地方。”

当今，现代人对“驿站”的应用与眷念如痴如醉，让人惊讶。我们看看“驿站”在现代扮演着怎样的角色。

在全国范围内许多不同类型的旅游景区、公园、文化活动地段、图书馆、饮食、娱乐处，用“××驿站”命名本区域内公共场所。

在全国范围内许多大众分享的网站，栏目有活动、结伴、攻略、游记、足迹、地理、人文等。网站主要是以“驿”古意为基准，是旅游者的休整地，在这里交流，分享游历，在这里，结识行走下一程的同伴。就像搭车去旅行，一路上有一个休整地。

随意在网络搜索“驿站”，网站竟然出现一连串，多得惊人。如：爱心驿站、VC 驿站、数字驿站、论坛驿站、情感驿站、天使驿站、影视驿站、丛林驿站、女性驿站、电子驿站、实修驿站、文学驿站、青年驿站、心理驿站、开心驿站、CG 驿站、QQ 驿站、多多驿站、播客驿站、诗文驿站、影友驿站、旅行驿站、旭日驿站、九州驿站、校园驿站、动漫驿站、网络驿站、国人驿站、白领驿站、空港驿站、夜恋驿站、彩虹驿站、龙门驿站，等等；还有一些以各省、市、区、县名、地名、行业名作字号命名的驿站。

中央电视台也不示弱，推出《快乐驿站》，是 CCTV3 在 2004 年 10 月 8 日推出的一档日播动漫栏目。该节目最大的特点与看点，就是用不同的各地方言重复说“快乐驿站”。

更令人惊喜的是，如今许多交通要道、高速公路、汽车站、加油站、高铁、地铁、飞机场休闲场所，也挂起“××驿站”的招牌，更有意思的是，有的物流园区内的经营场所也挂起“××驿站”的招牌，比如有峰峰快递驿站，通过工商注册运营的北京驿站快递服务有限公司、北京飞马驿站快递服务中心等。

古代人发明“驿站”一词，现代人演绎中国古典“驿站”。现代邮政局、道路、物流、物流园区、商贸、商品市场、快递都与“驿站”有着千丝万缕的联系。“驿站”充满既神秘又神奇的色彩，这充分说明“驿站”的魅力和影响力经久不衰。

驿，在古辞典《说文解字》中被解释为：“驿，置骑也。”用《现代汉语词典》的解释，就是：“旧时供传递文件的人在中途休息、换马的地方，亦指供传递公文用的马。”

“驿”出现较早，最初称“驿传”，是我国古代政府设置的一种供使臣出巡、官吏往来和传递诏令、文书等用的交通组织。有考据称，这一组织始于春秋战国，称遽、驲（古代驿站专用的车）、邮、传等。《左传》中有关记载不少，《孟子·公孙丑》也说，“德之流行，速于置邮而传命”，可见当时邮驿制度相当发达。

诗人咏史及“物流快递”的佳作：

从物流的角度新译注释与鉴赏绝句《过华清宫》（见图 1 - 2）。

长安回望绣成堆，
山顶千门次第开。
一骑红尘妃子笑，
无人知是荔枝来。

图 1 - 2　唐·杜牧·过华清宫·华山川·唐人诗意图，描绘古代快递史中国画的图片

这首为人们所熟知的绝句《过华清宫》，脍炙人口。穿越“快递”的时光隧道，讲述中华古老的这块国土上流芳千古的典故，与今天新兴行业的使命与思想的共同之处，通过“快递”荔枝典型事件，描绘“保鲜水果”物流过程，有着“物流快递化”非同一般的艺术手法与效果。杜牧这首描绘当时“驿站”在“快递”“保鲜水果”“门对门”过程中作用的经典之作，我们也可以从中看出“物流”的“快递”在古代的文化作品中传承。

杜牧（803—852），字牧之，京兆万年（今陕西西安）人。唐代诗人。杜牧是宰相杜佑之孙，二十六岁时考中进士，任弘文馆校书郎。不久，任江西、宣歙、淮南等节度使幕僚，以后历任监察御史、司勋员外郎及黄州、池州、睦州、湖州刺史，终中书舍人。杜牧对政治、军事都有颇为卓著的见识，曾联系时事研经读史，注《孙子兵法》，可惜不为统治者所用。杜牧擅长诗文，力倡“文以意为主”之论。诗风豪爽清丽，尤工绝句。后人为了区别于杜甫，称其为小杜，又为了区别于李白、杜甫，称杜牧与李商隐为小李杜，足见杜牧在文学史上的地位。

《过华清宫》一诗注释与鉴赏：

(1) 华清宫:《元和郡县志》:“华清宫在骊山上,开元十一年初置温泉宫。天宝六年改为华清宫。又造长生殿,名为集灵台,以祀神也。”华清宫是唐太宗在644年修建的行宫,原名汤泉宫,唐玄宗在747年将其改名为华清宫。有许多诗人写过以华清宫为题的咏史诗,而杜牧的这首绝句精妙绝伦。

(2) 首句写从“长安回望”。骊山有东绣岭、西绣岭,遥望观的是骊山总貌。谁在“回望”,人物自然是“快递专使”——“一骑”。用“回望”的角度先展现一个广阔深远的骊山全景,让人联想林木葱茏,花草繁茂,宫殿楼阁耸立其间。次句承“绣成堆”既描绘骊山华清宫的建筑群,又指骊山两旁的东绣岭、西绣岭,形容宛如团团锦绣,描写骊山美丽的全景,语意双关。

(3) 山顶千门:要进山,从山脚至山顶要经过很多很多的门,才能到达山顶上那座雄伟壮观的行宫。通常大门是紧紧关闭的,而此时紧闭的大门忽然一道接着一道得用最快速度依次打开。接承“次第开”,为谁开?是专供“快递”的“驿马”飞驰无阻进入去到山顶行宫。语意双关,接下来是两个意思表述:“快递”已近骊山,望见“山顶千门次第开”;同时也表示山上专门探得信息讯号人也早已望见“快递”将到,因而下令将“山顶千门”依次打开。意在说明此次开门之重要与紧急。

(4)“一骑红尘”描述“一位”着红色工装的“快递”专使,骑着“一匹驿马”风驰电掣般疾奔而来,速度如此之快,身后竟然扬起一缕一缕尘埃,以至“快递”专使与一缕一缕尘埃合成一团“红尘”,似乎是只见红尘不见人。

(5) 妃子:指杨贵妃。乐史《杨太真外传》:上曰:“赏名花,对妃子,焉用旧乐词!”出现了“妃子笑”的戏剧性场景构成鲜明的对比的强烈艺术效果。几个场景却都包蕴着悬念。“门”因何而开?“快递”为何而来?“妃子”又因何而笑?一方面,是以送来荔枝的“快递专使”——“骑者”和“驿马”挥汗如雨,累不堪言;另一方面,看到送达的新鲜荔枝的贵妃,嫣然一笑,乐开了怀。

贵妃一笑“快递专使”——“一骑”气喘吁吁累成这般模样;

贵妃二笑“快递”送达的是自己的最喜欢吃的新鲜荔枝;

贵妃三笑感谢这位知道自己喜欢吃荔枝的“采购人”;

贵妃四笑“采购人”竟然采用“快递”使用“保鲜”方式将荔枝“快速”送达;

贵妃五笑进山森严壁垒,关闭的一扇一扇大门不用检查来者与物品,用最快速度依次敞开大门,保障“快递专使”驿马最快速度飞奔无阻将荔枝送达。

(6) 含蓄委婉地揭示谜底:“无人知是荔枝来。”于此,那么前面的悬念顿然而释,那几个场景便自然而然地联成一体了。张明非在研究“吴乔《围炉诗话》”中说:这首诗的艺术魅力就在于含蓄、精深。“无人知”三字也发人深思。其实“荔枝来”并非绝无人知,至少“妃子”知,“快递”知,还有一个诗中没有点出的定“荔枝”的“采购人”——“皇帝”是知道的。这样写,意在说明此件“物流”“门对门”重大紧急,外人不能得知,也与前面渲染的不寻常的气氛相呼应,蕴涵深广,全诗把“快递”物流文化思想境界提升到惊人的高度。

《新唐书·杨贵妃传》中有记载："妃嗜荔枝，必欲生致之，乃置骑传送，走数千里，味未变，已至京师。"如果除却历史背景与交通运输工具和冷藏装置，"置骑传送"指用"专使骑着驿马'快递'"传送，单指"走数千里，味未变，已至京师"，这 11 个字，足以让现代"物流""冷链""快递"钦佩。《过华清宫》绝句描绘"驿站"在"快递""保鲜水果"的过程，全诗朴素自然，寓意精深，含蓄有力，是咏史"物流快递"的佳作（如图 1－3、图 1－4 所示）。

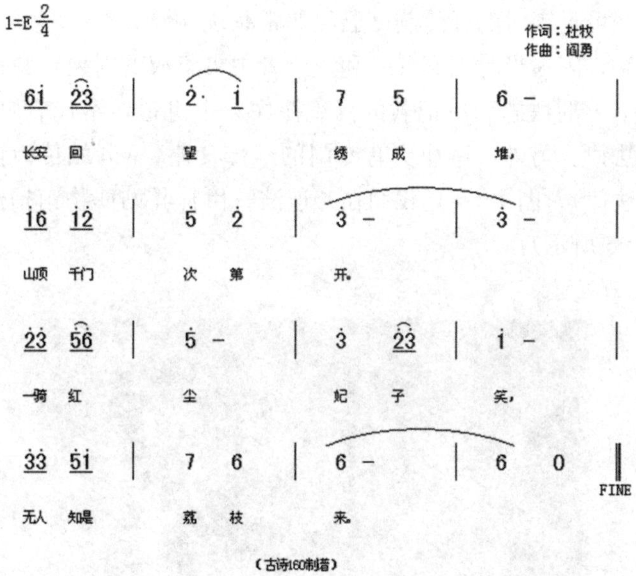

1=E 2/4

作词：杜牧
作曲：阎勇

61 23 | 2· 1 | 7 5 | 6 - |
长安 回 望 绣 成 堆，

16 12 | 5 2 | 3 - | 3 - |
山顶 千门 次 第 开。

23 56 | 5 - | 3 23 | 1 - |
一骑 红 尘 妃 子 笑，

33 51 | 7 6 | 6 - | 6 0 ‖
无人 知是 荔 枝 来。

FINE

（古诗160制谱）

图 1－3 过华清宫绝句，阎勇配曲古诗制谱图

图 1－4 毛泽东手书杜牧诗句——过华清宫绝句三首之一

我们姑且不论古人“家书抵万金”这样的书信和物品的流通。就说成批物品的物流形式，这样的机构为人最早所知的自然应该是中华驿站。中华驿站可以追溯到隋唐时代，我们知道当时的驿站是专门为朝廷传递官府文书和军事情报的人或供来往官员途中食宿、换马的场所。我国是世界上最早建立组织传递信息的国家之一，邮驿历史已长达3000多年。

春秋战国时期，我国已经出现驿传制度。此时的驿传职能主要是传送行旅和邮寄公文书信。实施办法，是30里置1传舍（交通站），有屋舍可供旅客住宿，有车、马可传送行旅和邮寄公文书信，可见当时的驿传制度已经非常系统。

秦平定六国前后，因为当时国家统一和统治者中央集权的需要，驿传制度已经设计地很完备。根据《晋书·刑法志》所记载的《魏律序》中讲道，秦代有厩置、承传、副车、食厨等有关驿传的法律。另外，秦律更有专门的《传食律》（驿站传饭食供给的法律）和《行》（公文传递的法律）。图1-5是我们在二连浩特伊林驿站博物馆拍摄的中华驿站文化介绍照片（如图1-5所示）。

图1-5　中华驿站文化介绍照片

注：作者摄于伊林驿站博物馆

汉承秦制，驿传制度也在秦制上进一步完备。比如，用车传送称“传”，用马传送称“驿”，步递称“邮”，三种称呼常通用，也称为“置”。汉代驿传制度是在交通要道上隔几十里置一驿（一般为三十里左右），即供应人夫车马和食宿的交通站。十里一亭，五里一邮。驿有传舍，可供歇宿。亭也可止宿。文书由驿及亭、邮传送，有很具体的规定。各级来往人员及其从者的膳食和驿马的饲料，都有一定的标准。持有官府颁发的符、传，过所的旅客都可在传舍止息。驿与驿之间或不设驿的一般道路上，则由主察奸盗的亭兼管文书传递。

例如文书的传递，举凡传递的方向，文书的性质（书檄、诏书等），封数及其装束，发文者的封泥印章，收文的单位或人员，传受的邮站及其吏卒姓名，邮站收发时刻，规定的里程和时程，传送的方法（如邮行、亭行、次行、吏马行）等，都要做详细记录，即“邮书课”。不按规定、失期失程的要依律受罚。紧急文书则由驿骑持赤白囊递送，称“奔命书”。除文书传递、官吏往来外，方士、贤者有诏命征召的，也得乘传；吏民告急上变的，也可要求借用轺传至京师言事。

宋代驿传制度大致沿袭唐代而又有较大发展。驿道四通八达，郊野都鄙之间，二十里有歇马亭，六十里有馆，水行州县有水驿，需持驿券。驿券由枢密院发给，称“走马头子”或“递马头子”。太平兴国三年（978 年）一度取消驿券，改用银牌；端拱二年（989 年）复旧。在刚开始时，内外官员乘驿给马数缺乏统一规定。嘉佑四年（1059 年），三司使张方平首次依据旧例和有关宣敕令文纂集删改，编为驿券则例七十四条，赐名“嘉佑驿令”，颁行全国。

辽有军国重事（如抽发兵马），遣使传旨，用银牌（镀金），长一尺，上刻契丹字，文为“宜速”及“敕走马牌”，由皇帝亲授与使者带在项上驰驿，并手札给驿马若干匹，驿马缺则取他马代，最快一昼夜行七百里，其次五百里。银牌使者所至，如皇帝亲临，需索物品、更易（驿马），无敢违抗。使回纳还银牌，也由皇帝亲授，付牌印郎君收掌。又有长牌，亦银质镀金，由南内司收掌，遣使赴诸道取索物色及进奉宋朝物品用之；木牌，用于遣使往女真、鞑靼各部取要物色和抽发兵马，均带在腰间左边走马（驰驿）。据宋人使辽行记和《武经总要》记载，设有从白沟至中京、上京和四季捺钵的驿道，宋使入辽即行此道，还有从中京至东京的驿道。两驿间的距离，从五六十里至一百余里不等，其间设有中顿，供使客午餐。初，诸县人民承担驿递、马牛之役，至辽末，始使民出钱，由官府募役。

明代驿传机构，在京城设会同馆，地方分别设水马驿、递运所和急递铺。

永乐初设会同馆于北京。正统六年（1441 年），定为南、北二馆，北馆六所，在北京；南馆三所，在南京。设大使一员、副使二员，总辖馆务。内以副使一员，分辖南馆。弘治（1488—1505 年）年间，添设礼部主客司主事一员，专一提督。凡各王府差遣人员、辽东建州等卫、西北诸国使臣及云贵四川湖广土官番人等，俱于北馆安顿。瓦剌、朝鲜、日本、安南等国进贡使臣，俱于南馆安顿。馆夫额设四百名，南馆一百名，北馆三百名。图 1 - 6 是我们在二连浩特伊林驿站博物馆拍摄的伊林驿站直接通达泉州的介绍照片。

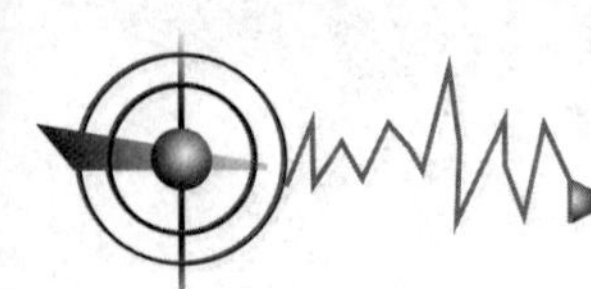

图1-6 驿站通达——泉州介绍

注：作者摄于伊林驿站博物馆

(1) 水马驿。两京十三布政司共设水马驿一千处以上。马驿六十里或八十里一置，冲要去处，设马八十匹，六十匹、三十匹不等，其余亦设马二十匹、十匹，以至五匹。各驿马匹分上、中、下三等，马膊上悬挂小牌，明写等第。马夫备有铜铃，遇有紧急公务，悬铃身上，前路驿听候铃声，随即供应，不致妨误。水驿设船，使客通行正路，每驿二十只、十五只、十只；其分行偏路，亦设船七只、五只。每船设水夫十名。

(2) 递运所。在陆路者设置车辆，大车能载米十石者，每车人夫三名，牛三头，布袋十余。小车人夫一名，牛一头。在水路者设置船只，船俱用红油刷饰，每船置牌一面，开写本船字号、料数、水夫姓名及樯、柁等一应浮动什物数目，以供点视。六百料者，每只水夫十三名；五百料者，每只水夫十二名；四百料者，每只水夫十一名；三百料者，每只水夫十名。递运所或置或革，时有变动，据《万历会典》的统计，尚有一百四十余处。

(3) 急递铺。每十里设一铺，每铺设铺长一名，铺兵要路十名，僻路或五名、四名，专一传送公文。每铺设日晷一个，以验时刻。递送公文，照依古法，一昼夜通一百刻，每三刻行一铺，昼夜须行三百里。公文到铺，随即递送，无分昼夜。鸣铃走递，前铺闻铃，铺司预先出铺交收，填写时刻、该递铺兵姓名，小回历一本，急递至前铺交收，于回历上附写到铺时刻，以凭稽考。乘驿需凭符验。传送文书亦须盖有印信，以防作伪，这种印信为加盖骑缝半印，以凭板勘对合，故称“勘合”。

清代驿传，以京城皇华驿为中心，通达全国。各省所设称驿，属所在厅州县兼管，间有设驿丞专管者；盛京所设亦称驿，专设驿丞管理，不隶州县。通达西北边疆军报所设者称站（自京城回龙观站而西，分两道，一至张家口，接阿尔泰军台；一往山西、陕西、甘肃出嘉峪关，接安西州军塘）；吉林、黑龙江所设亦称站，统于吉、黑将军；自喜峰、古北、独石、杀虎四口分道达于内蒙古各旗，亦设站（蒙旗境内为蒙古站），于四口各派理藩院章京统之。西北两路所设者称军台，分隶于阿尔泰军台都统、乌里雅苏台将军、科布多大臣、库伦大臣、伊犁将军及新疆诸城大臣。安西、镇西、哈密所属特设军塘以通军报，设营塘以通寻常文报。计全国（除西藏外）所设驿、站、台、塘共两千余处，统称驿站。

相关链接：鸡鸣驿站

鸡鸣驿城位于河北省怀来县鸡鸣驿乡鸡鸣驿村，是一处建于明代（1368—1644 年）的驿站遗存（图 1-7、图 1-8 是我们在二连浩特伊林驿站博物馆拍摄的鸡鸣驿遗址介绍照片）。鸡鸣驿城是中国邮传、军驿的宝贵遗存，具有很高的文物价值，是目前国内保存最好、规模最大、最富有特色的邮驿。

鸡鸣驿建筑群具有重要的历史、艺术、科学价值，被称为邮政考古、机要考古的一座“活化石”。1982 年被河北省政府公布为省级文物保护单位。2001 年被国务院公布为第五批全国重点文物保护单位。2005 年被建设部、国家文物局列入第二批中国历史文化名村。2003 年、2005 年，鸡鸣驿两次被世界文化遗产基金会列入 100 处世界濒危遗产名单。

图 1-7 鸡鸣驿遗址图片

注：作者摄于伊林驿站博物馆

图 1-8 鸡鸣驿沙盘复原模型

注：作者摄于伊林驿站博物馆

一、鸡鸣驿得名

鸡鸣驿，因背靠鸡鸣山而得名。鸡鸣山，《水经注》里说，赵襄子杀代王于夏屋而并其土，襄子迎其姊于代。其姊代之夫人，至此曰："代已亡矣，吾将归乎?"遂磨笄于山而自杀。代人怜之，为立祠焉，因名其地为磨笄山，每夜有野鸡鸣于祠屋上，故亦谓之鸡鸣山。《明·一统志》里则说，唐太宗北伐至山闻鸡鸣，因名鸡鸣山。

二、鸡鸣驿建筑布局

驿城占地 22000 平方米，平面近方形，城墙周长 1891.8 米。城墙表层是砖砌，里层是夯土。墙体底宽 8～11 米，上宽 3～5 米，高 11 米。城墙四周均匀分布着 4 个角台。东西各开一城门，建有城楼。城外有烟墩。城内的五条道路纵横交错，将城区分成大小不等的十二个区域。城内建筑分布有序，驿署区在城中心，西北区有马号，东北区为驿仓，城南的傍城有驿道东西向通过。城内还有古代遗留的商店和民居。

鸡鸣驿的布局："三横两纵"5 条贯通东西、南北的大街，将驿城按"井"字不均地分为 3 区 9 块 12 片。东西走向的头道街区域主要是军政管理和商业服务区；南北走向的西街区域是驿站的核心设施；东北为驿仓区；正北为驿学区；宗教建筑则遍布全城。

三、鸡鸣驿历史

距下花园五千米有一座山原名叫磨笄（jī）山。贞观十九年，唐太宗"恃其英武征辽，尝过此山"，曾"驻跸其下，闻雉啼而名曰鸡鸣"。一个帝王可以改变历史，改变一个地名更是颐指之间的事情。于是这座山从此叫鸡鸣山。于是在京张公路旁这个原来名不见经传的小地方成为一系列传奇的发源地。

传奇英雄成吉思汗与忽必烈又为鸡鸣驿添上浓墨重彩的一笔。1219 年，成吉思汗率兵西征，在通往西域的大道上开辟驿路，设置“站赤”（即驿站）。到忽必烈时，全国（不包括蒙古地区）已建有站赤 1496 处，其规模远超汉唐。

至明朝永乐十八年（1420 年），鸡鸣驿扩建为宣化府进京师的第一大站，城内设有驿丞署、驿仓、把总署、公馆院、马号等建筑，还有戏楼和寺庙。

明成化八年（1472 年），鸡鸣驿站建土垣。隆庆四年（1570 年），砖修城池。全城周长 2330 米，墙高 12 米，在东、西城墙偏南处设东、西两座城门，门额分别为“鸡鸣山驿”“气冲斗牛”。门台上筑两层越楼，上面城墙均筑战台。北城墙中部筑玉皇阁楼，南城墙中部筑寿星阁楼，两座阁楼遥相呼应。城下的东、西马道为驿马进入的通道，城南的“南宫道”即是当年驿卒传令干道。可以想象，当时每日马铃声声，飞尘滚滚，身穿邮服、腰挂“火印木牌”的驿卒，乘骑传递，风风火火，昼夜不停，是何等热闹。

清乾隆三年（1738 年），为加强驿城的防御，对城垣进行了全面维修，并在城东南角城墙上筑角楼魁星阁一座。为防止山洪浸侵，又于城东筑护城坝一道。

邮驿事业的发展，给鸡鸣驿的各项建设都带来了契机，经济、文化繁荣，商贾云集，庙宇辉煌，公馆宏伟。每年农历四月十三至十九的鸡鸣山庙会和腊月十六、二十一、二十六三个集日，更是满街摊贩，大唱庙戏，人声鼎沸，热闹非凡。直至 1913 年，北洋政府宣布“裁汰驿站，开办邮政”，鸡鸣驿这座古驿站才完成了它的历史重任。

四、鸡鸣驿的发展

现今，无论从旅游还是从文物角度上看，鸡鸣驿这座保存基本完好的古城仍不失当年风采，有着极高的历史价值。它的城墙，除西城墙中部有段塌陷外，其余均整齐地矗立着，棱角分明、不歪不倾。它的城门，拱洞高耸，宽厚的大门洞开，门上镶着的铁板、铁钉依然牢牢紧钉在门上。城内的佛、道教寺庙和驿站其他建筑，不少仍保存完好。专供过往官员、驿卒就餐住宿的“公馆院”即驿馆，是一座明代建筑，这座三进院落的北屋，隔扇木插销头做工考究，各个木插销头分别刻有琴、棋、书、画、荷、莲、蝙蝠、蝉等不同形象，栩栩如生、巧夺天工、别有情趣，反映出中国古代匠人的高超工艺。

光绪二十六年（1900 年），八国联军侵占北京，慈禧太后仓皇西逃时，曾在鸡鸣驿城内下榻，现其下榻的古建筑和遗址尚存。

近年来，中华驿站鸡鸣驿大受影视界青睐。中央电视台以及北京、八一、广西、天津、中国香港等电影厂家纷纷来这里选拍外景，中华驿站鸡鸣驿成了一座电影城。

中华驿站在我国古代运输中有着重要的地位和作用，在通信手段十分原始的情况下，驿站负着各种政治、经济、文化、军事等方面的信息传递任务，在一定程度上也是物流信息的一部分，也是一种特定的网络传递与网络运输手段。

我国古代驿站各朝各代虽形式有别、名称各异，但是组织严密、等级分明、手续完备是相近的。封建君主是依靠这些驿站维持着信息采集、指令发布与反馈，以达到封建统治

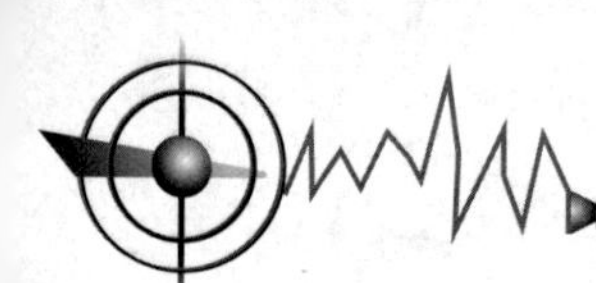

控制目标的实现。由于当时历史条件的限制，科学技术发展的水平局限，其速度与数量与今天无法相比，但就其组织的严密程度，运输信息系统的覆盖水平也不亚于现代通信运输。可以说那时的成就也是我们现代文明基础的一部分。

中华驿站与当今的邮政系统、高速公路服务区、货物中转站、物流配送中心等，有异曲同工之美誉。甚至有人说，从沈阳市的历史发展来看，它就是由中华驿站起家的，逐步进化到当代这样一个大都市。姑且不论这种说法正确率有几何，至少，可以说明的是中华驿站的重要性由此可见一斑。

其实，在中华驿站之前，统治者都用烽火台传递信息。烽火作为一种原始的声光通信手段，服务于古代军事战争。从边境到国都以及边防线上，每隔一定距离就筑起一座烽火台。当敌人入侵时，便一个接一个地点燃起烽火报警，各路诸侯见到烽火，马上派兵相助，抵抗敌人。只不过烽火台只能传递信息，不能起到运输荔枝这类“高难度”物流活动，而且虽然传递速度快，但只能起到报警的作用，很难满足掌握敌情、指挥作战的具体化需要。所以，随着社会的发展和政治军事上的需要，才慢慢发展出中华驿站制度，并与烽火台互为补充，配合使用。

巧合的是，关于烽火台，也有个关于博取妃子一笑的故事。周幽王烽火戏诸侯，相信知名度比唐玄宗的“千里送荔枝”要高得多。褒姒笑了，杨玉环也笑了。结果是，西戎来犯，周幽王点了烽火没人来救驾，挂了；褒姒呢，据传，只有《东周列国志》有记载，跟周幽王一起死的，其他小道消息不少，不过都是死于非命的，其中最令人惊奇的是被迫自缢而死；安史之乱爆发了，杨贵妃在马嵬坡被迫自缢而死。历史总是呈现出惊人的相似性，不过只是苦了我国古代之两大物流体系，都被君王用作博美人开心的手法。

现代物流业是在传统物流业的基础上，利用现代信息技术进行货物存储、交易、卸运的运作方式和管理机制，它将运输、仓储、装卸、加工、整理、交通、信息等方面有机结合，形成完整的供应链，从而使物流速度加快，准确率提高，库存减少，成本降低，以此延伸和放大传统物流的功能，为用户提供多功能、一体化的综合性服务。

现代物流（Modern Times Logistics）的一般定义，指的是将信息、运输、仓储、库存、装卸搬运以及包装等物流活动综合起来的一种新型的集成式管理，其任务是尽可能降低物流的总成本，为顾客提供最好的服务。我国许多专家学者有不同的看法，有的认为“现代”物流是根据客户的需求，以最经济的费用，将物流从供给地向需求地转移的过程。它主要包括运输、储存、加工、包装、装卸、配送和信息处理等活动。

而从国外物流发展情况来分析，现代物流的主要特征可以归纳为以下几个方面：反应快速化、功能集成化、服务系列化、作业规范化、目标系统化、手段现代化、组织网络化、经营市场化、信息电子化、管理智能化等。

在一些发达国家，经过了长期不断的整合，已使物流渐渐地形成了独立的产业——现代物流产业。因此，现代物流产业与传统物流产业的根本区别就在于其全过程是经过优化的，各环节之间无缝衔接。我们要了解现代物流，就要先了解在推动现代物流快速发展、实现物流全过程无缝衔接中有着不可取代作用的两大形态。

首先，我们提到的第一个形态——物流中心（Logistics Center）。“Logistics Centre”一词，这一用法多在亚洲地区使用，欧洲、美国也有使用，但比较少，他们多用“Distribution Centre”，即我国所称的“配送中心”，在西方“Distribution Centre”的使用比“Logistics Centre”普遍得多。

根据《中华人民共和国标准物流术语》（GB/T 18354—2006），将物流中心定义为：“从事物流活动且具有完善信息网络的场所或组织。应基本符合以下要求：a. 主要面向社会提供公共物流服务；b. 物流功能健全；c. 集聚辐射范围大；d. 存储、吞吐能力强；e. 对下游配送中心客户提供物流服务。”

物流中心是物流网络的节点，具有物流网络节点的系列功能。把握物流中心的含义、类型、功能与地位，是依托不同层次物流设施展开物流活动，指导物流运营与管理的基础。

我们提到的第二个形态——物流园区，关于物流园区概念一事，议论了很久。物流园区在国际上还没有统一通用的定义，不同国家对其的称谓也不一样。

（1）日本，物流园区又称物流团地。日本从1965年起规划城市发展的时候，政府从城市整体利益出发，为解决城市功能紊乱，缓解城市交通拥挤，减轻产业对环境压力，保持产业凝聚力，顺应物流业发展趋势，实现货畅其流，在郊区或城乡边缘带主要交通干道附近专辟用地，确定了若干集约运输、仓储、市场、信息、管理功能的物流团地，通过逐步配套完善各项基础设施、服务设施，提供各种优惠政策，吸引大型物流（配送）中心在此聚集，使其获得规模效益，对于整合市场、实现降低物流成本经营起到了重大作用，同时，减轻大型配送中心在市中心分布所带来的种种不利影响，成为支撑日本现代经济的基础产业。

（2）在欧洲，称之为货运村（Freight Village）。货运村是指在一定区域范围内，所有有关商品运输、物流和配送的活动，包括国际和国内运输，通过各种经营者（Operator）实现。这些经营者可能是建在那里的建筑和设施（仓库、拆货中心、存货区、办公场所、停车场等）的拥有者或租赁者。同时，为了遵守自由竞争的规则，一个货运村必须允许所有与上面陈述的业务活动关系密切的企业进入。一个货运村也必须具备所有公共设施以实现上面提及的所有运作。如果可能，它也应当包括对员工和使用者的设备的公共服务。为了鼓励商品搬运的多式联运，必须通过更适宜的多样性的运输模式（陆路，铁路，深海/深水港，内河，空运服务于一个货运村）实现。最后，一个货运村必须通过一个单一的主体经营（Run），或者公共的或者私有的，这一点是必须的。

这个定义是由一个称为“欧洲平台”的机构在1992年9月18日制定的，这个定义明确了这样几个内容：

①在货运村内实现运输、物流和配送等所有业务活动——业务活动或范围；②经营者是物流及相关设施的拥有者和租赁者——所有者及经营者；③企业进入遵守自由竞争的原则——市场规则；④货运村必须具备所有的公共设施——基本或基础设施；⑤多样性的运输模式——多样化的运输方式；⑥一个单一的运营主体——运营主体。

(3) 在国内，第一个物流园区是深圳平湖物流基地，始建于 1998 年 12 月 1 日，第一次提出物流基地这个概念，叫做“建设物流事业基础的一个特定区域”，它的特征有三个：一是综合集约性；二是独立专业性；三是公共公益性。物流基地即从事专业物流产业、具有公共公益特性的相对集中的独立区域。（在《中华人民共和国国家标准物流术语》（GB/T 18354—2001）中，对“物流产业”“物流行业”“物流园区”等概念没有作出定义）

在 2006 年新修订的《中华人民共和国国家标准物流术语》（GB/T 18354—2006）中，对物流园区的概念做了较全面的解释：“物流园区是指为了实现物流设施集约化和物流运作共同化，或者出于城市物流设施空间布局合理化的目的而在城市周边等各区域，集中建设的物流设施群与众多物流业者在地域上的物理集结地。”

通过了解现代物流的定义和其代表性形态，可以为我们进一步分析中华驿站和现代物流的关系奠定理论基础。同时，研究中华驿站和现代物流最直接的抓手就是中华驿站和物流园区。

第二节 研究内容和方法

中国是世界文明古国之一。古代世界曾经辉煌灿烂的文明国家，多数没有能够继续维持下去，有的中断了，有的随着文化重心的转移而转移到另外地区。唯有中国这个国家，从原始社会到形成国家，有文字可考的历史有五千年以上。中国和中国文化屹立于世界之林，一脉相承，历久而弥新。中国文化是个发展的、历史的范畴，具有包容性与持久性：除了时代差异外，尚有着地域与民族的差异性。它是在连绵几千年中，以华夏民族为主体的中华民族文化，包括驿站文化、物流文化不断地交流、渗透、竞争和融合的结果。从这个意义上说，中华驿站的发展是具体的、历史的，又是多地域、多层次的立体网络。中华驿站起源于上古，贯穿到现在，继承中国驿站文化，要继承其优良传统。今天中国物流正处在向现代化迈进的新时期。了解过去的中华驿站文化，正是为了创造未来的物流新文化，有着极为重要的意义。希望能多角度、多层次地反映中国驿站文化的主流与特点，从中认识驿站文化的基本面貌、了解驿站文化的精神所系。

本书简述了中华驿站与邮传的发展历程，分析了中华驿站与邮传在军事、政治、通信、食宿等各个领域的具体功能，分析了中华驿站最终退出历史舞台的原因，并由此总结了中华驿站与现代物流发展进程中的异同之处。希望能够融通中华驿站的发展背景，发展中的教训及启示，以期能够传承其文化精髓，为现代物流的发展作出应有贡献。

第二章　中华驿站与邮传

第一节　中华邮驿之始

邮驿有着十分悠久的历史，而且它在世界历史上还扮演着十分重要的角色。

在公元前 6 世纪，大流士一世（Darius I the Great，公元前 522—前 486）统治着以伊朗苏撒城为行政中心的波斯帝国。大流士一世不仅是波斯帝国的伟大君主，也是世界历史上著名政治家之一。而苏撒更是伊朗文明最早的发祥地。大流士一世在这里建立起统御全国的“情报中心”——四通八达的驿道通信网络终点。

波斯帝国铺设的驿道十分宽敞，沿途也设有大大小小的驿站，而且驿站内有信差备马以待，把国王的命令传达到帝国各省，各地的消息也通过这一通信网源源不断呈送到苏撒城的国王面前。

据有关资料记载，从苏撒到小亚细亚西端的萨底斯，全程大约有 3000 千米。然而，通过驿站传达国王的一份命令，信差们日夜兼程、分段传递，只需要七天的时间就可以将命令送达。由此可见，其效率之高。

“不管雨雪纷飞、不管炎热难当、不管黑夜的朦胧，信差们都要以最迅速的方式完成任务，把文件投递到所指定的地方。”这是古希腊史学家希罗多德描述当时波斯帝国驿站效率的格言，可见波斯帝国邮驿效率之高所传非虚。

关于苏撒城的历史，有许多奇特和神秘之处。苏撒自古是王朝战争的必争之地，因此客观上它也充当了文明传播的“载体”。比如在苏撒城，亚历山大大帝轻而易举的战胜了波斯王大流士三世，吞并了波斯；世界上最古老的法典——巴比伦的《汉谟拉比法典》，也不是首先在巴比伦而是在苏撒城发现的。

越是疆土辽阔的国家，其邮驿的建设也愈发显得重要。众多文明古国中不只有波斯帝国大兴驿道，设置驿站。在公元前 10 世纪的亚述帝国，以本部为中心建筑石砌驿道，驿道遗迹至今犹存。古代罗马的邮驿机构已成为军事和行政机构的一部分，古罗马的驿道发达从西方谚语“条条大路通罗马”（All Roads Lead to Rome）就可以找到佐证了。

相关链接：伊林驿站

二连浩特市位于内蒙古自治区北部，是与蒙古国接壤的唯一铁路口岸，中国的“北大门”。伊林驿站是张库商道上的重要一站，晋商在此打尖歇脚后，便进入蒙古国的扎门乌

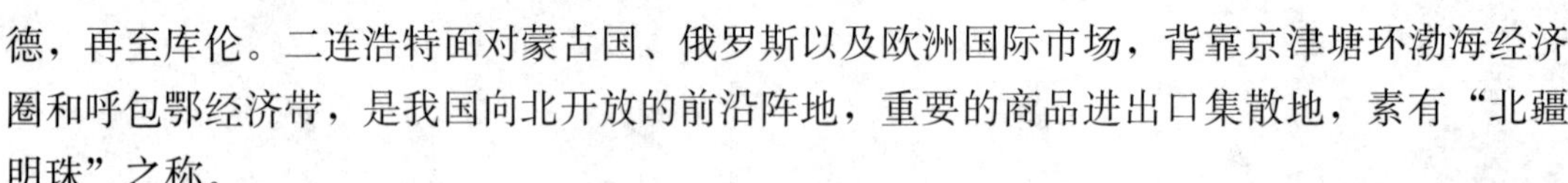

德，再至库伦。二连浩特面对蒙古国、俄罗斯以及欧洲国际市场，背靠京津塘环渤海经济圈和呼包鄂经济带，是我国向北开放的前沿阵地，重要的商品进出口集散地，素有“北疆明珠”之称。

二连浩特市地区自古以来就是北方民族长期居住生活的地方。战国至西汉时期，这里是匈奴的游牧地。东汉至魏晋南北朝时期，是鲜卑人的天然牧场。北魏以来，这里曾被柔然占据。隋唐时期，突厥成了新的主人。辽金时期，这里是北方蒙古部与南面汪古部经常往来之地。蒙元时期，这里建立了玉龙栈。1257 年，大蒙古国大汗蒙哥在玉龙栈曾与其弟忽必烈会面。清嘉庆二十五年（1820 年）设立“伊林”驿站。光绪十五年（1889 年）清政府架通张家口至库伦（今蒙古国乌兰巴托）的电话线，又设电报局，并将此地标入当时的地图，名为“二连”。二连盐池为当时重要站点之一，站名“滂北”。

二连浩特伊林驿站（图 2-1、2-2、2-3 是伊林驿站博物馆拍摄的照片）的历史可以追溯到元代，曾是古代草原丝绸之路的重要节点。清嘉庆二十五年（1820 年）正式设置伊林驿站，是张家口、大同通往大草原内陆茶丝道上的重要站点，旅蒙商的驼队络绎不绝。民国时增设电报局，1918 年 4 月张家口旅蒙商创办“大成张库汽车公司”，开通由张家口经由二连浩特至库仑的长途汽车运输，面积曾达 1600 平方米，80 多人忙碌于此。1943 年被日军炸毁。

图 2-1　伊林驿站博物馆一侧实景

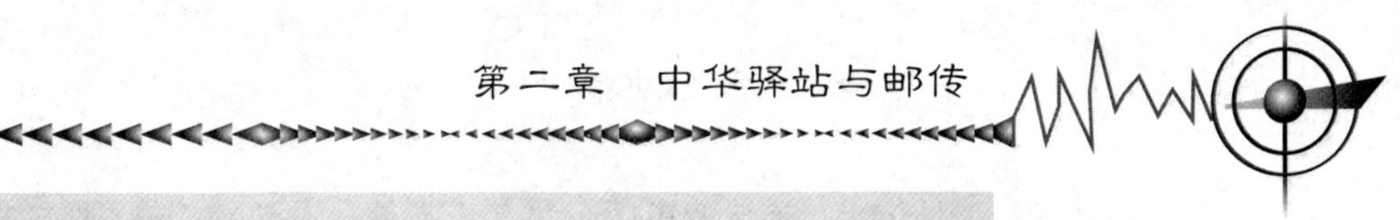

图 2－2　伊林驿站博物馆正门

图 2－3　伊林驿站博物馆一角的瞭望塔

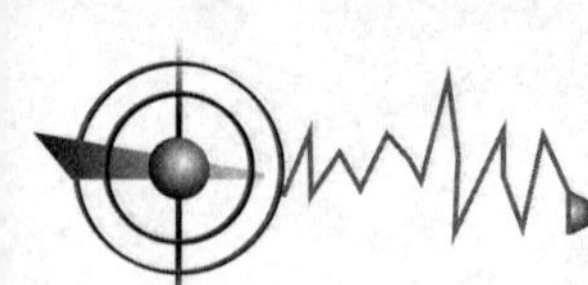

伊林驿站遗址位于二连浩特市区东北 9 千米处，占地约 1600 平方米。此遗址是张家口——二连——库伦（今蒙古国乌兰巴托）古“茶叶之路”上的一个重要遗址。这条路线称为“张库路”，全长 1600 余千米，南接京师（今北京），北接恰克图（今蒙俄交界一边境城市），大量的中国茶叶曾由此运抵中亚。“张库路”始于明末，盛于清中期，衰落于民国初年。伊林驿站设于清嘉庆二十五年（1820 年）。“伊林”为蒙语，汉语意为“纪元、初始”。伊林驿站遗址现为内蒙古自治区重点文物保护单位。

伊林驿站博物馆位于二连浩特市恐龙遗址地质公园内，博物馆展出面积为 4300 平方米。博物馆有一个主馆和两个副馆，一处餐饮服务区。其中主展厅 2400 平方米，一楼有序厅、驿站展厅和玉龙站展厅，二楼是伊林驿站展厅。东副馆 465 平方米，为滂北站展厅；西副馆 452 平方米，为盐文化展厅。

我国史书《后汉书·西域传》中，也详细描述了古罗马“列置邮亭”的情况。书中说，那里（古罗马）“十里一亭，三十里一置”（置，即驿站）。各国使者进入其境，都可以直接乘驿车直达其王都。据有关资料统计，公元 2 世纪时，罗马境内驰道共有 372 条，总长度达 8 万千米。这些大道也是驿道，把各地的信息及时地传送到罗马城。

当大流士一世建造驿道、设置驿站的时候，同时期的中国正处于春秋战国时期。而此时的中国也已经出现了“邮驿”。

古代的中国，将邮政称作“邮驿”。那么何谓“邮”，何谓“驿”呢？当代的学者们认为，“邮”指的是古代边疆地区向都城传递军事信息等重要书信的机构部门。主要的参考依据有我国东汉时期学者许慎所著的《说文解字》，上面提到，“邮，境上行书舍。从邑垂，垂，边也”。而“驿”指的是当时用来传递书信的重要工具——车马。《说文解字》将驿解释为“置骑也，从马，睪声”。

虽然“邮驿”是古时最重要的信息传递工具，对当时政权的稳定也有不小的影响，但是，各个朝代对它的功用认识各不相同，因此也未能定名。有专业人士考证称，自春秋战国以来，人们对“邮驿”的称呼也在不断变化。

春秋之前称“传”“驲”，春秋战国时称“遽”“置”。到了秦朝，统一全国，称“邮”。汉时又改作“驿”。魏晋南北朝时，“邮”和“驿”的称呼并行。唐朝时，又改“驿”做“馆”。到了宋朝，出现了新的称呼，叫做“急递铺”。元朝，用蒙语“站赤”称呼，翻译成汉语就是“驿站”。而明朝将元时的驿站统统改称为“驿”。清朝时又将“邮”“驿”合二为一，称“邮驿”。目前，习惯上把我国古代的邮政系统，简称为“邮驿”，或者称之为“驿站”“邮传”。

第二节　秦朝以前的邮驿

一、商代的邮驿发展

从现存文献和考古材料来看，商王朝时期的道路交通已经大有改观。《诗经》用“商城翼翼，四方之极”来赞许当时的都城殷。商朝除了都城建设恢弘外，从都城通向四方的交通要道也十分宽广。“大道纵横交错，有宽广大道十一条，四通八达。”更有用石板整齐铺就的“马道”，直连城墙。

另外，商王朝的道路管理制度也趋于严格。文献记载，当时商王朝在道路沿途设立了许多据点，用于给养和休息之用。最初的据点被称作“堞”，类似于用木栅栏建成的军事据点，并且每50里设置一处。这些据点慢慢地构筑起商王朝邮驿系统的雏形。

邮驿系统中最重要的专职人员也在这时候出现。商王朝已经开始起用专门传递信息的官员。有记载描述，当时商王外出巡游时，跟随的队伍中就有“邮递员”的身影，供他随时向全国各地发号施令（图2-4是于二连浩特伊林驿站博物馆拍摄的驿站造就城市的介绍照片）。

图2-4 伊林驿站博物馆——驿站造就城市介绍

二、完备的西周邮传

邮驿，在西周时期已经形成了比较完整的系统。

一方面，西周重视“基础设施”建设，在都城镐京和东都洛邑之间，修建了一条宽阔的大道，被称作“周道”“王道”，而且道路坚实耐用，以至于生活在东周的墨子还有“王道荡荡，不偏不党；王道平平，不党不偏。其直如矢，其易若底”言论。

另一方面，西周已经拥有了比较完整的邮驿系统。与此相映的是邮驿通信职官系统。这个系统里，在天官冢宰的统一领导下，由秋官司寇负责日常的通信，夏官司马负责紧急文书，地官司徒负责沿途馆驿供应和交通凭证以及道路管理。负责日常通信事务的司寇下还有一系列专门人员，有大行人、小行人、行夫等。还有管理来往信件、信使的具体执行官——行夫。

同时，周王朝在主要的邮驿道路上，设置了大大小小据点，称作“委”“馆”或“市”

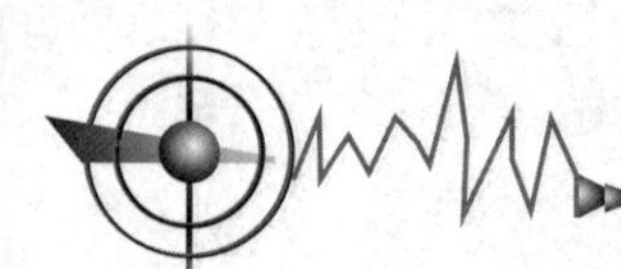

等。在《周礼》中有记载，当时的周道沿途，10 里设庐，庐有饮食；30 里有宿处，称之为委；50 里设市，市有候馆。可见，当时的邮驿系统设置已经十分完备。

西周对邮驿的称呼也开始多了起来，甚至不同文书的传递方式就有不同的称呼。例如，以轻车快传的称作“传”；还有一种车传称作“驲”；还有一种称作“邮”，主要指边境上传书的机构。还有一种称作“徒”，则为急行步传，让善于快跑的人传递公函或信息。总体而言，西周时期的文书信件传递主要是通车传，单骑传书的方式并不多。（图 2-5、2-6、图 2-7 是作者一行与二连浩特伊林驿站博物馆馆方交流探讨的照片）

图 2-5　作者一行参观伊林驿站博物馆（一）

图 2-6　作者一行参观伊林驿站博物馆（二）

图 2-7 作者一行参观伊林驿站博物馆（三）

三、单骑通信和接力传书

单骑传书与车传相比，时效性更高。在我国有“单骑传书”记载的，是春秋时期郑国相国子产的“乘遽”故事。据史书记载，郑国相国子产在距离都城很远的地方办事，得知公孙黑叛乱，要马上返回都城平乱。为了尽快赶回都城，他放弃平时乘的车，而是乘单骑“遽”往回赶。而这个“遽”就是当时邮驿中速度最快的传递方式——单骑传书。

据史书《左传》记载，公元前 541 年，秦景公的弟弟针在秦晋间建设了一条邮驿大道，并在这条大道上每间隔 10 里路程设置一舍，这样每辆邮传车只需跑 10 里路程便可将文书交给下一舍的车辆。如此接力，经过百舍就可通达千里之外，而这也正好是由秦国都城雍（今陕西凤翔）抵达晋国都城绛（今山西绛县）的距离。用这样的方式传送文书信件，当然比一辆车传驰骋千里要快。

第三节 秦汉大一统时代的邮驿

秦王嬴政 26 年（公元前 221 年），刚灭燕国的王贲旋即率军南下攻打齐国，齐王田建投降，齐亡。秦统一六国，成为中国第一个完成大一统的封建王朝。秦王嬴政自封始皇帝，努力在政治文化方面统一天下，推行“书同文，车同轨”，统一度量衡等措施。

秦王都咸阳通往各边疆的道路被称作“道”，这些道的规模前所未有，不但里程远超以前，道宽也十分壮观。在我国东汉时期历史学家班固所编撰的《汉书》中，用这样的句子来描述秦朝建筑的道路，“为驰道于天下，东穷燕齐，南极吴楚，江湖之上，滨海之观毕至”。“道广五十步，三丈而树，厚筑其外，隐以金锥，树以青松”。

这些道的建成，给秦王朝的统治带来了极大方便，尤其“直道”在抵御外敌（匈奴）

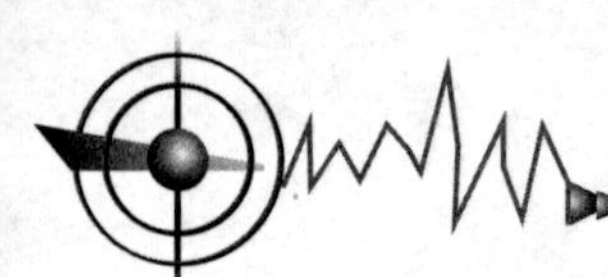

上的意义非同小可。

“直道”是秦王嬴政统一全国后，修建的一条专为抵御北方匈奴的“国道”。直道，从秦王朝都城咸阳以北的云阳开始，横跨黄河，直抵秦九原郡（包头市附近）。这条直道是由秦朝名将蒙恬领军修建的，全长有1800千米。直道与其他道一起，从秦王朝都城咸阳直抵各地边关，组成了秦王朝统治的大动脉。（图2-8是于贵州贵阳青岩古镇拍摄的古驿道遗址指示照片）

图2-8　古驿道遗址指示

相关链接：世界上的第一条高速公路——秦直道

世界现代高速公路于1932年出现在德国，继德国之后，美国于1937年在加州修建了高速公路。但世界上第一条高速公路，却是在中国大地上诞生的，这就是秦朝直道（如图2-9、图2-10所示）。

虽然秦王朝仅仅存在15年，但以惊人的努力完成了全国范围的交通和通信网络。驰道是秦朝道路网的主干。它以首都咸阳为中心，“东穷燕齐，南极吴楚，江湖之上，滨海之观毕至”（《汉书·贾山传》）。秦朝驰道十分壮观：“道广五十步，三丈而树，厚筑其外，隐以金锥，树以青松”。一步为5尺，50步合今25丈（约80米），10米左右就栽一棵青松。一路绿影婆娑，十分美观。这样的大道遍布全国。另有一条专为抵御北方匈奴的“直道”，从咸阳以北的云阳开始，途经黄河，直抵秦九原郡（今包头市）。据《史记》记载，为抵御匈奴入侵，公元前212至前210年，秦始皇命大将蒙恬修筑南起咸阳云阳林光宫（今淳化县梁五帝村），北至九原郡（今内蒙古包头市西南孟家湾村）的“直道”。该直道共计长达700千米，一路“堑山堙谷，直通之”，路宽30～40米不等，最宽处约60米。由于道路大体，南北相直，所以当时称为“直道”。据历史记载，当年秦始皇曾出动大小华贵车辆80余辆，官员

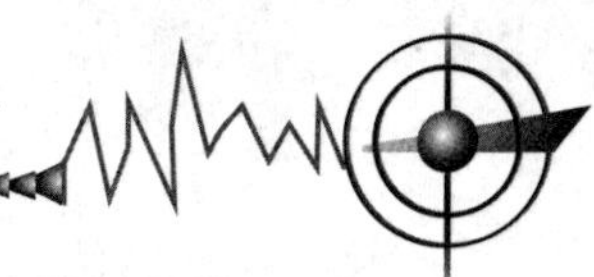

兵丁 1000 余人，在此大道上浩浩荡荡前进，足见路面的宽阔平坦。

秦朝修筑的大道至今还有遗迹可寻。陕西省考古工作者在西安附近发现一处秦朝直道遗迹。新发现的秦朝直道遗迹长约 100 千米，路宽 30 米，从陕西旬邑县石门关至黄陵县上畛子，在森林和植被的掩盖下基本完好，是距西安最近的、完整的秦朝直道遗迹。

此外，秦始皇还在南方修建了到两广和西南的“新道”。这样，就在全国形成一个纵横交错的交通网。这些大道，路平道宽，沿路驿站、离宫、馆舍和军事设施遍布。

几年前，我国的考古工作者在陕西旬邑县子午岭，发现了秦朝直道建筑遗址，据估算，这座建筑的面积占地有 40 余亩。历史专家们分析，这或许就是秦时作用防御和通信的“驿站”。

图 2-9 陕西省人民政府立的秦直道碑

图 2-10 陕西省境内的秦直道遗址

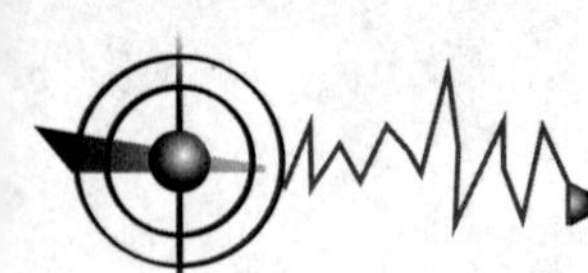

秦朝建成的大道，路平道宽，并且更重要的是，在沿途设置了“驿站”，这对秦朝的统一稳定起着十分重要的意义。

秦朝推行“书同文，车同轨”，连邮驿也统一了称呼。秦王朝将春秋战国时期对邮驿的称呼——“遽”“驲”“置”等，统称之为“邮”。

也有史学专家认为，秦朝邮驿称呼并未统一，与西周类似，不同的称呼是按不同的传递方式来决定的。并指出，史书记载通过步递停留站称为“亭”，马递停留站称为“驿”。

其实在当时，“邮”主要是负责远途的公文书信传递，而较近的传递则是用“步传”，也就是派人步行递送。

秦王朝时期，公文信件的传送方式主要还是采用接力传送的模式。沿着政府划定好的线路，由负责递送的人员一站接一站地传达下去。在“邮”路上，建设有固定的食宿场所。而这些场所有的被称为“邮”，有的则被称为“亭”。

“邮”与“亭”的区别，似乎不大。秦朝名将白起，被迫自杀的地点，在书上的记述，有的称为“杜邮”，有的称为“杜邮亭”。这似乎表明邮、亭，其实可以通用。

考古学家在秦始皇陵的西侧，发现了一些刻有“平阳驿”等字样的瓦片。这或许可以说明，“驿”在当时也是邮驿据点称呼之一（如图 2－11 所示）。

另外，秦朝对驿站还有“传舍”的称呼。“传舍”在春秋时就曾出现，但与此意不同，是贵族王公收留招待人才的地方。秦朝的传舍更倾向于驿舍、邮舍。据记载，秦末时，刘邦和说客郦食其见面的地方，便叫做“高阳传舍”。

对于“亭”的认识，观点并不统一。有人认为“亭”在秦王朝时，是一种组织，主要负责各地方治安。也有人认为“亭”仍是秦王朝邮驿系统中的一员，它负担的主要任务还是递送文书和信件。

据出土文物《睡虎地秦墓竹简》中记载，秦朝的制度是 30 里一传，10 里一亭，亭设有住宿的馆舍。按照当时秦朝的法律，“亭”应及时负责信使的传马给养、行人口粮等，甚至规定了供应粮食的升斗（如图 2－12 所示）。

在邮驿制度方面，秦王嬴政平定六国前后，出于对巩固天下统一和中央集权的需要，建立起了相当完备的驿传制度。《晋书·刑法志》中有一篇《魏律序》的文章记载，秦代有厩置、承传、副车、食厨等有关驿传的法律。

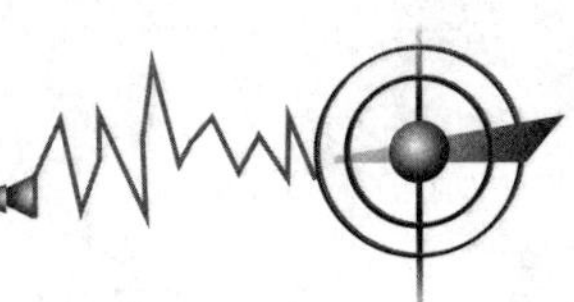

图 2-11　古代驿站简介

注：作者摄于台儿庄邮政局展览馆存例室

图 2-12　驿站用马蹬

注：作者摄于台儿庄邮政局展览馆存例室

到了汉代，汉承秦制，驿传制度进一步完善。对邮驿方式的称呼也趋于统一，比如，用车传送称作“传”，用马传送称作“驿”，步递称作“邮”，三种称呼经常通用，也称作“置”。

汉朝时，政府在主要的交通道上每隔 30 里置一驿，为递送人员提供食宿和给养。驿中还有传舍，供休息使用。政府官员及其仕从的膳食和驿马的饲料，都有规定的标准。只有持有官府颁发的符、传的旅客，才能在传舍住宿休息。

在驿与驿之间，或不设驿的道路上，文书传递工作则由主察奸盗的亭兼管。汉代“十里一亭，五里一邮”。亭内也有供过往官员、旅客休息住宿的场所。文书由驿、亭、邮等递送，在当时已经有了非常具体的规定。比如，文书的传递，传递的方向，文书的性质（书檄、诏书、书信等），封数及其装束，发文者的封泥印章，收文的单位、姓名，传受的邮站及其吏卒姓名，邮站收发时刻，规定的里程和时程，传送的方法（邮行、亭行、次行、吏马行）等，都会做详细记录，称作“邮书课”。如果不按规定失期失程的，要依律接受处罚。而重要的、紧急的文书，称作“奔命书”，由驿骑持赤白囊递送。除文书传递、官吏往来外，方士、贤者有诏命征召的，也得乘传；吏民告急上变的，也可以要求借用驿传至京师言事。

从对秦汉“驿站”的认识，我们可以了解到，此时的“驿站”与今天的物流中心、物流园区相比较，差别很大，相似处极少。当时“驿站”的最主要功能，或者说任务是提供车传给养，与当下物流园区普遍的仓储化、平台化、社会化等特征有很大差别。但在建设方面，都得到了政府的肯定和支持。秦汉以统治为目的，而大力发展完善起来的邮驿系统和各地建设的“驿站”，却成为今天邮政、物流等行业的先驱。

第四节　魏晋南北朝时期的邮驿

三国以至魏晋时期的邮驿，已经从汉末的瘫痪中复苏过来，并且得到了一定发展。这段时间，在邮驿方面出现了许多新的尝试和创新。这一时期，我国历史上第一部邮驿法——《邮驿令》诞生，水驿在南方出现并得到了空前的发展，“千里牛”等新型传递工具出现。

在曹操统一北方之前，因为长年战乱，各地“道路壅塞，命不得通”。传递文书命令、信件等十分困难，“驿书”递送半径只有 600 里。

曹操统一北方后，加强了对邮驿的管理和控制。曹丕称帝后，以长安、洛阳、许昌、邺、谯等五座重镇为主要据点，建立起北方的通信网络。并命大臣陈群等人制定了历史上第一部邮驿法——《邮驿令》。内容不仅仅局限于邮驿，除了有“遣使于四方”的传舍规定，还有禁止与五侯交通的政治禁令，而军事布阵中的声光通信也包含在内。这部法令在我国邮驿史上占有十分重要的地位，开启了我国邮驿发展的新篇章（如图 2－13 所示）。

图 2-13　作者一行在伊林驿站博物馆与斯望馆长合影

三国时期，战事频繁，各地通信内容主要是军事文书，北方曹魏所采用的传递方式主要是单马快递。乘马递送文件的人，被称作“急脚子”“快行子”。这些“快行子”往往是专程邮递，中途不换人接力。而且，此时期的“快行子”身份地位较高，相当于投递人的专使，往往受到款待。

刘备在四川建立起了蜀汉王朝，四川与外界的联系得到了进一步加强，邮驿也得到了一定发展。

刘备为了北伐曹魏，在汉中地区建立了军事基地，筑建关隘白水关。不惧“蜀道之难，难于上青天”，打通子午道、傥骆道、褒斜道和金牛道四条主要道路，联系四川与汉中。并且在白水关周围的山上筑起烽火台，从白水关到成都仅有的 400 里路上，设置了大大小小的亭、舍、馆，保障邮驿的正常运作。

虽然这一时期的邮驿得到了发展，但是由于地势的限制，蜀汉王朝的邮驿没有车传，大部分的递送任务都由驿马来完成，担当此任的人被称作“驿人”。

东吴在邮驿方面的发展要提到“水驿”的出现。由于东吴统治领域内，水路众多，都城建业（今南京市）亦处水乡。所以，邮驿在水陆两路均有发展。史书记载，周瑜曾驻扎柴桑（今江西九江市西南），孙权召他一起商议军事，即是通过水驿传递命令的。

水驿不只在南方存在，史书记载北魏时期，也出现了水路运输，昼夜间通达数百里。

到了两晋时期，南方的水驿得到了进一步发展。东晋时的江州（今江西九江市）一带，水陆两驿并行。陆驿发展很快，据史书记载，当时道路十分规整，路两旁种植杨柳，被人们称作“官柳”。水驿的发展丝毫不逊色于陆驿，从江州到南京均行水驿，水驿很快，昼夜间可以行船 300 余里。

南北朝时期，北方政权有了专门管理水驿通行的官员，称作“津吏”，设在渡口处，按级别分津主、津尉、津长，主要管理渡口、桥梁等场所事务。“津吏”作为正式的官称，在春秋时期已经出现。在讲述春秋五霸之一吴王阖闾的《吴越春秋·阖闾内传》中，提到了津吏，“（椒丘沂）过淮津，欲饮马于津；津吏曰：水中有神。”

西晋统一南北后，在原来曹魏的基础上，邮驿系统得到了更大的进步。当时邮驿的发展规模，在西晋时文人们频繁的书信往来可见一斑。《全晋文》中，有西晋著名文学家陆机、陆云兄弟的来往信件，仅陆云寄给陆机的信件就多达35封，可见当时邮驿系统已经十分发达，互通书信非常便捷。

魏晋南北朝时期，邮驿系统出了新的发展方向，即是“传”和“亭”逐渐统一为驿站制度。当时，中央政府和地方政府的一般公文，由“驿”独力承担。主要的文书则由发件单位派出专人送递，类同于“单骑快递”，但是递送途中替换的车马和食宿，则仍由驿来提供。这样一来，“驿”就同时兼管起邮驿路线上送往官员、专使和宾客的任务，之前这一任务是由传和亭来承担的。另外，社会上出现了一种新兴的私人旅店和寺院旅店，为非官方的客商及私人旅客提供食宿，这进一步促进了社会交流，加速了邮驿的分化，给邮驿的发展提供了更多可能。（图2－14、图2－15摄于二连浩特伊林驿站博物馆的驿站介绍照片）

图2－14　伊林驿站博物馆内一角

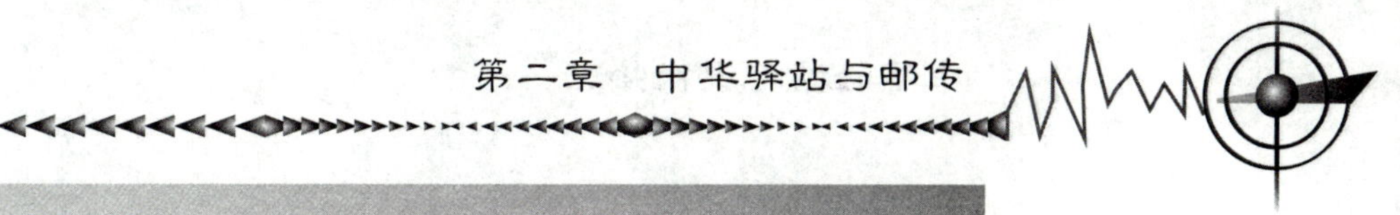

图 2－15　伊林驿站博物馆外一角

在邮驿制度方面，魏晋继承了两汉的管理制度，邮驿的主要管理机构被称作“法曹”。法曹，是古时司法机关的称谓，也可以当做司法官员的称谓。在《汉书·百官志》中记载：“法曹，主邮驿科程事。”两晋的时候，法曹还利用邮驿系统宣布新法律。《晋书·刑法志》中记载，西晋时主管法曹的官吏张华，曾经将新律死罪条目手抄多份，通过邮驿张贴在各地驿站、邮亭内，告知百姓。

第五节　盛况空前的盛唐邮驿

隋、唐王朝统治下的中国，是历史上封建社会的鼎盛时期。此时的邮驿发展也达到了新的高度，邮驿事业繁盛的标志之一就是驿站数量的增多。

隋唐继承了南北朝时的邮驿制度，抛弃“邮”“亭”“传”等，其职责都由“驿”来承接。因此，驿的职责十分广泛，既要负责公文书信的递送，又要传递军事情报，同时兼管接待官吏、追捕罪犯、押送犯人等大小事务，甚至还有贡品和其他货物的运输工作。

隋唐时期驿站几乎遍布全国，在从都城通往各地的主要道路上密布。在《大唐六典》中有关于驿站、驿夫数量的记载。当时，专门从事驿务的人员有 20000 多人，其中驿夫 17000 人。驿站最盛时，全国有水驿 260 个，陆驿 1297 个。

隋唐时期，一般公文传递，分水驿和陆驿两种。而当时，根据不同的驿站等级，驿夫的配备数目也有所不同。唐王朝时期，最大的驿站要数都亭驿，地处当时唐朝都城长安的驿站，配驿夫 25 人。其他各道陆驿分成六个等级，一等驿配驿夫 20 人，二等驿配驿夫 15 人，三等驿以下递减，最后六等驿配驿夫 2～3 人。水驿与陆驿略有不同，主要以驿务繁忙程度分为三等，最繁忙的水驿配驿夫 12 人，不是很繁忙的水驿配驿夫 9 人，很闲的水驿只配备 6 名驿夫（如图 2－16 所示）。

邮驿的繁盛，在隋唐时期的军事和政治上也有所体现。《隋书》记载，隋炀帝两次发兵讨伐叛乱，先后都是依靠全国的驿路，才能迅速平息。

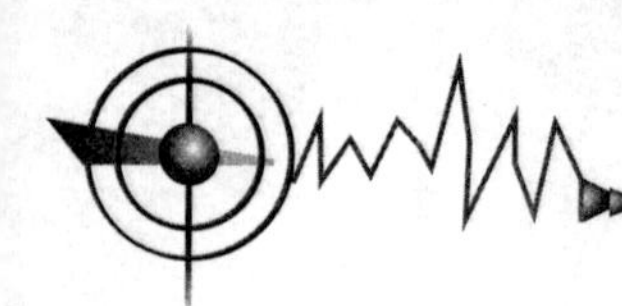

图 2-16　伊林驿站博物馆前马车形状的怀旧式休息木桌椅

唐王朝时，已经有了完备的邮驿系统，在古书《唐会要》《大唐六典》中有关于邮驿律令的记载。比如，唐朝法律规定的明细规则 13 条，内容包括：军务紧急报告；在京诸司须用；诸州急速大事须汇报；国事活动时各州奉表祝贺；诸道租庸调附送驿务；在外科举人员进京应考；政府要员过往迎送；政府官员因公去世家口还乡照顾等。

另外，在唐王朝中央政府和地方政府，都设有专职的邮驿官吏。在唐朝政府的规定中，六部之一的兵部下设驾部郎中，主管驾舆和驿传之事。同时，驾部郎中也管马政，方便邮驿系统中马匹的管理。

在地方，唐朝也有一套完整的邮驿管理系统。在各地节度使，有专管邮驿的四名馆驿巡官。各州处，由各州兵曹司兵参军分掌邮驿。在县里，由县令兼职管理邮驿事务。在最底层的乡里，主理邮驿事务的人员被称作“驿将”，在唐玄宗以前，负责人并不固定，一般由当地“富强之家主之”。到了唐肃宗以后，改由政府任命驿长主管。

这一套完备的邮驿系统包括大约有两万名邮官、驿夫，以及总计约五万里驿程的驿路。除此而外，唐政府还设有定期对全国邮驿的考核制度。

在《唐会要》中记载着，唐宪宗元和年间，曾经让各道观察使任命判官，到各州县考核邮驿事务，完成任务者有奖赏，有违法越轨行为者将受到惩罚。考核之外，还有不定期的巡视。

唐玄宗、肃宗、代宗时都曾派政府大员到各地视察邮驿执行情况。为保证邮驿的正常运行，不受盗贼和地主豪贵的干扰，唐政府在各驿站还设有防兵。唐代宗时在洛阳至淮河的运河两岸，每两驿置驿防兵 300 人。唐朝规定 30 里一驿，即每里有驿兵五人。这是相当有效的一支保障邮驿畅通的队伍。

为保证邮驿活动的正常开支，唐朝规定，全国各地的邮驿机构，各有不等的驿产。这些驿产，包括驿舍、驿田、驿马、驿船和有关邮驿工具、日常办公用品和馆舍的食宿所需等。

唐朝时期的驿站，不但驿舍装修华丽、食宿丰美，而且驿田的数量也较多。《册府元龟》中记载，唐朝时期上等的驿站，拥有田地达到 2400 亩左右，下等驿站也有 720 亩田地。这些驿田，部分用来种植苜蓿（牲畜饲料），解决了驿站马匹饲料问题，其他物种的

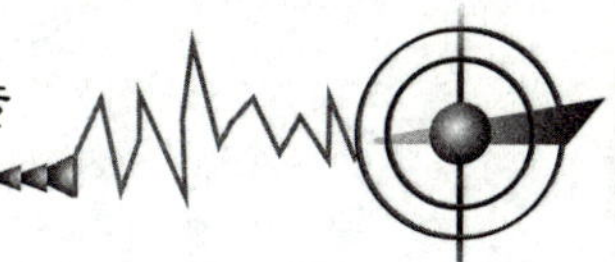

收入，则用作驿站的日常开支。

唐朝时期水陆驿并行发展，陆驿备有驿马，水驿备驿船。按《唐六典》记载，陆驿上等驿站者每驿配备驿马 75～60 匹不等，中等驿站配备 45～18 匹，下等驿站配备 12 匹～8 匹。

各地驿站除了得到上述配置外，唐朝政府每年还固定给予经费补助，每年从全国各地收上驿税约 150 万贯左右，分到每个驿站经费约 1100 贯。

驿是由中央直接管辖的官方招待所。除此之外，唐时还有一种称作“馆”的设施，是属于地方政府设置的宾馆。馆的规模也不小，有的豪华程度不亚于驿。

因此，唐朝时期的驿站不但数量众多，而且待遇较好。唐朝人李肇在《唐国史补》中写了这样一个故事，江南有一个驿吏，主动请新到的刺史去参观一处驿馆。他先带刺史去参观酒库，看到那里备有各色美酒；又带刺史到茶库，则各地名茶应有尽有；最后又到各酱菜库，则腌制好的各种蔬菜，香味扑鼻。看完后，这位刺史赞不绝口，十分满意。

完备的邮驿管理制度和充足的驿传经费，保证了唐朝邮驿系统在相当长时间内正常运行。隋唐邮驿的发达，推动了全国经济的发展，保证了中央各种制度在全国的推行，一站一站接力传达下去。

相关链接：柳宗元在《馆驿使壁记》中记载的唐朝驿道

著名散文家柳宗元在《馆驿使壁记》中记载，唐时以首都长安为中心，有七条重要的放射状驿道，通往全国各地。第一条是从长安到西域的西北驿路，自长安经泾州（治所在今甘肃泾川北）、会州（治所在今甘肃靖远北）、兰州、鄯州（治所在今青海乐都）、凉州（治所在今甘肃武威）、瓜州（治所在今甘肃安西东南）、沙州（治所在今甘肃敦煌）直达安西（今库车）都护府。第二条是从长安到西南的驿路，自长安经兴元、利州（治所在今四川广元）、剑州（治所在今四川剑阁）、成都、彭州（治所在今四川彭县）、邛州（治所在今四川邛崃）直达今川藏地区。第三条是从长安至岭南的驿路，由长安经襄州（治所在今湖北襄樊）、鄂州（治所在今武汉武昌）、洪州、吉州、虔州（治所在今江西赣州）直达广州。第四条是从长安至江浙福建的驿路，由长安经洛阳、汴州、泗州、扬州、苏州、杭州、越州（治所在今浙江绍兴）、衢州（治所在今浙江衢县）直达福建泉州。第五条是从长安到北方草原地区的驿路，自长安到同州（治所在今陕西大荔），再经河中府（治所在今山西永济）、晋州（治所在今山西临汾）、代州（治所在今山西代县）、朔州（治所在今山西朔县），直达北方单于都护府。其他两条各自长安至山东、东北地区和荆州、夔州（治所在今四川奉节县）、忠州等四川云贵地区。这些驿道，通过的驿站，在《唐书·地理志》和柳宗元的《馆驿使壁记》中都有具体记述。可见这是唐朝驿道纵横的实际情况，丝毫没有夸张成分。在宽敞的驿路上，则是：“十里一走马，五里一扬鞭”“一驿过一驿，驿骑如星流”。那时邮递效率非常之高，据推算，中央政令一经发出，两个月内便可推行全国。

除国内七条主要邮路外，唐朝对外还有若干国际性驿道。中唐有一位地理学家贾耽，写过一篇《记四夷入贡道里》，说到唐朝的国际交往线也有七条：一为从营州入安东道；二为登州海行入高丽渤海道；三为从夏州、云中至蒙古草原道；四为入回鹘道；五为安西西域道；六为安南天竺道；七为广州通海夷道。通过这些水陆通道，可通往朝鲜、日本、中亚、印度和东南亚各国（如图 2－17 所示）。

图 2－17　古代驿站——盂城驿的邮票

第六节　宋元时期的邮驿

到了宋元时期，邮驿的发展更上一层楼。公元 960 年，后周殿前都点检赵匡胤，在“陈桥兵变”中被拥立为帝，建立宋朝，定都开封，结束了五代十国分裂混战的局面，继而统一中国。又以杯酒释兵权等策，削夺禁军宿将及藩镇兵权，加强中央集权。这些都为邮驿的发展奠定了基础（如图 2－18 所示）。

图 2－18　马匹是古代重要的运力

注：作者摄于云南民族博物馆前雕塑

宋王朝时期，政府在全国范围内扩建驿道。扩建驿道前，从陕西、甘肃到四川的青泥驿（今甘肃徽县南）道路不通，行驶艰难。北宋政府派遣利州（治所在今四川广元）转运使主客郎中李虞卿主持驿道修建工作，在两地开通了一条白水驿路。白水驿路的开通，只用了半年左右的时间，这条驿道从河池驿（今徽县）至长举驿（今陕西略阳白水江），然后进入四川。驿途中，总共有阁道 2309 间，邮亭设施 389 间。因为工程的成功，李虞卿等人还受到了北宋政府的嘉奖。

比之于以前，宋朝时期的邮驿传递方式更加多样化，宋政府结合各地不同的地理条件，不但发展了水驿，还发展出驼驿等多种模式的邮驿形式。

至今，在敦煌壁画中还保留着的一幅《宋代驼运图》，图中形象地描述着甘肃一带大力发展沙漠驿路的驼驿和驴驿。

宋太宗在位期间，水驿发展迅速。在湖北江陵和广西桂林之间，设置了大小不一的水递铺，利用湖水和广西沿江的渔民樵夫，担任“水递铺夫”。《续资治通鉴长编》卷十八中记载着，湘江沿岸巨潭险石之处，也有同陆驿相通的水驿。

宋王朝统治时期，是我国封建社会中央集权进一步加强的时期，当时快速发展的邮驿系统也带有明显的军事化特征，邮驿制度更是染有浓厚的军事色彩。

一方面，兵部是管理邮驿事务的中央机构，具体职责包括管辖邮驿的规约条令、人事调配、马匹配备等。同时，管理邮驿的中央机构还有枢密院，其主要职责是管理驿马的发放、颁布邮驿的凭信符牌等。这两个机构相互独立、相互制衡。

当时，邮驿书信和接待官吏食宿的馆驿，从职能上已经完全区别开。馆驿已经演变为单纯的政府招待所。南宋官员、学者王应麟曾在《玉海》中写道：“郡国朝宿之舍，在京者谓之邸；邮骑传递之馆，在四方者谓之驿。”馆驿已经仅仅作为来往官员和使者中途停留休息的地方。馆驿之外，传递政府公文和书信的机构，有“急脚递”“马递”和“步递”数种，一起被称作“递”。递有“递夫”，也叫“铺兵”，一般由地方上的“厢兵”充任，是传递文书的主要人员。

另一方面，北宋邮驿系统比以前重大的不同之处，就是邮递人员由兵卒担任，替代百姓，由此将邮驿系统完全军事化编制。有学者认为，这一变化的主要原因，是宋朝时期民族斗争和阶级斗争的尖锐，严峻的形势迫使宋朝政府万分重视军事信函的传递。

北宋初年开始，邮驿系统内的人员就由兵卒担任。《宋史·太祖本纪》中记载，宋太祖赵匡胤在建立宋朝的第二年就下令“诏诸道邮传以军卒递”，以后就成了历朝惯例。宋朝人王栐就此措施评论说，“前代置邮，皆役民为之”，给百姓增加很大负担。宋太祖“即革此弊”，开始“以军卒代百姓为递夫”，其后更设置专门的驿卒。他们有较好的待遇，从此减轻了百姓负担。

南宋时期，中央政府在东南沿海和北边的沿防地区，还先后设置了一种被称作“斥堠”的军事邮驿通信人员。斥堠，原指边境上的哨兵，驻地常常选择在高地，便于瞭望观察。此时把瞭望、侦察和通信传递结合起来，建立了一种带有军事性质的“斥堠铺”。这种传信机构，以传递军事紧急文书为主，为军事活动服务。后来，南宋政府又设置由铺兵担任通信业务的“摆铺”，和斥堠铺互为补充。

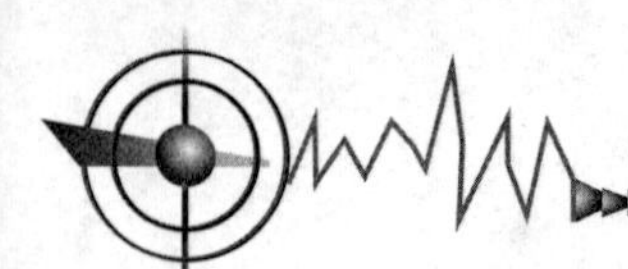

到了元朝时期，我国的邮驿系统有了更大发展。元朝由蒙古人建立，是我国历史上疆域最广的帝国。元朝政府为了统治辽阔的疆域，对邮驿系统做了积极改革，将驿道到达的范围大大拓展。

成吉思汗时期，每占领一地，便会在当地建立驿站等通信机构。《元史》中记载，1215 年，成吉思汗的军队占领辽西后，有人告密，称义州（治所在今辽宁义县）将要反叛，当地守将接到密报后，准备以屠城方式进行血腥镇压。当时的观察使王荣祖“驰驿”向成吉思汗报告，才终止了这场人间浩劫。由此可见，当时邮驿系统的便捷。

成吉思汗的儿子窝阔台即位后，即命令“诸牛马站每百户置汉车一具，各站俱置米仓，站户每年纳米一石”，整顿地方驿铺。可见，当时的驿站制度已经十分周密（如图 2－19 所示）。

图 2－19 关于元朝时期的站赤制度介绍墙

注：作者摄于伊林驿站博物馆内

“驿站”一词真正的来源，是元朝建立的“站赤”制度。元世祖忽必烈统一全国后，为了维护统治，了解各地的军情，在辽阔的国土上建立了邮驿系统“站赤”。站赤，是蒙古语，翻译成汉语就是“驿站”。站赤原指驿传的官员，后来成为驿所和驿传的通称。

波斯人拉施特在其著作《史集》中记载着元朝驿站的信息，当时的驿路分为三种，一称帖里干道，蒙古语意为车道；二称木怜道，蒙语意为马道；三为纳怜道，蒙语意为小道。

从地区讲，车道和马道，多用于岭北至上都、大都间的邮驿，而小道则仅用于西北军务，并且大部分驿站在今甘肃省境内，所以也被称作“甘肃纳怜驿”。

可以说元朝的站赤制度，是一套系统而严密的邮驿制度。从广义的方面讲，它包括了驿站的管理条例、驿官职责、驿站设备以及对站户的赋税征收制度等。

元世祖忽必烈政府发布了《站赤条例》，这是当时有关邮驿的基本管理条例。基本内容有10多项，诸如驿站组织领导、马匹管理、驿站饮食供应、验收马匹和约束站官、检验符牌、管理牧地、监督使臣和按时提调等。元朝时各驿站设有驿令和提领导驿官，他们的职责是：如数供应良马，检验驿使凭证，清点驿站设备等。这些对驿站管理和对驿官考核的具体条例，对元代邮驿发展起了保证作用。

史学家认为，元朝的驿路四通八达，已经成为"元朝政府的神经和血液网络"，对当时政府的统治和社会稳定起到了重要的作用，也极大地促进了我国边疆地区的交通发展。

这些从《经世大典·天下站名》中对今天东北三省邮驿系统的描述中就可以窥见一二。书上说，元朝的辽阳中书行省，有南北两大驿路干线，向北延伸到黑龙江入海处的奴尔干城，南抵高丽王都开京（今朝鲜开城），共辖有135个驿站，管理驿马6515匹，驿车2621辆，驿牛5259头，驿狗3000只。今甘肃地区，是元朝通西域、中亚的必经之路，有驿站47处，有的驿站拥有驿马300匹左右，最少的也有30匹。

与宋朝的馆驿相同，元朝的驿站也都配备有休息之处——驿舍，是招待来往官吏的地方，其陈设之华丽程度也可与宋时馆驿相较。意大利的马可·波罗在其著名的《马可·波罗游记》中记载，"有宏伟壮丽的建筑物，陈设华丽的房间"。此外，驿站还负责为使臣和来往官吏配备交通工具，陆驿有马、驴、牛，水驿有舟船，东北边远地区更有特殊用于冰上的驿狗。

元朝时期，据史料统计全国范围内1119处驿站共有驿马45000匹左右。在东北的哈尔宾（即今哈尔滨）地区则有狗站15处，供应驿狗3000只。南方一些水运发达地区，主要是水驿运输，有水驿420多处，备驿船5920多艘。这些交通设施，组成了元朝完备的邮驿交通网（如图2-20所示）。

图2-20　关于蒙元驿站用品展示

注：作者摄于伊林驿站博物馆内

相关链接：马可波罗记载的元朝驿道

马可波罗在游记中记载：“从此甘州城首途，若骑行 16 日，可抵一城，名曰亦集乃城。在北方沙漠边界，属唐古特州。”

从甘肃省的首府甘州顺黑水而下向北折行 16 日到达亦集乃城，马可波罗还记载从亦集乃城出发 40 日可抵达和林。《元史》也载，“自甘州又千余里始达亦集乃路”，试以 1000 千米推算，平均每天可行 60 多千米。就以此速度，即使每过两站为一日程，全长大概 200 里。若以两站间为一日程全长约在 100～200 千米。若按照马可波罗的行驶速度计算，骑行从甘州经由亦集乃路抵达和林，共需 56 天。而偌大的亦集乃路，仅设立八个站赤接济，未免稀少，可见行人较少。

所以站赤主要是官员计禀军情，专为军需而备，“甘肃纳怜驿系蒙古军人应刍，专备军情急务，其余非关紧要”，蒙古八站的军事作用居于首位。

第七节　明清时期的邮驿

明清时期，我国封建社会中央集权制达到了历史最高峰。元至正二十八年（1368 年），朱元璋在基本击破各路农民起义军和扫平元朝残余势力后，在南京称帝，改国号大明，年号洪武，建立了全国统一的封建政权。朱元璋统治时期被称为“洪武之治”。

在朱元璋称帝的第 22 天，就下令整顿和恢复全国各地的驿站。第二年，又下旨，将元朝时的“站”统统改叫“驿”，并将全国 200 多处的驿名进行更换。

与此同时，他还大力发展边疆地区的邮驿设施。在我国东北、西北等边疆之处，都开辟了驿道，设置驿站，仅余西南云贵地区，使中央加强了与边疆各地的联系。

明王朝初期，从西边的嘉峪关到东边的鸭绿江，沿边 8000 余里地，都设置了驿站，并建立了九个重要的军事据点，称作“九边”。

到了明成祖朱棣时期，开始在黑龙江和乌苏里江流域，设置奴尔干都司，建立 45 处驿站，使得该地区的行政事务管理更有效率。为了加强对东北边疆的统治，在辽东地区设置大量的驿站。有资料记载，明政府在辽东都司之下设立“夷人馆”“朝鲜馆”，管理少数民族的邮驿事务。还以辽阳为中心铺设四条驿道干线，其中一条南行至旅顺口，途设十二个驿站；一条西南行到山海关，途有十七个驿站；一条北往开原，沿途设五个驿站；另一条东南行抵九连城，共七个驿站。在各驿站都配备有驿兵、轿夫、船车、马驴等供应设施。

明王朝初期，东北黑龙江流域的少数民族，如海西女真、建州女真、野人女真等部酋长都向明朝臣服，明朝中央政府也都给予印信，并在东北地区建立奴尔干、建州等九卫。

为了加强与东北少数民族的联系，明朝开通了水陆联运驿路。这条水陆联运驿路总共配置了 3000 余名官兵，每年提供军粮两万多石，途经虎皮驿、沈阳驿、银州驿、开原驿等，是一条明政府联络东北广大地区的通道。

明成祖永乐年间，太监亦失哈奉旨在奴尔干地区（辖境包括今黑龙江、精奇里江、乌苏里江、松花江流域，北至外兴安岭以北）设立水陆联运驿路。从辽阳出发，溯辽河而上至开原，经陆驿达松花江，再由松花江乘水驿船至奴尔干。为了经营奴尔干地区，明朝政府除了设立驿站外，还在吉林开设船厂，开辟水运驿道。

元朝时，西藏仍称作吐蕃。据《经世大典》记载，元政府在那里设置了驿站，西藏地区有大驿站28处，小驿站有七八处。当时，西藏地区的宗教领袖和地方官吏经常持玺书、驿券和官员文牒在驿站间往来，使得驿道上一幅繁忙的景象，“遣使驰驿不下百余匹”。

到了明朝，西藏改称乌斯藏，为了加强中央政府与乌斯藏地区的联系和控制，明朝政府多次下令修复、建设中央通往乌斯藏的驿道和驿站。

公元1407年，明成祖永乐五年，明朝政府下旨，命乌斯藏地区的阐化王、护教王、赞普王和国师率领四川、乌斯藏等地区人民合力修复驿道，开辟了雅州（今四川雅安地区）到乌斯藏的驿路。这是继甘藏驿道后又一条从内地到乌斯藏的新驿道。这条驿道交通方便，沿途衣食供给十分丰厚，既保证了明政府对乌斯藏地区诏书、旨令、文书的畅达，也便利了西藏对内地的经济文化交流。

为了加强对外交流，明朝在东南海疆也设立了对外经济往来的驿所。明成祖永乐年间，在广东设怀远驿，福建设来远驿，浙江设安远驿，专门负责接待外国使臣和商人。由此可见，明朝邮驿系统已经发展的十分完善。

相关链接：广州怀远驿

明永乐三年（1405年），明朝政府命福建、浙江、广东三省市舶司设立驿馆，以招待海外诸番朝贡使。设驿臣1人，管理接待工作。怀远驿有房屋120间，地址在今广州市十八甫路。

我国封建时代，常把接待远方来客称为“怀远”，又把供给递送公文来往使节、官员暂住和换马的场所称作“驿”。早在宋代，官府在古西湖药洲上（即今广州教育路南方戏院附近）改奉真观为怀远驿，专供外国使者、商人下榻和从事贸易活动。

明永乐四年（1406年），在城外蚬子步，即今西关十八甫路附近，设立怀远驿。怀远驿由专门管理海外贸易的官方机构“市舶司”管理。中国官吏在这里检查外国船只运来的货物，并进行抽税和收购，有时还把国家有关规定在这里张榜公布。而外国人可以在这里通过从事中介贸易的商人——“牙人”，把中国官府收购后剩下的货物卖出，买回中国产品。

到了清康熙年间，随着珠江北岸向南伸展，原位于江边的怀远驿已远离江岸，在其南面出现了十三行夷馆。从此，怀远驿就被十三行夷馆所取代。（图2-21为怀远驿遗址所在地）

图 2－21　明永乐三年（1405 年）广州市舶司建怀远驿（在今十八甫）

注：图片来源于广东省委宣传部南方新闻

1644 年，清兵入关，随即统一中国，成为我国历史上最后一个封建王朝——清。清王朝集历代邮驿之大成，制度完备，管理严密，网路纵横，在康熙、雍正、乾隆时期达到了高峰，鸦片战争后逐渐衰落。

清代的邮驿，由驿、站、塘、台、所、铺六种组织构成，统称邮驿。清代邮驿制度经历了重要改革，其最大的特点就是“邮”和“驿”的合并。

在清朝以前，“邮驿”合称常常见诸文书，但实际上邮、驿仍是两种职能不同的机构。

清朝之前，一直是“邮”负责传递公文，是一种通信组织，也称作“递”，或者称作“传”；而“驿”，实际上是只负责提供各种交通和通信工具，并兼有招待所的性质。二者互为补充，但毕竟是两套组织系统。图 2－22 和图 2－23 分别说明骆驼和马都是重要的运输工具。

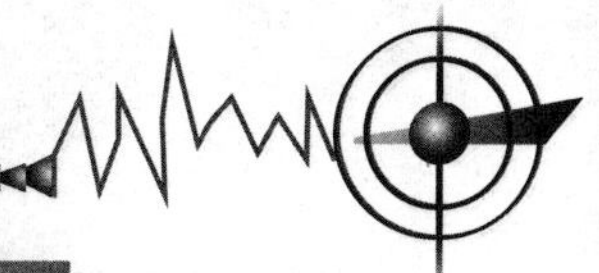

图 2－22　对商人们来说，骆驼与马牛一样，是重要的运输工具

注：图片由伊林驿站博物馆提供

图 2－23　民国时期马是重要的运输工具

注：图片来源于“钱币收藏”

到了清朝时候，这两种组织就彻底融为一体了。驿站从间接地为通信使者服务，而变成直接办理通信事务的机构。这样，实质上通信系统比先前简化，大大提高了工作效率。

清代邮驿确定程限的基本原则是，“因程设限，依限传递；因地制宜，区别对待；选择捷径，分泌必争。”

清朝驿务的管理，归于中央兵部，兵部车驾司掌管全国邮驿，专设一车驾司，车驾司下设驿传、脚力、马政、马档、递送等科，分办各项司务，任命官员七人，主管全国驿道驿站。另设会同馆和捷报处，办理迎送使客和文报驰递。各省按察使兼管本省邮驿。同时又在皇宫东华门附近设两个专门机构，由满汉两大臣会同管理京师和各地驿务联系，下有马馆，专管驿夫驿马，又设捷报处，收发来往公文和军事情报。改革明代驿传弊端，改民间差马出夫支应驿站为官养官应，颁布法令，严禁驰驿人员骚扰驿站。

清朝时，曾多次裁撤驿丞，驿站由县兼管。到了清末时候，全国只保留专职驿丞 65 人。史料显示，驿站差事主要有四种：大差，接待公出的要员和使臣；紧差，传递加急的重要文报；小差，传送一般驿递的奏章及表册；散差，接待悯劳恤死特许驰驿者。

与以往相比，清代的邮驿系统延伸的更为深入，甚至在一些边远县级地区也设置了“县递”。县递在各县之间传递书信文书，弥补了干线驿站的不足。虽然县递不能视作正规驿站，但也配备有被称作“递马”的通信马匹，发挥着驿站的功能。

到了光绪时候，仅山东一个省，就有包括县递在内的正规和非正规大小驿站 139 处。据《光绪会典》记载，全国邮驿系统由近 2000 个驿站、7 万多驿夫和 14000 多个急递铺、4 万多名铺兵组成，规模庞大、星罗棋布、网路纵横，无论在广度和深度上都超过了以往的朝代。

另外，清朝通信的速度也达到了历史上最快。以往，一昼夜最多跑 400 里、500 里，清朝的马递传送公文，最快一昼夜已经可以飞驰 600～800 里。据资料记载，康熙平定三藩叛乱时，从大西南到京师送军事情报，路程达 5000 余里，快马通信只需九天即可到。而康熙派施琅收复台湾，从福建报捷到京师，路程 4800 多里，也是九天内消息便可递到。

到了雍正时期，清朝邮驿事业因为中央军机处的设立有了新的发展。当时的军机处可以直接向下传递皇帝的上谕、诏令。有时候，这些上谕可以不经外廷内阁处理，由军机处直接交给兵部的捷报处发给驿站向各地驰递。有些重要的文书上面写有“马上飞递”字样，表明其为急递文书。有些时间紧急的重要文书，则用“六百里加紧”字样，甚至有些文书要求“飞折八百里驿递”。这样的方式，既保密又高效，表明邮驿前进了一步。“恰克图茶叶市场”的介绍图片如图 2－24（a）、图 2－24（b）所示。

（a）

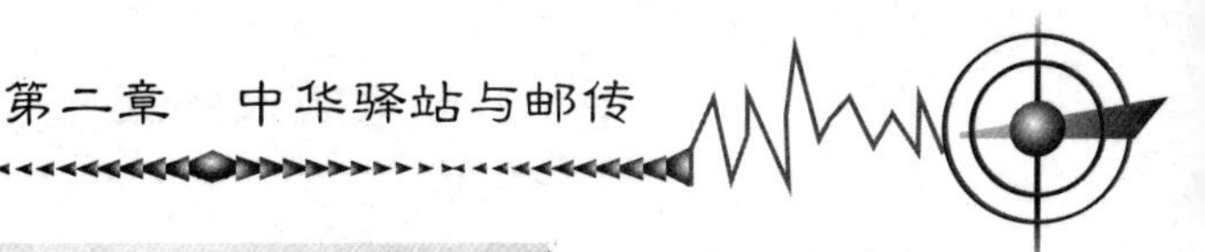

(b)

图 2-24 关于恰克图茶叶市场的介绍图片

注：作者摄于伊林驿站博物馆内

相关链接：恰克图茶叶交易市场

恰克图位于当时的中俄边境。它是由中俄商业贸易而兴起的，在这个地方从 1728 年至 20 世纪初，约两个世纪历经了中俄茶叶贸易的盛与衰。

根据《恰克图条约》第四款规定，在两国交界处进行零星贸易者，可在恰克图选择适当的地方建盖房屋、栅子。中俄双方开始着手建设恰克图市场。同年 8 月底，早期建设工作即告完成。俄国人在恰克图搭有 6 个帐篷和一所有 12 个粮仓的大院，32 个供商人居住的木房及一个拥有 24 个铺面的商栈，有关高压压缩机的样例。而中国在其南面建有买卖城。接着九月份，恰克图贸易正式开始。据历史记载，1744 年，在恰克图的双边贸易额约为 30 万卢布，到 1760 年便上升到 110 万卢布，1830 年的统计是 800 万卢布，到了 19 世纪中期已达 1600 万卢布。

从开市之后，恰克图每年的贸易总额中，茶叶一直保持一半以上。其原因便在于俄罗斯民族对这种饮料异乎寻常的热情，“宁可三日无食，不可一日无茶”。饮食结构偏重肉类的西伯利亚人更是如此。中俄之间的一条国际商道就此形成，这就是近年来史学界和文化界渐为热论的“茶叶之路”。茶叶之路商品流转的一般路径是：茶叶由各产地集中到北京，然后到归化（今呼和浩特），经乌兰巴托进入恰克图市场，在这里再经过第二次交易，过秋明、奥伦堡、罗斯托夫，抵达莫斯科。反过来，俄国借此向中国输出西伯利亚地区特产和工业品。驼队是茶叶之路上的运输主力，年复一年，不论是风暴、盗匪还是漫长的旅途，都阻挡不住浩荡驼队坚定的步履。

恰克图和茶叶之路对俄罗斯的影响是巨大而深远的。西伯利亚地区原有的封闭与落后被滚滚的贸易洪流彻底冲破了，就像帕尔申评论所言：“一个恰克图抵得上三个省，它通

过自己的贸易活动将人民的财富变成宝贵和富有生机的液汁，输送到西伯利亚。”茶叶之路延伸之处，一个又一个新兴城市应运而生。俄国人对此的认识是清醒的，因此也格外珍惜这条贸易线。虽然因茶叶输入而长年承受巨额逆差，但俄国政府始终坚持在茶叶之路上严禁鸦片买卖。19 世纪中期之后，俄国现代工业迅猛起步，这才开始真正扭转茶叶之路的贸易逆差。很多在欧洲缺乏竞争力的“俄国制造”，通过茶叶之路，反而在中国找到了更为广阔的天地。比如俄产毛呢，就占据了中国市场相当大的份额。

茶叶之路也带动了中国北部边贸的发展。归化、库伦、多伦、张家口、包头、乌里雅苏台、科布多、海拉尔、齐齐哈尔、集宁等一大批地处边塞的中小城市得到了迅猛发展。归化和包头，在其繁华之盛时，并不弱于江南。茶叶贸易同时带动了内地的种植业、加工业和交通运输业的发展。归化城的骆驼总数在最高点时曾达到了 16 万峰之巨。

与俄国充满战略意识地通过茶叶之路拓疆富国不同，大清国在这场经济文化的大交流中始终是被动的、保守的，其意主要在于“抚夷”，在于“保境安民”。也正因为如此，茶叶之路两端的不对等从一开始便被注定了：一方使自己持续接近着先进的世界，而另一方却越来越远。

《南京条约》签订后，英国依靠自己先进的航海技术，开辟了海上的“茶叶之路”。19 世纪 40 年代，同样数量的茶叶，从恰克图到莫斯科的运费是广州到伦敦的十倍不止。而清王朝的日益衰落，使其已无力再成为一个与俄国相当的经济体。后来俄国自己开辟了另一条茶叶之路：从天津港海运到海参崴，再经新修的西伯利亚大铁路直达莫斯科。这比旧有的路线更为经济，也更为安全。恰克图虽然仍然是“走西口”的中国商人的重要目的地，但其在中俄贸易中的商业地位却不断下滑，到 19 世纪末更是沦为地区级的商贸中心。

进入 20 世纪之后，伴随着现代商贸交通体系的建立和中俄两国政坛的风云变幻，这条浪漫与悲壮共存的茶叶之路最终湮没。昔日富甲大陆的恰克图，一度变成军事要塞。恰克图作为历史上茶叶贸易名城，在喧闹了将近两个世纪后销声匿迹，逐渐不为人们所知。

到了清朝中叶以后，社会在政治、经济、军事等方面开始走下坡路。随着封建制度发展的旧式邮驿，自然也出现了许多无法弥补的弊端。尤其是生活在封建驿政下的劳苦大众，在水深火热中受到煎熬，服役人员纷纷逃走。

有资料记载，河北武清县东北，有一个河西驿，地处京东水路通衢，一直是各朝漕运的咽喉。清朝刚建国的时候，这里的邮务很发达，有役夫 152 名，驿马 33 匹。但是到了清朝晚期的光绪年间，这里驿站事务萧条，只剩下役夫 30 名，驿马 24 匹。有一位兼管驿务的下层官吏在其《河西驿日记》中描述，河西驿成为一个残破不堪的机构。这样的驿站已经不能担负起邮驿通信的重责，而成为社会的赘疣，没有存在的必要。在形势逼迫下，清政府于 1896 年始办新式邮政，驿站逐渐被代替。到辛亥革命后的 1913 年，北洋政府终于宣布将驿站全部撤销。图 2 - 25 和图 2 - 26 分别为大清邮政章程和大清邮政分局诫程。

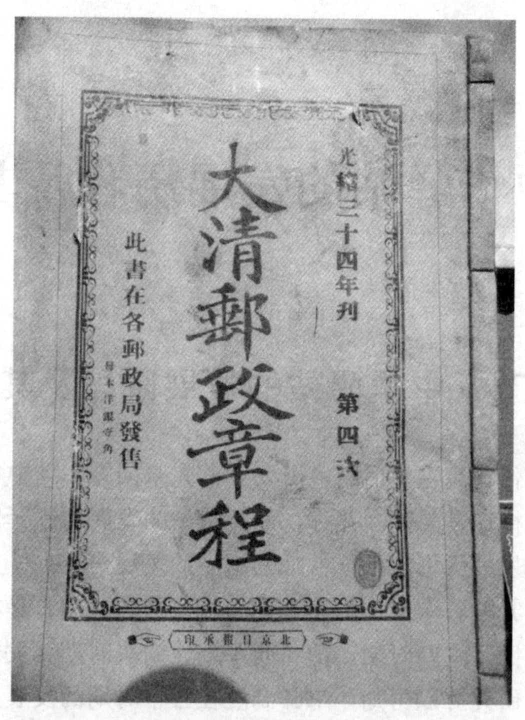

图 2-25　大清邮政章程

图 2-26　大清邮政分局诫程

注：作者摄于台儿庄邮政局展览馆存例室

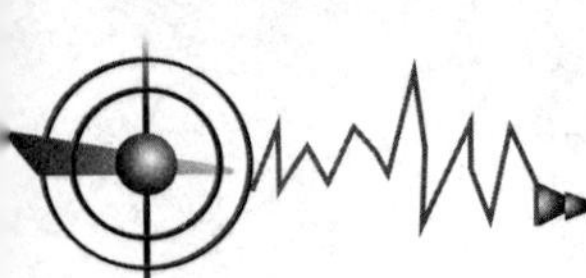

第三章　中华驿站的发展历程及其历史价值

第一节　中华驿站的发展阶段及其特点

研究中华驿站和现代物流这个话题，需要我们先来回顾一下中华驿站的发展历程。

在古代邮驿史上，往往是邮和驿并称，而且驿站的发展与邮驿制度不可分割开来。因此，欲了解中华驿站的发展历程，必须从邮驿制度的发展史入手。

在当前研究中华邮驿的著作中，多以今天的邮政与古代的邮驿相比较。其中，有学者将各代邮驿发展划分为四个主要时期，即：萌芽期、初兴时期、发达时期和鼎盛时期。我们通过阅读当前的著作研究可以得知，邮驿制度在各个时期的发展历程和特点，由此推及中华驿站的发展和特点。

一、原始社会末期至奴隶社会初期为萌芽期

在中华3000多年邮驿通信制度的文明发展史中，驿站是展示给世人最直接的实例。它也是历代邮驿制度存在的根本。驿站的产生，与国家统治极度相关，密不可分。原始社会末期，中原各部落交流融合加速，部落逐渐为国家所取代，统治者为维护统治、搜集民情，开始设立“驿站”。因此，可以将原始社会末期至奴隶社会初期视作邮驿发展的萌芽期（如图3-1所示）。

在此阶段的殷商邮驿，被认为是我国最早有明确文字记载的有组织的邮驿制度。

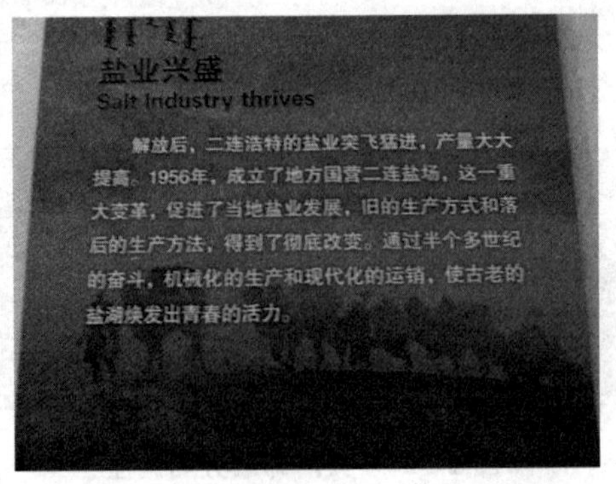

图3-1　关于盐业与驿站发展的介绍图片

注：作者摄于伊林驿站博物馆内

二、商周秦汉魏晋南北朝为初兴时期

距今三千多年前的殷商时期，已经出现了有组织的通信活动。从甲骨文的记载推测，这种通信活动最早可能是击鼓传声，传报边界军情（如图 3－2 所示）。

图 3－2　记载有通信活动的甲骨文

注：图片来源于中华魂

西周时期，联结中央与周围各诸侯国的通信纽带已经形成。国都附近建立了烽火台，烽鼓并用，传递紧急军情。一般通信也使用传车。春秋时期，各诸侯国本身的通信组织也已建立并日趋完善。孔子曾说："德之流行，速于置邮而传命。"（《诸子集成》，中华书局，1986 年版，第 109 页）说明当时的通信发展已相当可观。战国时期，在通信方式上是传车与单骑交并使用，书信往来数量显著增多。

周朝时期邮驿制度开始发展，主要体现在邮驿组织和驿递方式的进步，周代在邮驿管理方面开始设立正式的官职。春秋时代，各诸侯长年相互征战，出于政治军事需要，在道路旁设置驿马驿车，传送官府文书，通报军机事务。这也是春秋战国时期邮驿最突出的特点，基本建成了全国邮驿网络的驿站和道路等设施。

秦朝时期，秦始皇的"书同文、车同轨、修驰道"等政令，不但促进了全国社会文化的融合与统一，也有效地促进了当时邮驿的快速发展，并且通过《秦邮律》对邮驿通信管理做出了具体严格的规定。

秦始皇统一中国后，制定了《行书律》等有关邮驿的法令，对传递官府公文的时限、登记手续、人员条件、生活待遇，以及对违法行为的惩治办法，都有了明文规定。汉承秦制，邮驿更为发展，全国形成了较为完备的通信网。据史书记载，汉代邮驿是"驿马三十里一置，卒皆赤帻绛鞲（红色头巾和套袖）"（范晔，《后汉书·服志》，中华书局，1973 年版，第 3651 页）。汉代的张骞和班超先后出使西域各国，开辟了从中原经新疆到中亚的

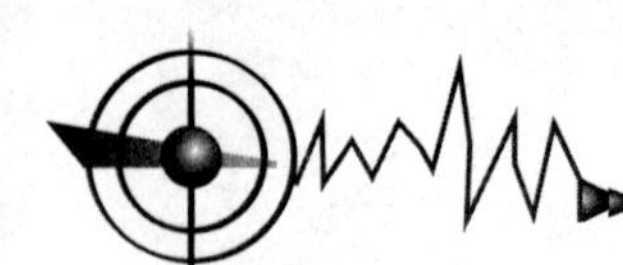

交通路线。古代中国丝绸的输出，大体上就沿着这条道路，通过安息（今伊朗）、条支（今伊拉克）和大秦（古罗马帝国）到达欧洲，被誉为“丝绸之路”。在中国境内的一段，经过现在的陕西、甘肃、宁夏、青海、新疆5个省区，沿途都有城堡、驿站、渡口和通路。丝绸之路也是中国驿道即通信的通道。丝绸之路的开辟，对于沟通中西交通和政治、经济和文化交流起了积极作用。史称，“汉武帝通大宛（西域国名，今中亚费尔干纳）诸国，使者相望于道”（徐天麟，《西汉会要》卷66，上海人民出版社，1976年版，第776页），《西汉会要》反映了这条道路上通信频繁的盛况。

魏晋南北朝时期，出现了《邮驿令》这一独立的专门法规。纸的广泛使用更方便于信息的记录和交流。“折梅逢驿使，寄与陇头人”（陆凯，《赠范晔》，见（清）沈德潜《古诗源》卷11，中华书局，1963年版，第269页）就是南北方联系进一步加强的写照。

隋唐的邮驿，法律制度严密，馆驿宏伟，驿路水陆相兼，标志着古代邮驿进入鼎盛时期。唐朝邮驿分为陆驿、水驿和水陆兼办三种，全国共设有驿馆1639所，300里行程朝发夕至。在庞大的邮驿通信网中，邮驿人员“一驿过一驿，驿骑如星流”（岑参，《初过陇山途中呈宇文判官》，见《全唐诗》第6册，中华书局，1960年4月，第1版，第2024页），“十里一走马，五里一扬鞭”（王维，《陇西行》，季镇淮、冯钟芸等选注《历代诗歌选》第2册，中国青年出版社，1980年版，第354页），任务十分繁忙。宋代还建立了办理紧急公文的急递铺，驿卒也由军兵充当，尤以金字牌传递最快，昼夜飞驰500里，传递时“过如飞电，望之者无不避路”。

进入汉代，当时的邮驿制度开始明确统一了，皆称之为“驿”，并且汉代邮驿有自己的中央主管部门。东汉至隋代，邮驿管理在各割据势力中又出现了新的特点。此外，中外邮路也因“丝绸之路”而畅通无阻。

及至魏晋南北朝，我国历史上第一部邮驿法——《邮驿令》颁行，其时做出了邮驿史的首创，即将邮、驿二字并用。

相关链接：中国历史上第一部邮驿专门法规——《邮驿令》

三国时期，曹魏颁发了《邮驿令》，内容包括军事布阵中的声光通信、“遣使于四方”的传舍规定以及禁止与五侯交通的政治禁令等。这是中国历史上第一个专门的邮驿法，对后世有深远影响。

东汉末年，军阀混战，中原地区非常混乱，普通百姓连日常生活都难以为继，自然更谈不上正常的通信邮驿活动。史书上记载此时的情况说：“道路壅塞，命不得通。”所谓“命”，即皇帝和政府的文书命令，因为战乱，这些文书命令也不能通畅下达。

《三国志·陈泰传》说，当时由于战乱，“一方有事”，即“虚声扰动天下”。因此，邮递十分困难，地方也很少给中央政府上书，“驿书”传递最多不超过600里。直到政治家、军事家曹操统一了北方，这种情况才逐渐有了改变。

曹操和他的继承人加强了对邮驿的管理。曹丕建魏后，把长安、洛阳、许昌、邺、谯五个北方大城市建成五个军事重镇，称为“五都”。围绕这五都建立了四通八达的联络通信网。那时，曹魏的通信，绝大多数是军事文书，主要是靠快马投递，步邮较少。这主要是因为当时社会秩序还不是十分稳定，步行邮递很不安妥。即使少量的步行邮递，也不用接力传送，而是找一些善于快跑的人，专程邮递。这些人，被称为“健步”，后来称为“急脚子”或“快行子”。他们往往跑完全程，中途不换人。曹魏有些专门的信使级别很高，他们常常可以与公卿同坐。女诗人蔡文姬有一次为丈夫董祀向曹操求情时，即曾碰到过驿使与公卿共坐的场面。《后汉书·董祀妻传》记载当时的情景说：“董祀为屯田都尉，犯法当死，文姬诣曹操请之。时公卿名士及远方使驿坐者满堂。”此时信使的身份较高，其原因可能与社会不安定有关，信使必须由较为亲近的人充当，才为可靠。而这些显贵的亲信，一般身份大大高于过去充当信差的吏卒。

曹魏时在邮驿史上最大的建树，是《邮驿令》的制定与实施，是在魏文帝（220—226年在位）时由大臣陈群等人制定的。内容包括军事布阵中的声光通信、“遣使于四方”的传舍规定以及禁止与五侯交通的政治禁令等。这是中国历史上第一个专门的邮驿法，对后世有深远影响。可惜的是，这部邮驿法原文已经失传，只是有些内容可以在《初学记》《太平御览》等一些后人的辑文中看到。比如《太平御览》有几处引用了这部法令中有关曹操行军用声光通信的内容：“魏武（即曹操）军令：明听鼓音、旗幡。麾前则前，麾后则后”，“闻雷鼓音举白幡绛旗，大小船皆进，不进者斩”（《太平御览》卷三四〇、三四一）。鼓音是声，白幡绛旗是色和光，这是古代声光通信的继续。书里还提到了紧急文“插羽”，即插上羽毛，颇类似后来的鸡毛信。从上述材料看来，三国时曹魏的通信设施比较发达（如图 3-3 所示）。

图 3-3　魏晋时期驿使画像砖

注：图片来源于北京邮政博物馆

三、唐代为发达时期

经过数朝的努力发展，邮驿制度在唐朝时已经基本完善。

隋朝时期，邮驿制度在典制规章方面得到了健全，并且中央政府恢复了汉驿制度，改善了邮驿基础设施和道路。

到了唐朝时期，驿站规模扩大，有驿站、驿楼、驿库等。《唐六典》卷五“尚书兵部”，“凡三十里一驿，天下凡一千六百三十有九所”。唐朝的驿站制度主要沿袭汉朝，唐朝驿站分陆驿、水驿和水陆兼办三种。据统计，从唐朝初年到唐玄宗时期，全国一共有1639个驿站，其中水驿260个，陆驿1297个，水陆兼备的驿站则有86个。

驿站这种贯穿古代中国之始终的制度，在唐代得到了极大的发展。通过《唐会要》和《大唐六典》关于邮驿的律令，可以看出唐王朝存在一个相当完备的邮驿系统。据《大唐六典》记载，最盛时全国有陆驿1279个。“一驿过一驿，驿骑如星流”就是对当时邮驿盛况的真实写照。

邮驿的突出特点就是完善邮驿法律，使邮驿管理部门分工更加细化。并且，此时邮驿的规模得到空前扩大，邮驿管理也非常严格有序，并且突出了官办的邮驿性质。

四、元代为鼎盛时期

邮驿经过唐代的发达时期后，在元代进入了鼎盛时期。元代时，以其宏伟的驿站组织和四通八达的通信网络闻名于世界。

宋朝邮驿沿袭唐朝制度，但也有创新出现，比如设立“急递铺”，可以昼夜兼程递送信件公文，并且明确细化了邮驿各管理部门的职责，还颁布了专门性的邮驿法规——《嘉祐驿令》。

因为元朝邮驿承袭宋朝制度，所以“急递铺”开始成为中央文书传递的常设机构。元代邮驿的主要特点是以驿路为中心，北方设驿令，南方设提领，即负责检查驿务、管理驿站的官员。

据《元史·地理志》统计，当时驿站遍布东西南北各地。驿路上熙熙攘攘，来往人员十分繁忙。13世纪中叶，也即元朝开国君主元世祖忽必烈统治期间，意大利旅行家马可·波罗对当时驿传的繁盛情况有生动的描绘。他认为元朝的驿站制度，是“难以用语言来形容的”，“十分美妙奇异的制度”。马可·波罗在自己的《马可·波罗游记》中，以十分钦羡的笔调写道：“从汉八里城，有通往各省四通八达的道路。每条路上，也就是说每一条大路上，按照市镇坐落的位置，每隔40或50千米之间，都设有驿站，筑有旅馆，接待过往商旅住宿，这些就叫做驿站或邮传所。这些建筑物宏伟壮丽，有陈设华丽的房间，挂着绸缎的窗帘和门帘，供给达官贵人使用。即使王侯在这样馆驿下榻，也不会有失体面。因为需要的一切物品，都可从附近的城镇和要塞取得，朝廷对某些驿站也有经常性的供应。”马可·波罗说，元朝每一个驿站，常备有400匹马，供大汗的信使们使用。驿卒们传递紧急文书，一日可以飞驰320千米，即640华里。他们身上都带着一面画着鹰隼的牌子，作为急驰的标志，“他们束紧衣服，缠上头巾，挥鞭策马以最快速度前进”。马可·波罗估计，全国服务的马匹大约有20万匹。上面情况基本上是符合元代邮驿情况的。只是马匹数和日程数有不准确的地方。马可·波罗夸大了数字。实际上当时全国驿站的马共有四万多匹，而最快的驿卒日程则为500里，不是600多里。需要指出，元朝的驿站制度，也同样施行到中亚一些蒙古统治者管辖的地区。据波斯史家拉施特的《史集》记载说：伊尔汗在位时候，在今中亚也设置了驿站。他“下令在所有要道上，每三程设置一个驿站。每个驿站设有健马十五匹”，他“还下令任何人只有出示君主的御笔和金符之后，才能获得驿马，他把每一个驿站交给一个大统领，让他们掌握一定的地区和足够使用的钱”。至于那些官方文书的传送经过，拉施特记载：“如果事情极其紧急，那就写信，密封起来，通过驿站的驿卒传送……在信上注明从某处到某处，君主给予每个边将以黑色钤印，以便他们把它盖在那些信上。”从拉施特的记载可以看出，元朝的驿站制度，已经有效地在国外辖地施行。这一制度大大沟通了13至14世纪的中外经济文化交流（如图3-4所示）。

图3-4　关于旅蒙商人用具的介绍图片

注：作者摄于伊林驿站博物馆内

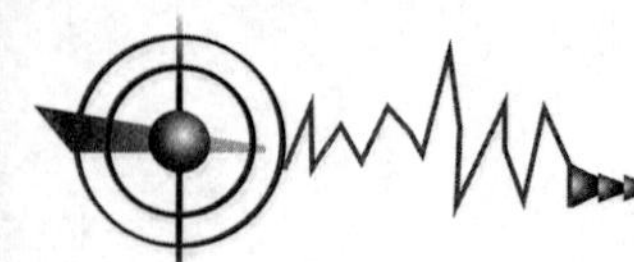

相关链接：元朝的站户制度

站户是元朝户籍名称之一。因政府签发部分人户专门承担站役，故得此名。元朝为了“通达边情，布宣政令”，在全国范围内建立了周密的站赤系统。站有水、陆之分，水道用船，陆道以马、牛、狗等作交通工具，故又有船站户、马站户、牛站户、狗站户等名称。各种站中以马站为最普通，马站户的数量也最多。据统计，全国驿站共有一千五百余处，以每站平均二百户计，站户约达三十余万户，实际数字可能更高（如图 3-5 所示）。

图 3-5　关于“站户”的介绍文字

注：作者摄于伊林驿站博物馆内

站户承担的站役主要包括三个方面：陆站站户养马、牛、狗等，水站站户则备船；马站出马夫，称为兀剌赤，水站出船夫；部分站户需向过往人员供应首思（蒙语 ihs 的音译，原意为汤汁，元代以此指驿站过往人员的饮食分例）。江淮以北农业区的站户，大致平均四户养马一匹，每户可免四顷土地的地税；江淮以南对养马户数没有限制，但规定同养一匹马的诸户总共可免税粮七十石。站马来源不一，有的由国家出钱购买，发给站户饲养应役；有的由驿站所在地区诸色户计共同出资购买，发给站户；有的则由站户自行购置。不管来源如何，一旦倒毙，都由站户赔补。站户除可以免税的田亩税粮之外，其余部分仍须纳税。供应首思的站户可以免除和雇、和买、杂泛差役，有一部分地区的站赤由官府供应首思，这些站赤的站户与民户一样承当和雇、和买牛站户、狗站户和船站户的情况与马站户差不多。

李爽等专家在《略谈古代驿站的功能》一文中曾提到，驿站作为古代供传递官府文书和军事情报的人或往来官员途中食宿换马的场所，驿站配置齐全。宋时，驿站的军事功能有所增强；元代的驿站成为巩固政权的重要手段；明代的驿站有货物运输的功能；清代的驿站在前代基础上兼具各项功能。

到了明清两代，我国封建社会在经济方面的发展和在专制主义中央集权方面的加强已经达到了极致。然而，随着明朝末期资本主义萌芽的产生和商品经济的发展，专制王权、传统的自然经济受到了挑战和冲击，传统邮驿的发展伴随着整个封建社会日趋衰落。

明清延续了元代邮驿制度的鼎盛。明朝时期，邮驿特点与当时中央集权的发展相映。经过元代邮驿制度的鼎盛时期后，明朝的邮驿制度也已经趋于完备。明政府通过利用严刑峻法来管理邮驿，著名的《大明律》中就有关于邮驿法律的详细规定。值得一提的是，随着商品经济的发展、资本主义萌芽诞生，由商办民用的民信局也出现了。

相关链接：明清时期的民信局

明代永乐年间（1403—1424 年）由宁波帮商人首创了“民信局”。民信局是由私人经营的赢利机构，业务包括寄递信件、物品、经办汇兑。到了清同治、咸丰、光绪年间，全国大小民信局达数千家，机构遍布国内及华侨聚居的亚洲、澳大利亚和太平洋地区，形成内地信局、轮船信局和侨批局（福建话发音“信”为“批”，故侨批局也就是侨信局，专门为南洋侨民服务）。较大的民信局在商业中心上海设总店，各地设分店和代办店，各民信局之间还联营协作，构成了民间通信网。

1928 年，当时的南京国民政府召开交通工作会议通过决议：“民信局应于民国十九年（1930 年）一律废止。”到 1935 年，民信局彻底销声匿迹。

到了清朝，当时的邮驿管理比历代都更加严格细致。在清朝的主要法典《大清律例》中，对各项邮驿管理作出了详细的规定。清朝政府在邮驿管理方面超越前代，在中央和地方分别设立管理了邮驿事务的专门部门和官员（如图 3-6、图 3-7 所示）。

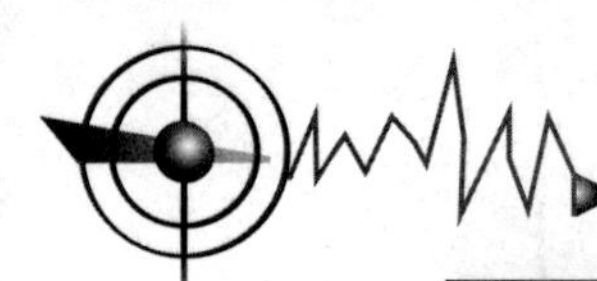

图 3-6 大清邮政总局与大清邮政馆局牌匾照片

注：作者摄于台儿庄邮政局展览馆存例室

图 3-7 大清邮政快信专票

注：作者摄于台儿庄邮政局展览馆存例室

晚清之后，经过外国资本主义的入侵，中国传统邮驿遭到破坏，开始出现驿站、民信局和近代邮政三者并立的局面。最后，晚清政府裁撤旧事邮驿，尽归近代邮政（如图 3-8 所示）。

图 3-8　大清邮政快信专票

注：作者摄于台儿庄邮政局展览馆存例室

第二节　中华驿站的保存及历史价值

当今世界文化遗产的保护，已经从重视史迹及代表性建筑向反映普通民众生活方式的民间文化遗产、世界遗产的方向发展，向物质要素与非物质要素结合而形成的文化遗产保护方向发展。

我国有着三千年邮驿通信制度的文明发展史，从殷墟甲骨、商周铜鼎、战国虎符、秦代木牍、汉代印信，到宋代金牌、清驿火票等珍贵文物中，不难发现邮驿在历史上的重要作用。

我们可以看到，邮驿的发展演变也是中国社会历史发展演变的一个具体体现。从商周邮驿的产生、秦汉邮驿的成型、魏晋南北朝邮驿的发展、隋唐邮驿的进一步完善、宋元邮驿的发达、明清邮驿的由盛转衰到近代邮政的建立，古代邮驿的存在和发展在中国古代社会发展中发挥着重要作用和影响。

一、“国脉”邮驿

在原始的部落氏族社会里，已经出现了“击鼓传声”和“烽燧”烟火的通信传递方式。奴隶制国家建立后，出于传达中央政令和搜集各地信息的目的，统治政府建立了最早的邮驿制度，通过驿站和人、马接力来完成最初的信息传递任务。

社会政治、经济、文化等，尤其是军事诸方面对邮驿通信的需求与日俱增，邮驿制度也随之发展完善起来。在记录周朝社会文化的《周礼》上，就有说当时的主要官道上已经有了馆舍，为来往官吏提供食宿。

及至秦始皇统一全国后，建立了以都城咸阳为中心的邮驿网络，并制定了《秦邮律》，我国邮驿制度才逐渐走向正规。

“高邮”在我国的2000多个县市中显得有些特别，因为此名与“邮’字联系在一起，其得名是因为秦始皇于公元前223年在此“筑高台、设邮亭”。高邮因“邮”而生，因“邮”而兴，历经沧桑，被中外专家称为“稀世遗珍”。目前，中国唯一的邮驿博物馆就坐落在这里。

我国的邮驿史已经有三千年，邮驿不但是历朝历代封建王朝统治者的御用通信工具，也是我国历史上有组织管理、有计划部署的官方主管部门，同时兼备部分民间通信职能。古代邮驿被看做“国之血脉”，这种信息传递体制既是历代封建王朝的“血脉”，也是中国古代文明的“国脉”。

二、我国特有的文化遗产

我国完善的邮驿系统对整个社会的经济、文化等方面的影响极为深远。它不但使全国各地的联系日益密切，也促使不同区域、不同种族在经济、文化方面能够得以交流和互补，使国家民族在文化方面趋于融合统一。

在文化方面，邮驿存在和发展给诗人、墨客们以无限才思。他们通过驿站传递自己的思乡之苦，寄语家人、朋友以离别之情，抒发胸中情绪，不少成为流传至今的名篇佳作。如杜甫的“烽火连三月，家书抵万金”、白居易的“数行思泪一封书”以及岑参的“马上相逢无纸笔，凭君传语报平安”等诗歌。这都要得益于古代邮驿的发展，为人们的通信、远行提供了诸多便利。宋朝道士丘处机曾作诗云：“东辞海上来，西望日边去。鸡犬不闻声，马牛更递铺。千山及万水，不知是何处。”所谓“马牛更递铺”，是指当时邮驿系统“陆站”中“马站”“牛站”。又有诗云：“万里乘官马，三年别故人。”又如：“驿马程程送，云山处处罗。”

目前，不论是历史久远的“烽燧”“驿道”“驿站”“驿城”等有形的物质文化遗产，还是书信、诗词、歌赋、传说等非物质文化遗产，这种兼备两种概念的邮驿文化是历史留给我们现代人的一份宝贵的文化遗产（如图3-9所示）。

图 3-9　现存世最早的一件贴有大龙邮票的实寄封（1878 年 10 月 5 日北京—上海）

注：作者摄于台儿庄邮政局展览馆存例室

古代的文化遗产是我们宝贵的民族精神财产，邮驿就是这样的一份文化遗产。它是古代人民创造和积累的物质财富和精神财富，无论是历史沿袭还是社会分工，我们都负有保护数千年历史邮驿文化遗产的职责，更有义务传承和弘扬邮驿文化。

三、邮驿的古代价值

邮驿系统在维护封建王朝的统治方面，起到了不可替代的作用。同时，它在社会经济、文化等方面的作用也十分突出。

首先，邮驿系统不但可以快速掌握全国各地的天灾人祸变化，同时也发挥了救灾平难的作用。据史书《后汉书·张衡传》记载，汉顺帝阳嘉元年（132 年），我国历史著名的科学家张衡制作出的地震测试器“候风地动仪”发出警报。但是，当时京城的人们并未感觉到地动，大多以为设计失败。当数日后驿骑传报，称陇西郡地区发生了地震时，人们才叹其玄妙。由此可见，古代驿传在救灾方面的重要性。

其次，邮驿为古代社会商品、物资流通起到了关键作用。驿站除了要向上级传报重要的军事资讯外，经济方面的信息传报也受到政府的重视。史书《晋书·苻坚载记上》中记载王猛治国：“关陇清晏，百姓丰乐，自长安至于诸州，皆夹路树槐柳，二十里一亭，四十里一驿，旅行者取给于途，工商贸贩于道。”因为邮驿设施的布置密集，给人们的出行、经商等活动带来了极大的便利，也就带动了当时的商品经济发展，促进了社会文化的交流。

最后，古代邮驿对城市建设和发展也产生了极大的影响。邮驿设置本身亦往往随着历史的演进，成为城镇形成的基础。地名所见“驿”“亭”“铺”“站”等，往往都是古代邮驿的遗存。现代地名常见称为“驿”“亭”“铺”“站”者，许多早已成为重要城镇。《中华人民共和国分省地图集》所见现今城镇地名，称某某驿者超过30处，称某某铺、某某站者，更不胜枚举。而苏州望亭镇、甘肃华亭县、河北乐亭县、湖南黄亭市等，很可能是从驿亭基础上发展起来的。

相关链接：龙泉驿

龙泉驿，汉置邮亭，唐设驿传，元改站赤，明曰“驿站”，始称“龙泉驿”。

唐代为东阳县、灵池县治地（《四川郡县志》《元丰九域志》《中国历史地图集》）。灵池县，以其县南分栋山边有一泉池曰“灵池”，故名。宋代叫“王店”，并改灵池县为灵泉县；王店为灵泉县治地（《太平寰宇记》）。分栋山亦随县名的改变而改称“灵泉山”，直至元代。

明代改称“龙泉”，于此设驿站，始称“龙泉驿”。洪武六年（1373年），省灵泉县入简县，后置龙泉镇（《中国历史地图集》）。正德八年（1513年），置龙泉镇巡检司（《简阳县志》《四川郡县志》）。同期，灵泉山亦随之改称“龙泉山”，沿用至今。

清康熙六年（1667年），继续在四川大规模设置驿站，分为北、南、东、西4路，“东路起自简州之龙泉驿，至奉节之小桥驿”（《四川通史》）。此期的“龙泉驿”既是驿站名，也具有地理名称的含义。清末邮电业兴起后，驿站废置，“龙泉驿”则随之成为历史地名，并沿用至今。

1956年1月，原简阳县为所属各区命名时，以区公所驻地名称为区名，称“简阳县龙泉驿区”。1959年，划归成都市筹建新区时仍以区人民委员会驻地龙泉驿为区名，称“成都市龙泉驿区”。

四、邮驿的现代价值

文化是经济，文化是竞争力，这早就是被现代社会发展证实了的一个事实。古代邮驿这一中华文化遗产，在今天的价值亦不可估量，我们唯有保护古代文化遗产、勤力发掘其现代价值。

首先，古代文化遗产中凡有物质文化遗产的，皆可以发展成现今的旅游点，驿站也不例外。例如河北怀来的鸡鸣驿，可以被“恢复”远古的驿城，使之成为一个名副其实的驿城博物馆，保留着当时的当铺、商号、钱庄、茶馆和车马店等，活生生的古驿城展现在我们眼前，显然是一处旅游新热点。

当然，这需要国家旅游局、地方政府等部门方面的努力，以悠久的历史文化吸引世界游人的眼球，既可以展示驿城原貌，又能提高其文化遗产的品位。

除此之外，更大的利益还存在于从古到今的驿站故事和诗词之中，其在出版、影视、集邮开发等方面的价值不可低估。这样，鸡鸣驿不仅在中国邮驿史上独当一面，而且具有极高的历史、文化、艺术和社会价值。

由此我们看到了古代邮驿对现今旅游业的影响，古代驿站和邮驿文化的存在和保护，不但可以推动中国古代旅游交通设施、旅游饭店的建设，有利于旅游业的发展，还丰富了古代旅游资源，为现代旅游业的发展留下了珍贵的文化遗产，同时，中国古代驿站与古代旅游形式相结合，有利于现代旅游新线路的开发。

其次，可以将现存较为完整的驿站文化发展成为古代邮驿文化博物馆。

到目前为止，北京、上海、广州等地已经分别建有小型邮政博物馆，根据邮驿故事临摹的绘画，或近代的一些邮政用品、信件、邮票等，展示和陈列一些烽燧遗址、旧驿站的照片（如图 3－10 所示）。

图 3－10 清代济南邮政总局局址

注：作者摄于台儿庄邮政局展览馆存例室

相关链接：广州邮政博览馆

广州邮政博览馆所在的大楼建成于 1916 年，曾先后作为广东邮务管理局、邮电部广州邮局和广州市邮政局办公楼，2002 年 8 月被公布为省级文物保护单位（如图 3－11 所示）。

现博览馆展出面积近 1500 平方米，设三大展厅。

一楼为集邮展销中心：展示珍稀邮品和销售各类集邮品等。

二楼展厅：展示中国悠久的邮政通信发展历史和具有岭南特色的广州邮政历史变迁，包括早期通信、大清邮政、中华邮政和改革开放前的人民邮政等部分。反映古代邮驿通信、近代邮政和新中国改革开放前人民邮政的发展历史。

三楼展厅：展示改革开放后的广州邮政发展历程和未来展望等部分。放映党的十一届三中全会以来，尤其是迈进 21 世纪后，广州邮政发展的辉煌成就，介绍邮政通信科技发展的新成果，展望未来广州邮政的前景。

参观者来此不仅能了解和认识邮政历史的变迁发展，办理邮政和集邮业务，选购邮品，还可领略独具特色的建筑艺术。

广州邮政博览馆藏身于沿江西路的广州邮政老办公楼里。这座历百年沧桑的邮政大楼本身就烙刻着深深的历史印记。

据邮政老职工介绍，大楼始建于 1897 年，1916 年毁于一场大火。1916 年由英国人丹备设计，在原址重建。1938 年，日军入侵广州时，在西堤一带放了一把大火，大楼再次遭劫。楼内门、窗和地板等全被焚毁，所幸整个框架并未倒塌。次年又由杨永堂设计，按原貌修复，一直沿用至今。

这幢大楼在百年之中两次罹难，却仍能在今天焕发出强健的生命力，不能不让人心生敬意。

大楼是典型的欧式建筑，黄褐色的花岗岩基石和巨大的廊柱略显斑驳，非常有气势，且充满历史感。目前，它已被列为广东省文物保护单位，和博览馆一起成为展示广州邮政发展历史和集邮文化的活化石。

图 3－11　这座经历百年沧桑、展示广州邮政发展历史的邮政大楼

如果把这些介绍古代邮驿文化的博物馆规划成某主题博物馆，不仅可以将古代沉重的历史文化用鲜活的历史典故和珍藏的文物古迹表现出来，还可以方便现代参观者观看真实的现场邮票印制全过程。一个驿站博物馆所陈列的古物、文化遗产等有着三千年的厚重历史，这本身就是令人惊叹的事情。

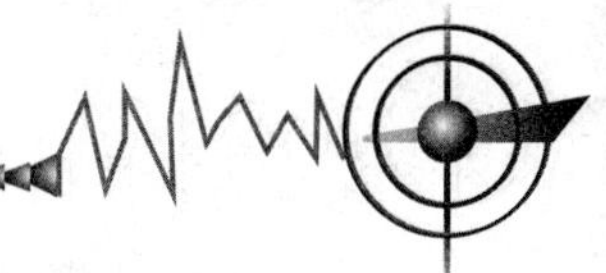

相关链接：茶马古道博物馆

《茶马古道博物馆》是中国第一家专门研究并展示茶马古道历史文化的博物馆，也是丽江市第一家从事普洱茶文化研究、宣传、推广的专业机构。茶马古道博物馆由《序厅》《史事 1 厅》《史事 2 厅》《束河厅》《皮匠厅》《茶马风情厅》《茶艺厅》《影响资料中心》8 个部分组成，比较系统地介绍了茶马古道的起始时间、线路和重大历史事件，是人们了解茶马古道历史文化的重要窗口。

博物馆的建筑原是 400 多年前木氏土司“束河院”的组成部分，其中的“大觉宫壁画”为江南著名画家马萧仙作品，一直保存到现在，笔法洗练，技术精湛，保留了唐代画风，1998 年被列为省级重点保护单位（如图 3－12 所示）。

图 3－12　复原伊林驿站沙盘图

注：作者摄于伊林驿站博物馆

如果让现代参观者在参观古代邮驿文化历史的同时，还可以让参观者了解到古代邮驿对现在的影响，那就再好不过了。要让参观者饶有兴趣地了解展示内容，就必须设有和参观者互动的区域。互动可以是仿真游戏，也可以让参观者提出问题，足以吸引更多的参观者。而且琳琅满目的复制品、纪念品是给参观者留下记忆或送给亲友的礼物，同时也可以成为博物馆赢利的一部分（如图 3－13、图 3－14、图 3－15 和图 3－16 所示）。

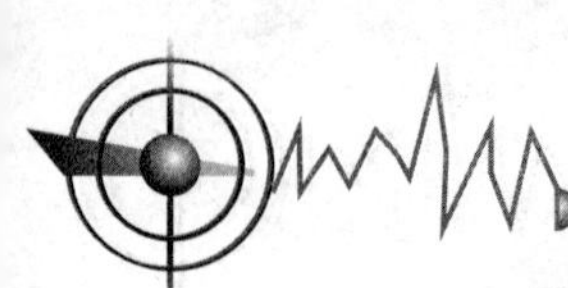

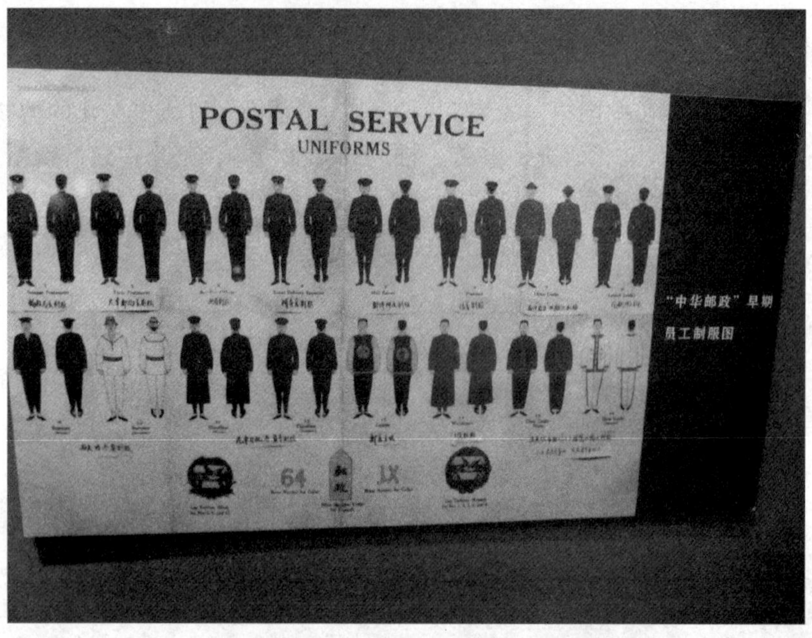

图 3-13　中华邮政早朝制服图

注：作者摄于台儿庄邮政局展览馆存例室

图 3-14　中华邮政早朝制服实物照片

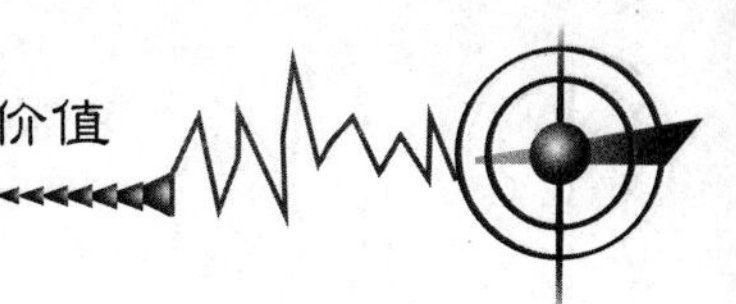

图 3－15　大清邮政普通商务应用尺牍教本

注：作者摄于台儿庄邮政局展览馆存例室

图 3－16　大清邮传部所管邮政人员题名录

第四章　中华驿站的兴衰原因分析

中华驿站的历史，可以上溯到中国的第一朝代夏朝，至今已有3000多年。

驿站的兴盛有其自身的历史原因。当时，书信、兵符等信物的递送都依赖人力，而驿站的出现和发展，为人力传递提供给养、休憩的场所，在最大程度上保证了传递的效率。

驿站的衰落以致最后退出历史舞台，除了其自身的原因外，更重要的是社会环境发生了变化，随着人类的通信技术和手段日新月异，电报、电话、汽车、轮船等新式通信递送工具出现，使得传统的驿站通信模式变得不实用起来。

虽然昔日密集的驿站网络已经不复存在，但是一方面它可以为今日物流配送网点、物流园区等物流节点的选址提供参考和借鉴，另一方面详细分析它的兴盛衰落原因，也可以给今日现代物流的发展提供历史经验和教训（如图4-1所示）。

图4-1　关于驿站与多元文化繁荣的关系介绍

注：作者摄于伊林驿站博物馆内

第一节　信息传递方式

古代信息传递方式跟当时的社会文化、科技应用等环境是分不开的。

古代信息传递的方式多种多样。最为人们所熟悉的要算军事上的“狼烟”，周幽王烽火戏诸侯点起的就是“狼烟”。其实，狼粪是烧不出浓烟的，颜色还不如普通草原炊烟浓黑。古人用狼粪来解释狼烟主要是由于中原人对狼的厌恶，用来向人们警示危险逼近。

古代的信息传递方式除了狼烟，还有信鸽、鸿雁传书、他人捎带等方式。这些信息传递方式不能完全满足信息传递的时效性和准确性需要，有可能造成延误或误会，给通信双方的利益带来不必要的损失。邮驿系统的建立，很大程度上解决了这两个难题。

邮驿系统也受到当时社会文化、经济、科技等诸方面的制约，具体体现在信息传递方式上。当时官方的信息传递方式虽是五花八门，但可以简单地分为三类，即人力、畜力、自然力。人力，主要指驿使通过双脚步行的方式传递公文、书信等物件。人力的信息传递方式，是对人类自身最根本的生存能力的运用。

商朝时还没有像后世那样分段递送信息的常设驿传之制，消息命令一般都由一个专人传送到底。所以信使行途都是很辛苦的，有时还会遇上盗寇蛇虫的凶险。有一片商王武丁时的甲骨片记载说，有一个年龄高迈的信使，在路上走 26 天，行 600 里路，没有到达目的地就死了。有的驿使，行程更长，有一位驿使，从一天的黄昏时分启程，在途中行了 48 天，终于到达目的地，估计共走了 1200 里左右。

在我国古典名著小说《水浒传》中，有一位梁山好汉戴宗，在入伙梁山之前，是江州知府蔡九手下的两院节级，因为自幼练就了一身行走如飞的功夫，人称“神行太保”，时常被知府当做信差。

在古希腊有个为人们所熟知的人力传递信息的特例，这就是“马拉松”的故事。公元前 490 年，强大的波斯军队，在希腊雅典东北的马拉松附近登陆，对希腊进行侵略，雅典只有 11000 人的军队，抵挡着数倍敌人的进攻。希腊将士同仇敌忾，再加上统帅米太雅得的英明指挥，竟然使希腊军取得了辉煌胜利。因为这场惊心动魄的战斗，关系着雅典人民以至全希腊的生死存亡，所以当激烈交战时，雅典人都自动地汇集在雅典城的中央广场，翘首等待马拉松前线的信息。前线统帅米太雅得为了尽快让大家听到胜利喜讯，派出了快跑能手斐力庇得斯跑回雅典报信。这时斐力庇得斯已经受了伤，但他毅然接受了任务，当斐力庇得斯满身血迹、精疲力尽地出现在雅典人民面前时，他激动地高喊了一声：“欢乐吧，我们胜利了！”便倒地牺牲了（希罗多德《历史》）。

相关链接：古代通信方式

在远古时候，我们的祖先在没有发明文字和使用交通工具之前，就已经能够在一定范围内借助于呼叫、打手势，或采取以物示意的办法来相互传递一些简单信息。到了公元前

21世纪夏王朝建立后，我国中原地区进入了奴隶制社会。人们的通信活动比以前大大复杂化。国家组织人们治理洪水，需要完善的通信组织系统。政府对地方实行有效的管理，也需要较为严密的通信联络网。夏朝设立了“牧正”“庖正”和“车正”等与交通有关的官吏，交通道路及其设施也增多，通信自然比以前方便很多。

通信在古代人类的生活与生产中由于需要而创造出很多种方式。主要有：吹喇叭传信、击鼓传声、烽火台上用烽火狼烟传递军情、用驿站骑马传递文书，飞鸽传信，徒步送信，风筝报信，马拉松传递、热气球邮递等。古代信息传递方式还有：喊叫联络，鸿雁传书，诸葛亮发明的孔明灯，漂流瓶，灯塔引航和旗语等方式。

一、喊叫

人类最原始的通信方式。古猿人在狩猎时，通过叫喊驱赶猎物并告诉同伴猎物逃窜的方向。在遇到险情时，用喊叫向别处的伙伴报警。在古代，由于没有文字、交通也不方便，所以喊叫等声音通信就利用得更为普遍。

二、烽火

据甲骨文记载，到商朝纣王在位时，已经普遍利用了音传通信的手段。至于“声光”通信，古代传说中有一段关于商纣王使用烽火的记载，把我国早期的“声光”通信，提前到大约3000年以前，这个时间比后来周幽王烽火戏诸侯还要早400多年。

三、击鼓传令

在3000多年以前，人类的祖先就用击鼓传令的方法传递信息。

远古传说中，尧帝为了鼓励人民提意见，曾设置了木鼓。谁有建议或不满，可以击鼓示意。这种方式与至今尚在非洲大陆流行的“鼓邮”颇为相似，鼓手能在两面或多面鼓上敲击出不同的声音和节奏，表达不同的语言，以传递信息。可以推断，我国使用击鼓传递信息，最早当在原始社会末期。

中华民族的祖先用铜做成直径为2～8米的金鼓，放在一定高度的特制鼓架上，一旦有敌人侵犯，鼓手就敲出不同的鼓点，进行联络和防卫。比如我国古代战争中，两军交兵，往往要用声音来传递命令，如击鼓进兵，鸣金收兵等。这是因为打仗时敌我双方混战在一起，人员交错，靠人来传递命令是很困难的，而战鼓一响却可以一呼百应。在现代的军队中，我们仍能看到利用声音来传递信号的情形。比如进攻时由号手吹响嘹亮的冲锋号，夜晚睡觉时吹熄灯号，早晨吹起床号等。

四、信鸽送信

信鸽，人们称它为“空中天使”，它有着非凡的归巢能力，将信息捆绑在鸽子腿上，通过信鸽将信息传送到目的地，所以人们常用它来传递消息和情报。例如：信鸽也有很悠久的历史，信鸽用于送信在史书中也多有记载。公元1128年，南宋大将军张浚有一次视察部下曲端的营地，到了军营，空荡荡不见一个士兵，他非常恼火，就对曲端说要视察他的军队，曲端立即将所统帅的 5 个军营的花名册递上。张浚指着花名册说我要视察第一军，曲端不慌不忙地打开笼子放出了一只信鸽，顷刻间第一军将士全副武装，飞速赶到。张浚大为震惊，又说："我要看你的全部军队。"曲端又放出四只信鸽，其余四军也奉召赶到。

在近现代军事史上也有应用鸽子通信的战例。第一次世界大战期间的阿尔卑斯山麓，法德两军展开了激战。有几个团的法军被数倍德军围困在阿尔卑斯山以西的桦树林中。为了让友军得到情报前来解救，法军放出了十几只信鸽去报信。德军发现了这一情况，马上对这些信鸽进行射击。大多数信鸽被击落了，但仍有两只信鸽冒着枪林弹雨，历尽艰险到达了目的地。这几个团的法军也因此而获得了解救。一战后，为了纪念这些英勇无畏的信鸽，法国人为它们建造了鸽子纪念碑。直至今天，法国人仍然十分喜爱鸽子，饲养鸽子非常普遍。许多野生的鸽子可以在广场大街上自由自在地飞翔停留，和人们和平相处。许多游客还买来了鸽子爱吃的食物撒在广场上供鸽子食用。故法国也有"鸽子王国"之称。

不光是鸽子，大雁也能传递书信，现在还常常把送信的邮递员称为"鸿雁"。汉朝时有一个非常有趣的鸿雁传书的故事。公元前 100 年，汉朝大臣苏武出使匈奴，匈奴单于很欣赏苏武的才能，想迫使苏武投降匈奴，被苏武严辞拒绝。于是单于便将苏武扣下，随后把他流放到荒无人烟的北海（今贝加尔湖）去牧羊，对他说什么时候公羊生了小羊，什么时候就放他归汉。苏武在北海一带放牧十九年，虽含辛茹苦，但始终不曾向单于屈服。后来汉昭帝与匈奴和亲，出使匈奴的汉朝使者问起苏武之事，单于撒谎说苏武已经死了，但这位使者私下里打听到苏武仍然在北海牧羊，于是回去后就把这个情况报告了汉昭帝。当时的霍光想出了一个计谋，又派去一个使者并对单于说："大汉天子喜欢打猎，有一次射下一只大雁，雁腿上系着一封信，是苏武的亲笔信，上面写着苏武还活着，现在北海牧羊。"单于听后，见无法抵赖，只好放回了苏武。当时一定有人已经在利用大雁传书了，否则单于也不会轻信。

在古代邮驿系统中，人力主要运用在贫困、道路难行的地区。在平原、水乡，或者经济条件较为发达的地方，畜力成为主要的信息传递工具。从军事上的斥候，发展到行政官方的邮驿系统上单骑驿传，马匹成众多畜力传递工具中使用最为广泛和实用的。除了马匹，能够用做畜力传递的还有牛、骆驼等（如图 4-2 所示）。

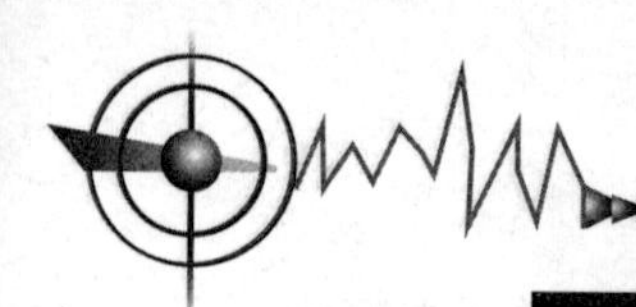

图 4-2　关于内蒙古驿站介绍沙盘

注：作者摄于伊林驿站博物馆内

运用畜力传递信息并非中国所独有。在公元前 500 年，在古代波斯就有过“小马快递”的邮务。这种投递书信的方式，类似我国古代的“马递”。是用一种良种快马，选用最精干的邮差，以最快速度传递军事文书和信件。过了将近 2000 年，美国东部城市也曾一度流行过这种邮政业务，小马快递的驿夫单人匹马，荷枪实弹，艰难地来往在驿路上。那时，从纽约发一封信到旧金山，需要 20 天以上才能到达。

在信息传递方面，自然力的运用主要是在船只上，当时称作“驿舟”。这种传递方面极受地域的限制，只能在江河湖泊的附近运用。发展到后来才出现“水陆联驿”的传递方式（如图 4-3 所示）。

图 4-3　用做水陆联驿进出货物的码头

注：作者摄于台儿庄

人力、畜力、自然力以及复杂的邮驿传递系统，都是古人智慧克服社会、自然条件的极致运用，这些为人类的交流和发展提供了必不可少的工具。但是，随着科技的传入和快速发展，电报、电话、汽车、计算机等新工具的发明层出不穷，给信息传递方式的创新提供了多种可能，古代传统的信息传递方式自然会遭到淘汰。

相关链接：电话电报发展史

1837 年，美国人塞缪乐·莫尔斯（Samuel Morse）成功地研制出世界上第一台电磁式电报机。他利用自己设计的电码，可将信息转换成一串或长或短的电脉冲传向目的地，再转换为原来的信息。1844 年 5 月 24 日，莫尔斯在国会大厦联邦最高法院会议厅使用“莫尔斯电码”发出了人类历史上第一份电报，从而实现了长途电报通信。

1864 年，英国物理学家麦克斯韦（J. C. Maxwel）建立了一套电磁理论，预言了电磁波的存在，说明了电磁波与光具有相同的性质，两者都是以光速传播。

1875 年，苏格兰青年亚历山大·贝尔（A. G. Bell）发明了世界上第一台电话机（如图 4-4 所示）。并于 1876 年申请了发明专利。1878 年，在相距 300 千米的波士顿和纽约之间进行了首次长途电话实验，并获得了成功，后来就成立了著名的贝尔电话公司。

图 4-4　世界上第一台电话机

注：图片来源于百度图片

1888 年，德国青年物理学家海因里斯·赫兹（H. R. Hertz）用电波环进行了一系列实验，发现了电磁波的存在，他用实验证明了麦克斯韦的电磁理论。这个实验轰动了整个科学界，成为近代科学技术史上的一个重要里程碑，导致了无线电的诞生和电子技术的发展。

电磁波的发现产生了巨大影响。不到 6 年的时间，俄国的波波夫、意大利的马可尼分

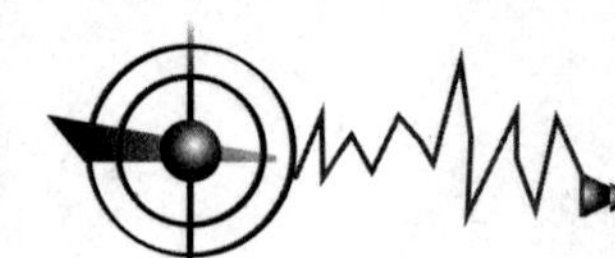

别发明了无线电报，实现了信息的无线电传播，其他的无线电技术也如雨后春笋般涌现出来。1904 年，英国电气工程师弗莱明发明了二极管。1906 年，美国物理学家费森登成功地研究出无线电广播。1907 年，美国物理学家德福莱斯特发明了真空三极管，美国电气工程师阿姆斯特朗应用电子器件发明了超外差式接收装置。1920 年，美国无线电专家康拉德在匹兹堡建立了世界上第一家商业无线电广播电台，从此广播事业在世界各地蓬勃发展，收音机成为人们了解时事新闻的方便途径。1924 年，第一条短波通信线路在瑙恩和布宜诺斯艾利斯之间建立。1933 年，法国人克拉维尔建立了英法之间第一条商用微波无线电线路，推动了无线电技术的进一步发展。

电磁波的发现也促使图像传播技术迅速发展。1922 年，16 岁的美国中学生菲罗·法恩斯沃斯设计出第一幅电视传真原理图，1929 年申请了发明专利，被裁定为发明电视机的第一人。1928 年，美国西屋电器公司的兹沃尔金发明了光电显像管，并同工程师范瓦斯合作，实现了电子扫描方式的电视发送和传输。1935 年，美国纽约帝国大厦设立了一座电视台，次年就成功地把电视节目发送到 70 千米以外的地方。1938 年，兹沃尔金又制造出第一台符合实用要求的电视摄像机。经过人们的不断探索和改进，1945 年在三基色工作原理的基础上美国无线电公司制成了世界上第一台全电子管彩色电视机。直到 1946 年，美国人罗斯·威玛发明了高灵敏度摄像管，同年日本人八本教授解决了家用电视机接收天线问题，从此一些国家相继建立了超短波转播站，电视迅速普及开来。

图像传真也是一项重要的通信技术。自从 1925 年美国无线电公司研制出第一部实用传真机以后，传真技术不断革新。1972 年以前，该技术主要用于新闻、出版、气象和广播行业；1972—1980 年，传真技术已完成从模拟向数字、从机械扫描向电子扫描、从低速向高速的转变，除代替电报和用于传送气象图、新闻稿、照片、卫星云图外，还在医疗、图书馆管理、情报咨询、金融数据、电子邮政等方面得到应用；1980 年后，传真技术向综合处理终端设备过渡，除承担通信任务外，它还具备图像处理和数据处理的能力，成为综合性处理终端。静电复印机、磁性录音机、雷达、激光器等都是信息技术史上的重要发明。

此外，作为信息超远控制的遥控、遥测和遥感技术也是非常重要的技术。遥控是利用通信线路对远处被控对象进行控制的一种技术，用于电气事业、输油管道、化学工业、军事和航天事业；遥测是将远处需要测量的物理量如电压、电流、气压、温度和流量等变换成电量，利用通信线路传送到观察点的一种测量技术，用于气象、军事和航空航天业；遥感是一门综合性的测量技术，在高空或远处利用传感器接收物体辐射的电磁波信息，经过加工处理或能够识别的图像或电子计算机用的记录磁带，提示被测物体的性质、形状和变化动态，主要用于气象、军事和航空航天事业。

随着电子技术的高速发展，军事、科研迫切需要解决的计算工具也大大改进。1946 年，美国宾夕法尼亚大学的埃克特和莫希里研制出世界上第一台电子计算机。电子元器件材料的革新进一步促使电子计算机朝小型化、高精度和高可靠性方向发展。20 世纪 40 年代，科学家们发现了半导体材料，用它制成晶体管，替代了电子管。1948 年，美国贝尔实验室的肖克莱、巴丁和布拉坦发明了晶体三极管，于是晶体管收音机、晶体管电视、晶体管计算机很快代替了各式各样的真空电子管产品。1959 年，美国的基尔比和诺伊斯发明了集成电路，从此微电子技术诞生了。1967 年，大规模集成电路诞生了，一块米粒般大小的硅晶片上可以集成 1 千多个晶体管线路。1977 年，美国、日本科学家制成超大规模集成电路，30 平方毫米的硅晶片上集成了 13 万个晶体管。微电子技术极大地推动了电子计算机的更新换代，使电子计算机显示了前所未有的信息处理功能，成为现代高新科技的重要标志。

为了解决资源共享问题，单一计算机很快发展为计算机联网，实现了计算机之间的数据通信、数据共享。通信介质从普通导线、同轴电缆发展到双绞线、光纤导线和光缆；电子计算机的输入输出设备也飞速发展起来，扫描仪、绘图仪、音频视频设备等，使计算机如虎添翼，可以处理更多的复杂问题。20 世纪 80 年代末，多媒体技术的兴起，使计算机具备了综合处理文字、声音、图像和影视等各种形式信息的能力，日益成为信息处理最重要和必不可少的工具。

至此，我们可以初步认为：信息技术（Information Technology，IT）是以微电子和光电技术为基础，以计算机和通信技术为支撑，以信息处理技术为主题的技术系统总称，是一门综合性的技术。电子计算机和通信技术的紧密结合，标志着数字化信息时代的到来。

第二节　交通条件

交通条件是影响古代邮驿系统正常运作的关键因素，即使在信息技术发达的今天也颇受其影响。古代驿站的建立与今天现代化物流的发展，都必须依附于良好的交通。也因此，古今中外的王朝，大凡有大作为的统治者都非常重视官道、驿站的建设（如图 4－5 所示）。

图 4－5　古驿站沙盘复原图

注：作者摄于伊林驿站博物馆内

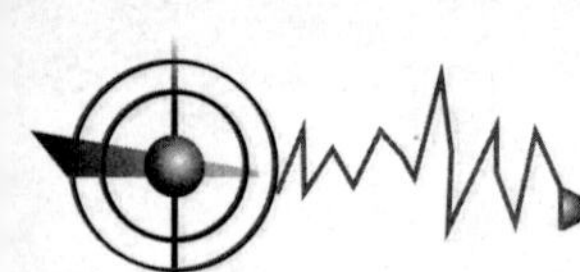

比如史书记载，尧时很注意道路的修整。为了交通的通畅，他在都城平阳（今山西临汾一带）修了一条通衢大道，称为“康衢”，后来改此地为“康庄”。现在我们常说的“康庄大道”，就源于此。道路的宽广，说明了那时信息的传递较为迅速方便。

比尧稍晚的大禹时期也有修建道路的记载，《左传》曾引用上古文献《虞人之箴》说：“芒芒禹迹，画为九州，经启九道”，记载大禹治理水患后，当时划为九个州，修整了九条宽广大道。

周朝是我国奴隶社会的鼎盛时期，也是我国各种制度开始完善的时期，邮驿制度在此时形成一个比较规整的系统。西周时，政府特别重视修整道路，《诗经·小雅·大东》上有“周道如砥，其直如矢”的形容，即是说，大道平坦似磨石，笔直像箭杆。据《周礼》载，道途专管庐舍候馆的官员，称为“野庐氏”。他负责筹办京城 500 里内所有馆舍的车马粮草、交通物资；要保证道路畅通，宾客安全；要安排白天轮流值班和夜间巡逻之人；还要及时组织检修车辆平整道路等。

周王朝在国都镐京和东都洛邑之间，修建了一条特别宽广平坦的大道，号称“周道”，又称为“王道”。数百年后的墨子评论这条大道说：“王道荡荡，不偏不党；王道平平，不党不偏。其直如矢，其易若底。”意思是周道坦荡宽阔，平直易行。按照周制的规定，京都的王道，应宽九轨。一轨为 1.8 米，九轨约合 16.3 米。这样宽的路面，行走自然要方便迅速多了。除王道之外，周朝尚修了几条通往大诸侯国的通道。例如从洛邑通往鲁国，称为“鲁道”，也相当宽阔，《诗经》颂它：“汶水汤汤，行人彭彭。鲁道有荡，齐子翱翔。”意为：汶河不停地流淌，鲁道上行人来来往往。在这条平坦大道上，东方的齐鲁国人自由翱翔。道路的平直加上车辆的进步，自然提高了行路的效率。据说西周周穆王驾着八匹高头骏马驾驶的轻车，日行千里。这当然有些文学夸张，但从正式史书《左传》的记载看，一天行车 260 里大致是没有问题的。

不但古中国的人们重视交通建设，其他文明古国也十分重视交通对信息传递的影响。比如公元前 6 世纪时的波斯帝国，著名国王大流士一世以京城苏撒为中心，开辟了一个四通八达的驿道通信网。驿道十分宽敞，沿途设有驿站，随时有信差备马以待，把国王的命令传达到帝国各省，各地的消息也通过这一通信网源源不断呈送到国王面前。从苏撒到小亚细亚西端的萨底斯，全程有 3000 千米。通过驿站信差们的日夜分段传递，只要七天信息就可到达。可见其效率之高！所以古希腊史学家希罗多德用格言的形式，写下了当时波斯驿站的效能：“不管雨雪纷飞、不管炎热难当、不管黑夜的朦胧，信差们都要以最迅速的方式完成任务，把文件投递到所指定的地方。”人们常说“条条大路通罗马”，是说古罗马的首都有着连接四方的宽阔大道。我国史书《后汉书·西域传》里，曾提到古罗马“列置邮亭”的情况。那里“十里一亭，三十里一置（即驿）”。各国使者进入其境，都可直接乘驿达其王都。据统计，公元 2 世纪时，罗马境内驰道共有 372 条，总长度达八万千米。这些大道也是驿道，把各地的信息及时地传送到罗马城。

由此看来，虽然社会文明、经济、科技等多方面的因素影响，古代的交通并不是十分便利。因此，驿站作为来往官吏、客商等的休息场所，在当时的条件下才得以迅速发展。

然而，现代交通的高速发展，打破了传统运输行业的僵局，汽运、船运、航空等各种运输方式的出现，也成为了古代驿站消失于历史舞台之上的加速器。

第三节　需求与供应的改变

驿站的出现和迅速发展促使当时交通条件不断完善。即驿站的存在是与当时的社会需求分不开的。来往官吏、贸易客商、信差等的需求催生出驿站，而驿站的出现和迅速发展又再一次地刺激了不同地域间的交流沟通。但是，当新的供应出现后，并且能够提供更多的便利时，原本存在的供应必然被淘汰出局。

驿站的出现和消失，如同其他社会产物一样，并非是一瞬间的。社会的需求永远大于供应，驿站的出现和迅速发展只是在当时的社会条件下，在一定程度上满足了社会需求，但是随着社会的发展，科技等诸多社会条件的变化，驿站的作用逐渐被其他新生事物所替代，“驿站”则成为人们附庸风雅的用词。

从周幽王“烽火戏诸侯”，到“八百里加急”快递，再到今天电话、Email、航空快递等，随着社会供应在信息传递方式方面的丰富，中华驿站这种在特定社会条件下诞生、发展的事物，自然沉淀下来被遗留到历史的某个角落（如图 4－6 所示）。

图 4－6　关于“脚单”的介绍（清—民国）

注：作者摄于伊林驿站博物馆内

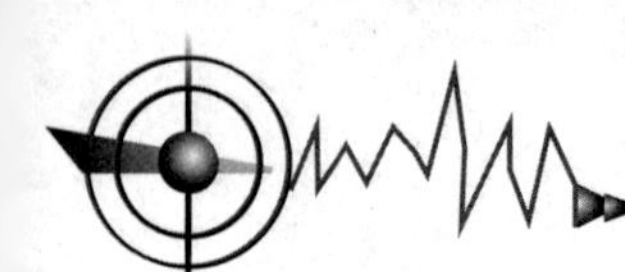

同样，现代化物流园区的诞生和发展也是现代物流在不断地适应社会需求发展变化背景下产生的。随着我国物流发展步伐的加快，物流园区的规划和建设在我国各地也开展得如火如荼。物流园区作为城市经济的推进型产业，无疑将对未来的经济发展起到举足轻重的作用。物流园区满足了社会物资流通的需求，在一定程度上缓解了物流给交通所带来的压力，发挥了集群效应，提高了整个社会的物流运作效率。物流园区是物流网络中的重要节点，它应该逐步形成一个区域内物流企业的集聚、物流产业的集聚、各种运输方式的集聚和物流基础设施的集聚，最后达到社会效益和经济效益的体现。从某个角度来看，现代化物流园区可以看作中华驿站的另一形态存在，通过功能细化、规模经营、协同作业等现代化手段来满足社会物流需求。

第四节　驿站消失的直接原因

驿站在古代邮驿系统中担当着不可或缺的重要作用。但是到了清朝末期，古代邮驿系统随着封建社会日益没落，官员的腐败、奢华与驿站丁夫的困苦、贫穷形成鲜明对比，这种旧式邮驿系统的弊端显露无遗。

在清朝初期的康乾盛世时期，有一位名叫秦松龄的诗人这样描写当时驿夫的悲惨生活，“奔疲面目黑，负背形神枯，水深泥没踝，衣破肩无肤，苦情不敢说，欲语先呜呜”（《点夫行》）。

处境更为悲惨的是那些被逼迫当水驿挽船的纤夫。有一位名叫梁清标的诗人在其诗《挽船行》中写道：“穷民袒臂身无粮，挽船数日犹空肠。霜飚烈日任吹炙，皮穿骨折委道旁。前船夫多死，后船夫又续。眼见骨肉离，安能辞楚毒？呼天不敢祈生还，但愿将身葬鱼腹！可怜河畔风凄凄，中夜磷飞新鬼哭。”驿夫们在如此恶劣的条件下服役，非但不会有劳动积极性，而且有许多的驿夫逃走。

在河北武清县东北的地方有个河西驿，地处京东水路要地，一直以来都是漕运的咽喉。在清朝初期，河西驿的邮驿业务很发达，据记载当时有役夫 152 名，驿马 33 匹。但是到了清朝晚期的时候，在光绪年间，河西驿的邮驿业务日渐萧条，驿站仅剩下役夫不足 30 名，驿马 24 匹。有一位兼管驿务的下层官吏在其著作《河西驿日记》的记载中，河西驿已经变成了残破不堪的机构——破烂的房屋、即将倒塌的马棚、老弱待毙的病马、饥寒交迫的驿夫，构成一幅凄凉的图画。在河西驿上，还有不法的官吏，不断进行勒索，造成文报迟延，通信阻塞，邮务不能正常进行。这样的驿站，不但担负不起邮驿通信的重任，而且逐渐成为了社会的负担。

相关链接：河西驿

河西驿是北京与天津之间一处很出名的古代驿站，是从元代起陆续设立的。河西驿与其他所有驿站一样，都设有驿丞一人。“驿丞，典邮传迎送之事”，官居从九品，未入流。官虽不大，但直属吏部管理。

在京杭大运河北端、北京与天津之间，有一处很出名的古代驿站——河西驿。《元史·世祖本纪》载：元至元二十四年（1287年）八月“置河西务马站（驿）”设站官管理，为元代1591处驿站之一，是“极冲要”的大型驿站。明洪武二年（1369年），改“站”为“驿”，河西站改为河西水驿。其时，明政府从应天府（南京市）至顺天府（北京市），沿途置水驿41处，均设驿丞专管。明隆庆六年（1572年），修建砖城。清康熙七年（1668年）“水涨城圮”，遂西迁两里许，并设有务关同知、管河主簿所、巡检司、河西驿、务关营等文武衙门。乾隆二十年（1755年）裁汰驿丞，由县衙统一管理。1913年1月，驿站裁撤。至此，河西驿历经三代，一共存在了625年（如图4-7所示）。

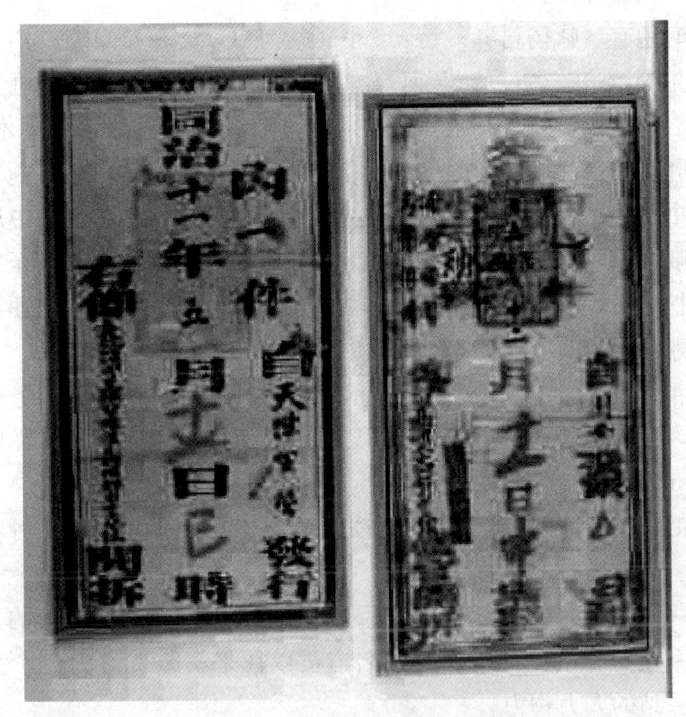

图4-7　清同治年间驿站封套

注：图片来源于天津邮政文史馆

相关链接：杨村驿

杨村驿于元至元三十年（1293年）设于北运河西岸。据《大清一统志》记载：“杨村驿在杨村务，与河西驿皆有驿丞，明置极冲，在县南五十里。”“杨村驿东二十里为桃口，又二十里为丁字沽。由杨村而西北四十里为黄家务，又三十里为河西务，皆运道所经也。”

元、明时，北运河为漕运要道，这里水、陆路交通十分便利，杨村是重要的水陆码头。杨村驿又是天津沿北运河溯流而上的第一个驿站，驿使和商旅络绎不绝，因而这里设专门机构，并任命驿丞管理。元代，这里便是北上船舶的停泊地，帆樯林立，昼夜不息。

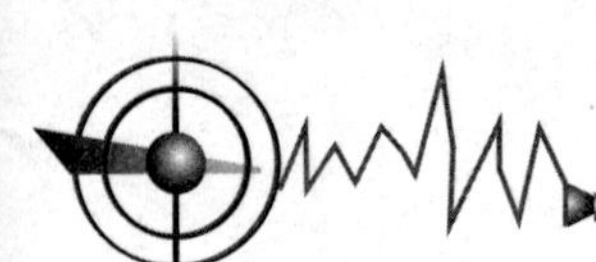

部分大船（时称“遮阳船”）只有在这里过驳至小船（称“浅船”），才能沿河运送粮食货物至北京。明永乐九年至十三年，政府下大力量对南北大运河进行疏浚拓宽，航运条件大为改善，漕运数量不断增长。而杨村是漕船换驳的主要地点之一，加之明承元制，“常事入递、重事给驿”（平常文书交给递铺，重要和紧急文书交给驿站），杨村驿的驿务十分繁忙。

元代傅若金《杨村》诗云：“杨村岸头驿使回，直沽洋里海船来。军夫伐鼓欺行旅，百里维舟不敢开。”一方面，是军方对邮驿秩序的干扰摧残；另一方面，洋里海船，百里维舟，折射出来的，是这里的繁华。漕运枢纽，咽喉之地，一旦有事，犹如社会时钟停摆一般，影响的可不只是驿务。

明朝诗人李时勉有《咏杨村驿》诗：“小驿临河口，萋萋草草堂。门口一古井，阶下几垂杨。寂寂尘生榻，喧喧鸟过墙。”河口、草堂、古井、垂杨、诗情画意，似无“驿骑如星流”的喧嚣。但笔锋转处，却是驿使的繁忙与无奈：“逢迎惟驿使，木偶被衣裳。”清中期，杨村驿的驿船按极冲级水驿的标准配备，另配驿马 34 匹。供役人员有马夫、驿皂、轿夫、纤夫、驿书、兽医等共计 153 名，其中，仅纤夫编制 99 名。个中原因主要是，作为通往京都的咽喉要道，北运河流沙通塞无定，杨村经河西务、张家湾至通州一段淤浅最为厉害，常常边挖边淤，漕船溯流而上，需由纤夫拉船驱进。杨村、河西务在每年天暖季节，平均日通过船只至少 30 艘，99 名纤夫并不算多。

清乾隆二十年（1755 年），实行“裁驿丞、归州县”的改革，河西务驿丞被裁撤，而杨村驿得以幸免，原因是其离县治较远，“县管”有难度。因而，杨村驿成为清后期全国保留专职驿丞的 65 个驿站之一。

到了清朝晚期，就有许多有学识的革新之士出现，他们提出取消这种管理不严、经营不善、入不敷出、腐败横行的传统驿站。

清朝晚期的一位有名的思想家冯桂芬还专门写了一篇《裁驿站议》的文章，来揭露当时清朝政府邮驿系统的弊端。他指出有一名道员以往来贺节贺寿为名，竟用了 500 里排单，大大浪费了驿站的人力物力。

因此，冯桂芬对清朝政府呼吁，“国家以有限之帑项，既饱县官私囊，复递无足轻重之例信，亦何贵此驿站为乎？”

冯桂芬认为应当下决心取消驿站，改设近代邮政。既利于官，又便于民。不仅可以省去国家每年 300 万元的开支，而且可借邮政收入数百万之盈余。当时，许多知名的改良主义思想家，比如王韬、薛福成、郑观应等纷纷撰文，论述旧式邮驿的不便之处，以及新式交通通信设备的必要性。

在内外形势逼迫下，清政府于 1896 年始办新式邮政，驿站逐渐被代替。到辛亥革命后的 1913 年，北洋政府终于宣布将驿站全部撤销。古老的中国，在邮驿制度上经历了一次实质性的大变革。新式邮政时代开始了。

第五章　中华驿站的功能分析

第一节　总体功能

中华驿站系统在推动整个世界古代史进程中起到非常重要的作用，中华驿站的功能以服务于军事为开端，逐步扩充经济、政治、文化和宗教等方方面面，对中华驿站功能的探讨，直接关系到对中华驿站本身含义的理解，也是我们获取古人物流智慧和思想的重要途径。现代化物流园区亦是现代物流的代表性产物。

驿站在我国古代运输中有着重要的地位和作用，在通信手段十分原始的情况下，驿站担负着各种政治、经济、文化和军事等方面的信息传递任务，在一定程度上也是物流信息的一部分，也是一种特定的网络传递与网络运输。我国古代驿站各朝代虽形式有别、名称有异，但是组织严密、等级分明、手续完备是相近的。封建君主是依靠这些驿站维持着信息采集、指令发布与反馈，以达到封建统治控制目标的实现。由于当时历史条件的限制，科学技术发展的水平局限，其速度与数量与今无法相比，但就其组织的严密程度，运输信息系统的覆盖水平也不亚于现代通信运输，可以说那时的成就也是我们现代文明基础的一部分。

中华驿站与现代物流园区概念相比较，中华驿站已经具备了物流、商流、信息流、资金流交换枢纽的作用，包含传递公文、飞报军情、接待宾客、护送官员、护送贡品、传送征衣、运送漕粮、商旅投宿、押解犯人等诸多职能，另外与其相伴而生的商号（茶商、盐商、丝商、皮革商）、运输商（马队、驼队、漕帮）、票号（银票及当铺）等，这些我们今天物流园区建设中的现代要素在中华古代的中华驿站中已经充分体现。

中华文明源远流长，中华大地疆域辽阔，再加上中国较长时间的统一统治，使得驿站系统在中国发展到了极致。中华驿站系统在通信手段十分原始的情况下，驿站担负着政治、经济、文化和军事等方面的信息传递任务，同时也是物流运输的重要承载者。驿站及驿道是一种官方背景下特定的网络传递与网络运输形式。封建君主依靠驿站维持信息采集、指令发布与反馈，以达到封建统治控制目标的实现，其组织的严密程度、运输信息系统的覆盖水平不亚于现代通信运输，当时驿站的成就正是现代信息、物流文明的基础，即我国物资流通、信息交流的历史源头所在。

虽然古代长距离的物质和信息的交换与现代相比较有很大差距，但是中华驿站系统的诞生和发展在古代特殊背景下有着很强的研究意义。中华驿站的建设对于交通改进具有重要作用，它使得中国古代交通在较为原始的管理水平和通信手段下实现了网络化。在网络化的基础上，开展了信息流、物流、商流和资金流等的流动和交换。

中华驿站启源于西周时期，周朝的驿站系统分步传和马传两种，在当时是最为快速的传递信息途径，并且已经开始根据事物的轻重缓急合理选择物流方式。到了汉朝已经相当完备，此时的邮与驿有所区别，“邮”指的是物流、信息流所流之物；“驿”指的是物流节点，驿站作为当时社会物流节点的雏形渐显端倪。

20 世纪 90 年代，一块尘封 700 多年的圣旨金牌在内蒙古出土。圣旨令牌的使用使军事上的保密性和严密性成为可能。当大汗需要给前线的蒙古将领下达命令时，就由一名汉族军官携带圣旨令牌穿越驿站直至前线。

如果说圣旨令牌使大汗的命令富有不可更改性，驿站让这种命令的传达变得迅捷无比。

成吉思汗建国后，仿照中原的驿站制度，在境内恢复或创建了一批驿站，供来往使臣使用。在通往西域的大道上，开辟“驿路”，设置“驿骑”“铺牛”和“邮人”，把中原旧有的驿站系统延伸到了西域。

窝阔台汗时，又扩大了设立驿站范围，建立了贯通整个大蒙古国疆域的驿站系统，并初步制定了有关驿站的管理制度。窝阔台汗下令在蒙古草原与汉地之间，开辟三条从哈拉和林至上都的驿路：帖里干道（蒙古语为车）全程 57 站；木怜道（意为马）计 38 站；纳邻道（意为小）计 24 站。

忽必烈即位尤其是统一全国之后，进一步发展了驿站制度。至元二年（1265 年），颁行了《立站赤（蒙古语，驿站之意）条例》，同时大修诸地驰道。灭亡南宋之初，即在江南差拨站户，设立驿站。至元十七年（1280 年），诏江淮诸路设置水站。四周少数民族边远地区，也先后通辟驿道。辽阳行省北部，至于混同江口的征东元帅府（奴儿干城），则以犬曳小车行冰上，称作狗站。

据《元史》所载，腹里计陆站 175 处，水站 21 处，牛站 2 处；河南行省陆站 106 处，水站 90 处；辽阳行省陆站 105 处。此外在江浙、陕西、四川、江西、湖广、云南等省均相应建有各类马站、桥站、步站、水站等，总计全国站数约 1400 处。加上岭北（今蒙古国）、吐蕃（今西藏）等处，全国站赤总数在 1500 处以上。驿站所起的作用在于：凡官吏御命差使，如为一般公事则由省部发给文书，称为“铺马圣旨”；有密令或急件任务，发给文据则佩戴金字或银字圆符。一些官府的物资，也必须依靠驿站利用车或牲畜转运。

急递铺兵是为传达四方文书而设置的信息传递系统，金时初置，元采用：取不能当差贫困户，除其差发充铺兵；不足，于漏籍户内补差；随处官司，设传递铺驿，每铺置铺丁五人。铺卒腰系革带，悬铃持枪，挟雨衣，赍文书疾行。沿途的车马行人，听到铃声，立即避让路旁。下一个站的铺兵听到铃声，立即整装以待。一俟公文到铺，便以接力形式，继续前传。同时在特置文书上注明到铺日期，传递铺兵姓名，以备查验。急递文书规定每昼夜行四百里，急递铺犹如中世纪的互联网，使信息的传输变得十分迅捷，从而拉近了各地的距离。

蒙元时期把驿站制度发展到了巅峰，所建立的四通八达的对内对外水陆交通体系也逐渐形成，在国内各地陆、海、河三运交通大为发展的同时，直通亚、非、欧三洲的陆路、海路交通也达到了空前规模。

蒙元时期的对外交通，无论是陆路还是海路，都较前代更为安全、便捷。从元上都、元大都到中亚、波斯、里海、黑海、钦察草原、斡罗思和小亚细亚的陆路都有驿道相通。当时由西域越境，通往西方的道路大体有三条路线：一条由阿力麻里经塔剌思，然后经咸海、里海以北，穿行康里、钦察草原，之后由钦察汗国都城萨莱或向西进入斡罗思及东欧诸国，或越里海至君士坦丁堡，或越过高加索山而抵小亚细亚；第二条则由塔剌思转下河中，经不花剌、撒麻耳干（今撒马尔罕）而至伊朗；第三条则是蒙古远征军开辟的钦察道，这是中国直通欧洲的捷径，也是中国通向钦察汗国的重要驿道。此道分为南、北两路：北路从贝加尔湖北横穿吉尔吉斯草原，到伏尔加河下游的钦察汗国首都萨莱城（这也是1236年“长子西征”的路线之一）。从萨莱城沿里海西岸南下，可出地中海。南路是成吉思汗西征花剌子模的行军路线，经撒麻耳干、不花剌、玉龙杰赤、沿里海北到萨莱城。

与此同时，蒙元时期的海上对外交通也十分发达。由杭州东驶日本，顺风7天便可抵达。自温州开洋，25天可抵占城，由爪哇至泉州，68天始返。从云南前往天方（麦加）则需一年的长期旅行。当时乘海船，一日一夜所行百海里。

蒙元时期的交通网络意义非凡，德国史学家加文·汉布里这样说蒙古人：“挟汉文化的先进和丰富，向西方世界作交锋和交换，从而把中国的版图扩张到空前绝后的程度，造成了基督教文化和伊斯兰教文化及其他各种文化直接会面的地理和交通条件。”

元代驿站被赋予更大的行政功能。到了清代，邮驿分为铺递和驿递两种，实现了铺递功能等级划分，以铺夫铺兵走递公文。驿递以马，除送公文外，还护送官物及官差。此时的驿站得到了进一步分工和细化，出现了水驿、粮驿和商驿等。其官方背景逐渐淡化，改为主要控制信函和官文，进而逐步转化为邮政系统，物流功能则逐步由官商合办，再发展到大型商户建立私驿。驿站发展史也倒影着我国现代物流园区的发展图景，纵观我国物流园区发展十几年走过的道路，也是由简单到综合、由官办到民办、由小规模到大手笔、大规模的发展过程。

以往从中国古代交通史的研究视角展开的中华驿站研究，忽视中华驿站在其他方面的作用，没有全面理解驿站的含义。概括的讲，其职能主要有三：其一，负责部分信息的传递和交流；其二，担负部分物资的运输；其三，为因公出行的官吏提供交通工具和饮食住宿。具体而言，可以分为基本功能和附加功能两大类。基本功能包括军事、政治、物流和通信；附加功能包括贸易、宗教、食宿、金融、补给等。

第二节　军事功能

中华驿站系统建立最初的目的是服务于军事，并在中华几千年的文明中一直承担着军事信息传递功能，这点从中华驿站系统在各朝各代历来由兵部掌管可以得证。中华驿站系统的雏形正是在商周时期的战火中诞生的，那时候的信息传递形式比较简单，做法也很粗糙，如边关戍守，以烽火报警的方式进行。东周后期，由步行传送发展到车马传递的驿站组织。秦始皇统一六国后，修驰道（后来的驿道），书同文，车同轨，并在此基础上使驿站工作逐渐形成规模，作用和地位也逐渐明晰。

尤其在战争时期，中华驿站的主要功能是军事情报的传递，相当于现代的军事联络站。军事信息由于保密性要求高而逐渐在驿站系统中分离并功能专门化，在历代文献中有军驿、官驿、商驿、私驿等描述。这些都是随着驿站职能分工逐渐细化产生的（如图 5-1、图 5-2 和图 5-3 所示）。

图 5-1　驿站货店招牌

注：作者摄于伊林驿站博物馆

图 5－2　仿古代驿站的现代供给食宿场所

注：作者摄于内蒙古

图 5－3　关于旅蒙商人行迹地图

注：作者摄于伊林驿站博物馆内

宋代开始组建了专门传递信息的递铺组织，这个组织附属在驿站系统内部，由专门的驿使负责特殊信息的传递，军事情报的传递与相对时间要求宽松的军事物资的运输实现了双系统运行。递铺发达而完善，划分了严格的等级制度，专门负责不同保密级别的信息传递。宋代驿站在物资流通和信息流通方面的功能出现了明显分化，传输信息任务交由递铺完成。宋代递铺有步递、马递和急脚递。南宋在递铺之外又设置了斥候铺、摆铺专门传递军情文书。其中递铺的应役人员改为军队，普通驿站的应役人员则为辖区内农户。元代，官府为了传递特殊信息，还曾经建立过一些专用的驿站路线。《元史》记载，中统元年（1260年）五月，“立望云驿，非军事毋得辄入”。这些为传递紧要信息而设立的不同等级的驿路，由于形势变化，其特殊使命完成以后，可能变为普通驿路，也可能被裁撤。到了清代，驿传组织更为庞杂，内地各省设置的称“驿”，军报所称“站”，关外的驿称“台”“塘”“卡伦”等，运输官物的称“所”，专递公文的称“铺”，各自的职能分工上既有重叠又有等级区分。到了清代末期，由于文报局的设立，开始与驿站相辅而行发挥政府行文传递的功能，军事功能逐渐淡化，文报局发展为邮政系统。直至今日，邮政系统依然保持着纯粹的国有性质，作为国家重要信息传递的渠道和网络承担着部分职能。

相关链接：贵州花溪青岩驿站

青岩古镇是一座始建于明洪武年间的军事要塞，距今已有630年的历史，比贵州建省还要早。洪武十四年（1381年），朱元璋为了巩固西南边陲，调30万大军镇守云南和贵州两地，双狮山下的“青岩屯”即是其中的一处驻军堡寨，其名得于双狮山山色青黛且此地盛产石材。后来，“青岩屯”逐渐发展成为军民同驻的“青岩堡”，其后数百年，经多次修筑扩建，由土城而至石砌城墙、石砌街巷，便有了现在的青岩古镇。青岩的地理位置十分重要，它是古代贵阳通往云南、广西的战略咽喉要地，也是一个主要用于控制粮道的古驿站，在徐霞客的游记中青岩被称为“南鄙要害”之地（如图5-4所示）。

图5-4　青岩古镇定广门

注：图片来源于青岩古镇介绍

第三节　政治功能

中华驿站的政治功能首先体现在中央与地方之间的谕令、本章、奏折、军报通过驿站系统传递。常说的“八百里加急”传送是古代最快的信息传递途径，驿站系统效率很高。据记载西汉时，从金城（今甘肃永靖西北）到长安，信使骑行一昼夜可达千里，公文往返只需七天。驿站系统的存在大大便利了政令的传达和各地的联系，同时作为军政要报的传递工具，驿站在设立后必将与国家军事战略布防有密切关系，起了巩固中央集权统一国家的效能。中华驿站政治元素的体现还表现在按照朝廷所规定的标准供应给过往官员的食宿和车马。各级来往人员及其侍从者的膳食和驿马的饲料，都有严格标准。

在强烈的国家意志下，驿站的交通驿道体系建设为历代王朝权力维系其统治必不可少的一个环节，因此驿道在广义上都可称为“官道”。

相关链接：湖广入滇

有人类学调查之旅曾记载其所行路线都是过去连接内地与边陲的驿道，开辟的连接中原与边陲的最重要的交通命脉。可以说，驿道一直是维系与中原之间政治、经济及文化联系的大动脉。边陲桥头堡的重要战略地理位置成为王朝政权的重点经营地区之一。据研究介绍，元王朝开辟了多条从内地入滇的驿道，这条驿道在文献中亦称为湖广入滇之“东路”，明代后又称为“一线路”。明初，将元代在现今贵州省内设立的“八番顺元宣慰使司”改为“贵州宣慰使司”。入滇之际即开始“沿途设堡”。并谕令各部土司：“宜率土人随其疆界远近开筑道路，各广十丈，准古法，以六十里为一驿。”同时在洪武十五年（1382 年）在贵州设置了省级最高军事单位的“贵州都指挥使司”，开始在各入滇驿道上陆续建立卫所。明永乐十一年（1413 年）正式设立了贵州省（即“贵州布政使司”），领内各驿道旁的卫所，已有十八卫，其后在省内前后共设置三十卫之多。可以说，贵州省的设立，初衷就是为了保障通往云南省驿道的安全。一国政府为保护一条交通要道而专门设置一省级单位这样的重大举措，即使从世界范围内看，也可谓为罕见之举。

乾坤几经嬗变，几百年来，当初国家政权用强大的政治和军事力量开辟出来的“官道”，随着时代的变迁和科技的进步，由湖广入滇的驿道变成为现代湘黔滇公路，其后又建成了湘黔滇铁路。由此也可看出，长期历史过程所造就的驿道交通已远非可以用局部视野或单一学科来覆盖了。除此之外，在中华帝国与周边国家的“朝贡体系”下，湖广入滇的驿道还是一条连接中国与东南亚之间关系的重要国际通道。

明代地理学家徐霞客在《黔游日记》中，曾记录了他在安顺附近查城驿道上见到大象和“象奴”路过的情景。在黔东南凯里（明代的清平）附近的苗寨中，今天依然还存有当时供缅甸等国朝贡的大象休息的“象亭”遗址。而在有“黔东门户”之称的镇远，在县城东横跨舞水的祝圣桥魁星阁上，现今还挂着书有“劈开重译路，缅人骑象过桥来”之对联（如图 5－5 所示）。

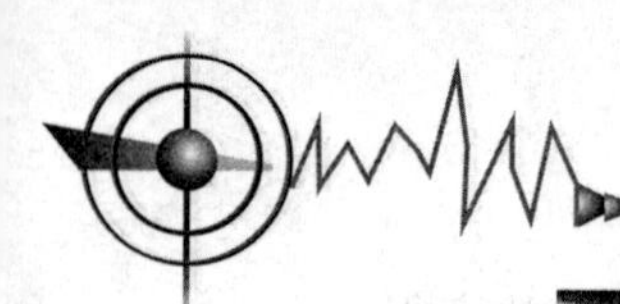

图 5-5　关于驿站传播宗教的介绍

注：作者摄于伊林驿站博物馆内

中华驿站的官办背景决定了其接待的功能只能官用而非民用，这一点就相当于我们现代的政府招待所，用于接待过往官员、各国使节等。甚至元代文献中记载驿站具备行李托运的功能，也就是说当时已实现了客货分流。

地方管制是中华驿站在其发展过程中衍生出的一种新功能。自春秋战国时期驿站系统制度化以来，不仅出现了邮、传、遽等传递方式与名称，而且还设有主管传递信息的机构与官吏。秦始皇灭六国统一中国后所设置的“十里一亭”，即是乡以下以维持治安为主体的行政构架，用于实现国家的行政管理和治安职能。汉祖刘邦发迹于亭长的故事广为流传。某些驿站地处偏远，且当地没有建立地方维护机构，驿站还承担着地方治理的附加功能。这些驿站除配置驿垂、驿卒等管理人员，以及驿马、蜂车、船只、客栈、仓库和食物（包括牲畜饲料）等设施外，还统治着周边驿丁或驿户。处于荒山野岭中的驿站先是形成村落，由驿丁及其家口的辛勤耕耘。这在客观上使驿站成为垦荒耕田的基地，在地区的开发过程中发挥了巨大作用，同时兼备戎边职能。人口集聚使得驿站发展为小城镇，其最终的两个走向，或者湮灭，或者发展为现代城市。直到现在，许多村、乡，甚至是城镇都是由原来的驿站发展而来，如河北张家口市、江苏高邮市和成都龙泉驿等。

另一个比较隐含的政治功能是流放罪犯。古代曾经把犯罪的人发配到边鄙地区的贫苦驿站以作为刑法，可见驿站还有劳动改造、教育犯罪人员的功能。

第四节　通信功能

远古时期，通信曾以“击鼓传声”和“烽燧”烟火方式传递。到奴隶制国家建立后，统治阶级为了治理国家，出于传递各种信息的目的，建立了驿站，并通过人、马接力传递紧急书简，实行了有组织的邮驿制度。

信息的传递，尤其是军事情报的传递，是历代驿站系统的一个重要职能。驿站系统，是在战争过程中建立和完善起来的，传递有关军事信息，自然是其重要的职能之一。我们说现代物流的重要特征是拥有了众多现代物流信息技术支撑。其实驿站已经具备现代物流园区概念上物流、信息流的枢纽地位，在通信的手段和能力上已经是当时水平限制下的最强配置。

为了传递重要信息，往往需要派出专门的人员采用更换马匹、日夜兼程的方式前往目的地，尤其在宋元时代建立专门的信息传输系统急递铺以前，几乎所有重要信息的交流，都要依靠专使驿站传送。作为递铺不仅传输信息，还具有物资运输、官员迎送与行李担擎以及战时向前线运输军事物资等多项职能。宋代官员私书附递已经被皇帝以诏书的形式加以确认。清朝经济总量的提升，信息交流的数量和内容也大大增加，将原驿站系统分级为三层系统运作，将驿站分驿、站、铺三部分，其中站是传递重要文书和军事情报的组织，为军事系统所专用。铺由地方厅、州、县政府领导，负责公文、信函的传递（如图 5－6 所示）。

图 5－6 关于骆驼运输队等的介绍图片

注：作者摄于伊林驿站博物馆内

物流在驿站系统内伴随着货物信息的传递，以核对数目及内容等。据考证驿站使用的凭证是勘合和火牌。凡需要向驿站要车、马、人夫运送公文和物品都要看“邮符”。官府使用时凭勘合；军事信息保密级别较高，则使用由兵部制作的火牌。马递公文、货物运输、暂存保管等沿途各驿站的接递，就要填写连排单，签字备查。驿站是信息流通的重要节点，其信息传递方式或流程竟然与如今的现代物流运输或城市配送过程有相似之处。

值得注意的是，随着中华驿站系统的完善和信息量的增加，驿站系统出现了区域性集散中心和各个级别的布局节点，可视为现代邮政系统的雏形。根据清朝文献记载，凡经驿站寄往各省的官封，先由车驾司验明盖戳，随即送往捷报处，经由马馆预备夫马，然后由京传至第一站（西路为良乡，东路为通州），再转发，如此沿站传递，以达原封应达之地。而各省的文报，亦按此办法先由提塘交首站，再由各站依次转递，以达京师车驾司，再由该司分送各署。邮政系统在晚清时得以确立并沿用至今，通信仍是其主要职能之一。

相关链接：贵州安顺驿站

贵阳之西安顺城。明朝初年朝廷在这里始设官府治所称为安顺。安顺是通衢要道，是昆明至北京驿道与四川至广东广西驿道的交汇之处，历来商贸云集，热闹非常，为黔中重镇。

安顺城北设有一座驿站，专事迎送过往的公职人员等，虽然日夜迎送客量甚多，仅由一名驿丞和其妻子经营，却是茶香菜美、被褥净爽，又常有温汤沐浴，马料充足、服务热情而周到，真乃是宾至如归，在西南众多驿站中美名甚著。

一日傍晚，那轮已呈暗红的太阳正要落下西边山后，只见西来的驿道上跑来三匹骏马，马背上的三个人还一个劲地鞭策着马。他们来到驿站，滚鞍下马，原来是一个虬髯军官，约三十余岁年纪，其余两人是侍兵，二十来岁，虬髯军官下得马来，声调高昂地嚷道："好酒好菜端上来，给马喂饱喝足，我要连夜赶路。"驿丞见状，知是云南来的公使，忙着张罗。驿站中常有准备，须臾间便将酒菜摆了上来。无非鸡鱼肉片，鲜蔬嫩菜，虽然没有盛宴大席上那么丰盛，却是从行路人需求出发，烹饪得味美量足，十分可口。驿丞亲自为虬髯将军把盏，甚是殷勤，乃问道："大人有何公务如此匆忙?"虬髯军官道："某所办者系军机大事，请勿多问。"驿丞会意，果然不复多问，执酒壶服侍。虬髯军官十分惬意，受到如此盛情，自然是端起酒杯，杯杯一饮而尽。不一时虬髯军官已语无论次，话音未绝，早已醉伏桌上，那两位侍兵也早已鼻息长出，涎水流淌了。

驿丞夫妻二人随即搀扶虬髯军官及侍兵进房间床上，为之脱靴躺下，这才于那烛光之下搜查其所带的公文包袱，原来这驿丞夫妻俩都是彝人。丈夫名叫索额阿竹，妻子名叫助其莎。二人都是水西乃叶禄天香派来的人。二人化名张立德和刘翠花，花重金在贵州抚台衙门买下这安顺驿丞之职。清朝地方官府及军队但有文书信使通过安顺，大都被他们探询一二，凡有情报，重要的便由驰马回报叶禄天香。因此，吴三桂对水西动静总在掌握之中，刚才于陈年酒中加入一种特产于水西山野的催眠草药。这种草药十分特效，一旦入喉，便要熟睡三四个时辰，任随你如何摆布也不知晓。而当睡醒之后，又是十分地神清气爽。

这时候，夫妻二人打开公文包袱。但见里面装的却是一卷多层布皮包裹的圆筒公文。封纸用了平西亲王大印，卷筒两端用蜡封定。将圆筒公文捏在手上，当即削开封蜡，扯掉封纸，展开一看，果然是一纸檄文曰："平西亲王为督剿水西事致提督贵州李本深：上谕本王不日进剿水西，事关国朝安危，干系甚为重大。提督必尽领所部四镇及四川、广西之兵以进，攻驻六归河待本王会师。十万火急，不得有误。又，由川调入之军粮，尽数移屯于三岔河听用。"

这夫妻俩一见其文，惊得面面相觑。"苍天有眼，却让他一纸军令落我手中。"夫妻道："想这恶汉将书信送抵贵州提督衙门，必当讨还回执。若无回执归于云南，吴三桂定起疑心，而贵州提督李本深若接不到军令，必定派人赴云南联系。这样，终对我水西大有妨碍。莫若如此如此……"耳语一番，计议乃定。

于是，打开衣橱，取出一瓶药水。用棉签蘸了药水，点在那"攻驻六归河"句中的"归"字之上，那"归"字当即消逝。索额阿竹随即提起桌上墨笔，补填上一个"广"字。他又是仿书的行爱，那字填写出来竟如卷中其他字一般笔锋，丝毫不见更移之痕。——原来，这六归河与六广河均系乌江某段的别称。六归河位于上游，地处水西腹地；六广河在下游，系水西在明朝末年形成的东界。虽然仅仅是一字之差，却相距二百多里。这一字之更易，分明是欲叫吴三桂与贵州军会师不成。——夫妻二人改定了军令，甚是得意，将文书依旧卷束成筒，再用一方原已备用的硬泥雕刻了平西亲王印样，盖了封纸封定，再加蜡封了两端，依旧放加虬髯军官包袱之中。

第二天清早，虬髯军官与两位侍兵都已从熟睡中醒来，果然精神百倍。驿丞夫妻俩早又备了美餐，恭请客人享用。虬髯军官丝毫不知已经中计，用完酒菜，一边道："喂，兄弟，看你也算得知礼识趣之人，待某公务了结，去到亲王爷面前复令之时，替你美言几句，保你一个前程。"虬髯军官一行三人杨鞭催马消失在东面小树林里。

五天之后，虬髯军官一行三人从贵阳城回来了经到驿站回程。于是，驿丞夫妻俩隔吴三桂与贵州军于乌江下游六广河，使其难与会合之举，显得何等机智，何等技巧，何等难能可贵。（安顺驿·贵州彝族的水西故事摘录）

第五节　贸易功能

中华驿站的功能是复合型的，许多功能是发源于军事或行政需求，逐步转为民用，其中商品贸易就是逐渐加强的功能之一。

驿站最初的商品贸易功能是负责贡品的交接。驿站成立的职责之一是接待过往使客，为他们及其随从提供食宿，这其中伴随着贡品交换功能。古代自给自足的经济架构下，商品贸易地域跨度较小，早期国家之间的物质交流是通过朝贡和回赐来实现的。这种逐渐形成的小国定期派出纳贡使团，向中国皇帝奉献礼物并表示敬意，可视作国际贸易最初交流的雏形。同时在国家内部驿站串接而成的驿道也是贡品流通的渠道（如图 5－7、图 5－8和图 5－9 所示）。

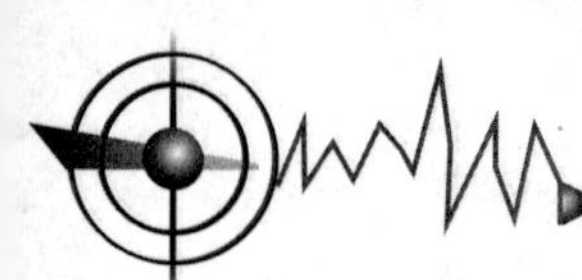

图 5-7　关于清代张家口交易市场场景的图片

注：作者摄于伊林驿站博物馆内

图 5-8　察哈尔商业钱局平津通用张家口加盖察南银行一元券

注：图片来源于钱币天堂

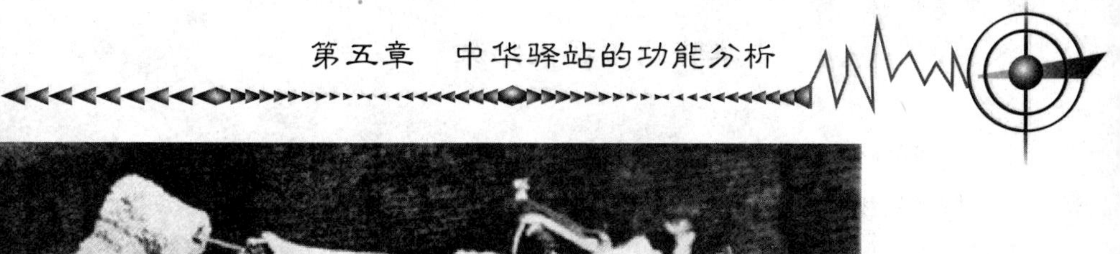

图 5-9　20 世纪初，在张家口市场上进行皮草交易的商人

注：图片来源于人民画报

驿道沟通了城乡间的交通，商品交换得到了迅速发展，驿站驻守人员一般要在附近购买粮食、蔬菜、铺陈等物品，过往人员也往往会在驿站所在地附近购买一些物品，从而形成一定的消费市场，产生定期的集市——“街子”。尤其是在一些主要驿道上，过往使客络绎不绝，消费规模较之一般地方远为庞大，这些驿道上的驿站所在地受驿站消费的影响，往往较易发展为商品交易中心。

而且，驿站所在地有平坦的驿道，交通便利，又有常驻的驿丞进行管理，社会秩序稳定。因此，当驿站附近的居民选择贸易场所时，驿站所在地便成为他们的首选。随着集市贸易的发展，驿站所在地也渐渐发展成为商贸中心。

驿站及驿路是古代交通网络的基础。驿路不但是政府“递送使客，飞报军务，转运军需等物品”的官路，而且也常常为商人所利用，成为商人往返各地，运销货物的商路。“丝绸之路”“茶叶之路”都是由驿站串接而成，并且随着驿站过往商人的增多，逐步发展成为交易场所，继而在周边配套商号、货栈、酒楼、茶馆、客栈和车马大店等服务设施。

由于有官方维修，驿路大多平坦近直，且服务设施比较齐全，故商贾大多利用驿路南来北往，进行贸易活动。驿道作为官方管辖，驿道沿线的治安建设得以维护，以确保驿道交通的畅通，商人出于安全考虑借助这套治安有保障的物流系统展开贸易，这也使得商贸与驿站相结合，对驿道驿站发展为商贸中心起到促进作用。

一、蒙元时期自由商贸

蒙元时期在建立驿站制度的同时，重视商品贸易。扩张的目的是基于物质利益的驱动。帝国之初是军事征服，到了后期，寻找新商品则成为扩张的动力之一。为此不惜一切代价建造了具有军事性质的运输线和通信联络网。孟德斯鸠说："谁要是阻碍进行经商和贸易，谁就是他们的敌人和障碍，坚决给予剔除。"

横跨欧亚的古丝绸之路，自汉代开通以来，时断时续，唐代以后彻底阻塞。但在蒙西征和诸汗国建立之后，数代大汗的经营，曾经敌国壁立、互相封锁的情况不复存在。"穿过中亚的陆上贸易在蒙古人的统治下复兴"（《泰晤士世界历史地图集》）。

蒙古时期还注重保护商道和商人。志费尼在《世界征服者史》中写道："成吉思汗统治后期，造成一片和平安定的环境：繁荣富强、道路安全、骚乱止息，故此，凡有利可图之地，哪怕远在西极和东鄙，商人都向那里进。"当铁骑跨越了千山万水西进时，他们修建了比历史上其他统治者更多的道路和桥梁。不仅在物质方面，而且在思想意识与科学技术方面，为世界打开了一个全新的交流之门。将中原的医生带到波斯，并将柠檬与胡萝卜从波斯移植到中原。同样，中原的面条、纸牌、茶叶和手工业技术也传播到西方诸国。他们从欧洲带回工匠，在干旱的蒙古草原上打井修渠。

蒙古铁骑横扫了欧亚大陆，既作为征服者，也充当了人类文明的使者。当来自中原、波斯和欧洲的娴熟技师们把中国火药、穆斯林喷火器和实用的欧洲铸钟技术融为一体的时候，制造出了新型的大炮。这是一项冷兵器时代的技术革命，催生出从来复枪到导弹的巨大现代武器库。

元朝对海外贸易的态度是积极和富有成果的。忽必烈灭南宋后，招降了南宋福建安抚沿海都置制使兼提举市舶蒲寿庚。蒲寿庚是回民，世为海商，仕南宋数十年，提举市舶达三十年，垄断着南宋当时的海外贸易。至元十五年（1278 年），忽必烈诏行省唆都及蒲寿庚："诸藩国列居东南岛屿者，皆有慕义之心。其往来互市，各从所欲。"翌年，又令唆都"议招收海外诸藩事"。从此，南海诸国之来贡者、贸易者络绎不绝。

元朝政府先后在泉州、上海、澉浦、温州、广州、杭州和庆元等处设置市舶司，海外贸易出口以瓷器、丝绸以及一些手工艺品为大宗，进口主要为香料、珠宝、药物和珍珠等。政府禁止将金、银、铜钱、铁货、人口、丝绵缎匹、销金绫罗、米粮、军器下海，与诸岛番贸易。

据《元史》记载，当时由海道同元朝保持朝贡、贸易关系的国家有 20 多个。中国旅行家汪大渊在其所撰《岛夷志略》中，详细地记叙了东南亚、西亚乃至东非的地名、国名达 200 多处。出生于摩洛哥的大旅行家伊本・白图泰在他的《伊本・白图泰游记》里形容"泉州港是世界最大的海港"。他见到港内停泊有世界第一流的巨舰百艘，小者则不计其数。

元代中国的航海业不仅规模庞大，而且技术先进，大大超过了前代，为郑和下西洋的航海时代奠定了基础。马可·波罗曾描写过他回国时所乘的中国海船制作方法："用好铁钉结合，有厚板叠加于上，然后用麻及树油掺合涂壁，使之绝不透水"。另外，还有北极星高度的记录，这说明当时中国水手掌握了测星术、海上季风规律等技术。

除海运粮船外，东南亚的海上贸易也为其所控制。位于苏门答腊岛上的三佛齐，是中国与南海诸国贸易、交易的枢纽，由此而东，至爪哇，向西经马六甲海峡远及于印度、锡金、阿拉伯半岛及东亚之地。大批的中国人侨居在南海各地，从事开发和商务活动。

唐、宋时期，非洲的某些地区与中国已经有贸易的联系和往来。元朝时，这种贸易往来又有所发展，埃及、层拔国（今坦桑尼亚）等非洲诸国都留下过元朝忽必烈汗廷使者易货贸易的足迹。大德五年（1301 年）元成宗曾派遣麦术丁等往木骨都束（今索马里首都摩加迪沙）购买狮豹等动物；又 4 次派遣了 37 人，赴刁吉儿地采办异物。中国的丝织品和精美瓷器也同时输入到非洲，并且深受非洲人民的喜爱。

丝绸业是元代官、私手工业和家庭副业的主要行业之一，主要产地集中在建康（今南京）、平江、杭州、庆元、泉州和四川等地。元代引进了著名品牌纳失失（来自波斯的一种织锦缎）与撒答剌欺（来自中亚的一种丝织品），同时也将中国的丝绸运往世界各地。

中国因为瓷器的出口而赢得了"China"之名。青花瓷和釉里红瓷器是珍品中的珍品，也是欧洲上层人物和有钱人的爱物。元代青花瓷是运用钴料进行绘画装饰的釉下彩瓷器，其造型博大，画法娴熟，色彩鲜艳，系陶瓷技术史上最引人入胜的品种之一。釉里红则是一种釉下彩，在胎上以氧化铜为呈色剂作饰纹，罩以透明釉后经高温烧制而成，制作精细、釉色纯正、造型工整，堪称元代中期又一大发明。

五代至两宋时期已经开发利用的石油天然气，在元代更加繁荣，陕北的延长、延川、宜君等地在元代就开采有石油井，并担负朝廷的"岁贡"任务。成吉思汗西征及其后来的战争中，蒙古铁骑屡用石油武器焚烧城池房屋，这使他们得以迅速攻城掠地。

前苏联的东方学家巴托尔德说："蒙古帝国把远东和近东的文明国家置于一个民族、一个王朝的统治之下，这就不能不促进贸易和文化的交流，前亚和中国之间的贸易得到了空前绝后的发展。"

二、清朝自由商贸

到了清代，随清政府对外贸易的升级，边贸成为驿站的重要表现。茶商、盐商、丝商和马队、驼队，以张家口驿站最为典型。商人被称为"跑草地"，他们沿着古驿道，由近及远，从南至北，横穿蒙古高原，直抵中俄边境恰克图（今蒙俄边界）。旅蒙商在数百年里都叫"通驿站"，后到清末才改称为"旅蒙商"。他们从中国内地购置了绸缎、布匹、米面、茶叶、瓷器、陶器、木器、蒙靴、马鞍、食糖、铜铁器具及喇嘛念经用品，到蒙古交换回来马、牛、羊、驼、皮张、绒毛和贵重药材鹿茸、麝香、羚羊角等，用茶叶、生烟等从俄国商人那里换回羽纱、毛毡、天鹅绒、波兰呢等纺织品和银制品。使得张家口成为中俄、中蒙物资贸易的重要通道和集散地，是古"张库大道"的起点，素有"陆路商埠"之称，明清时期与南方的广州号称"陆水双码头"。

商贸业中心的发展与周围地区有着频繁的联系，这离不开便捷的交通网络支持。发达的交通，可以扩大驿站的交往领域，拓宽驿站的商业活动范围，繁荣驿站的商品经济，驿站也就作为贸易中心而逐步兴起和发展。

第六节 物流功能

在我国进入现代社会之前，一切物流活动都紧紧围绕政治和军事而开展。中华驿站系统在相当长的一段时期都是我国政治、军事、经济和文化的网络基础。因此千年驿站系统另一重要的物流功能也是相伴而生的。驿道在停战时期，双方使节奔走驿道，为各自国家的利益折冲斡旋；一旦烽火再起，驿道又成为军队北上南进、军粮转输、军令传递的主要路径；驿站作为这个网络的节点，在和平时期又作为商业枢纽呈现。这三种状态下其实都伴随着物流过程。

从中华驿站的发展史看，驿站系统承担物流功能，大体经历了四个阶段，第一阶段是单纯的传递信息和信函；第二阶段宫廷的御用之物；第三阶段官府的物资；第四阶段开展民用物资运输。

物流职能的最早起源仍来自为官方服务，驿站运输的物资主要是宫廷的御用之物。古时，在帝王的无上权力支配下，运输御用物资与传递紧急军情具有同等的重要性。“一骑红尘妃子笑，无人知是荔枝来。”这是唐代大诗人杜牧在《过华清宫》一诗中，描述唐明皇为使宠妃杨玉环能够吃到南方的新鲜荔枝，命各地驿站人员夜以继日地递运贡品的情况。明朝专门运送军需物资和上贡物品的运输机构为递运所，始设于明初洪武年间(1368—1398 年)。递运所的设置，是明代运输的一大进步，使货物运输有了专门机构。

早期驿站系统的特殊性，驿递系统更多的服务于军事活动。驿递系统的畅通，一方面使军情及时上达，保证决策的正确；另一方面使前线所需的粮饷辎重，能及时足量运送到所需之处。

中华驿站的物流功能并不对非官方使用者开放，未经授权擅自启用驿站系统将受到严厉惩罚。因为无论是直接利用驿递系统进行贸易，还是使用驿递提供的交通工具，人力附载商品货物，都会加重驿卒的负担，影响驿递系统的正常运行，违背了统治者设置驿递只是为军政服务的目的，受到政府的严厉禁止。然而客观而言，驿站作为一个系统化的物流渠道却有利于商品的流通。利用驿递系统运输商品、进行贸易，则降低了运输成本，对商品流通有促进作用。某些官员往往凭借自己的特权，利用驿递进行贸易。史书记载，朱元璋将驸马都尉欧阳伦因滥用驿站系统赐死，欧阳伦多次违禁利用驿递走私茶叶，强迫驿站车辆为其运货，还随意谩骂殴打驿丞。朱元璋知道了这件事，十分震怒，把欧阳伦赐死，他的家奴一并处以死刑。元史记载“若军情急速事件及进纳颜色、丝线、酒食、米粟、段匹、鹰华，但系御用诸物，虽无牌面文字，亦仰验数应付铺马车牛”。可见，中华驿站作为当时最为完善的物资流转系统，其物流职能阶段性的任务是会改变的，但其物流能力逐步增强（如图 5－10 所示）。

图 5-10 关于旧时运盐牛车队的介绍图片

注：作者摄于伊林驿站博物馆内

驿站系统具体承担物流功能的起始时间虽难以考证，但《元史》在论述站赤时记载，“其设法也，有马站、有水站、有车站、有江船站。水站、马站则通客旅，车站、江站则通货”。元太宗元年（1229 年）十一月戒伤诸牛铺马站时，要求“每一百户站，置汉车一十具”。这里专门提到车站和江船站，显然配置站车的主要目的，就是为了物资运输。明代基本沿袭了元代庞大的驿站网络，并加强了物流职能，建立水马驿、递运所和急递铺。水马驿“递送使客，飞报军情”；递运所则专管运送军需物资；急递铺类似今日之速递网络。

驿站系统承担民用和商业物资运输，表现出明显的物流中心特征是与商品经济发展离不开的。资料显示，明朝实现了驿站能够为民众所用，因此，明代商贸业受到鼓励，商贸规模和扩散能力有了质的提升，长途贩运业有了较大发展，商人活动范围空前广阔，许多商帮开始兴起，并形成了初步的区域分工及几个初具规模的特色经济区域。驿路与商路的重合，促进了驿路沿线市镇的兴起，围绕驿站周边形成了运输、储存、商贸以及其他配套设施。物流中心的雏形在我国诞生。

运输能力方面，驿站通过轻重缓急的判断，合理安排运力。使用时按官职高低、任务轻重和时间缓迫分为不同等级。传递可分陆递（又分步递和马递）、水递和水陆兼递 3 种。步递中的急递铺专为朝廷和地方州县往来文书人员服务。马递的速度是按军情、刑狱或紧急突发事件的需要，分别规定日行 400 里、500 里和 600 里的加急项目。急递铺将公文分“最速”“次速”和“平常”三级。“最速”公文日行四百五十至五百里，“次速”公文日行

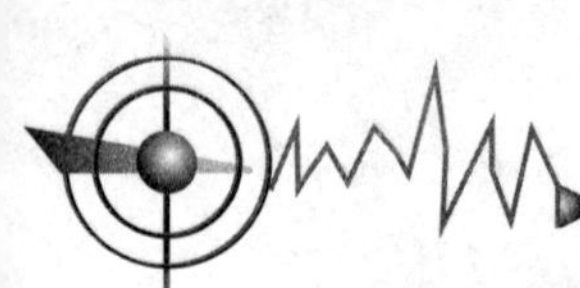

三百五十至四百里，“平常”公文日行三百里。

延续几千年的邮驿或邮传、驿传系统，包含着现代物流的基本元素。可以这样说，“物流”绝对不全是舶来品，也深深地打着“中华”的印记。正因为有了这样一套发达的物流系统，中国无论从科学和技术的发展，还是从生活物资水准角度来看，在现代以前长期领先西方。

相关链接：高邮盂城驿

高邮以邮闻名，“盂城”由高邮地貌所定。秦少游曾说过：“吾乡如覆盂”，“盂城”便是高邮的别称。“两情若是久长时，又岂在朝朝暮暮”，如此深情的话语来自北宋词人秦观之笔。而秦观的故乡就在现今扬州的高邮。高邮离南京只有两小时的车程，“千年古驿站，秀美高邮湖”，即有湖、有运河的高邮。

盂城驿是国家重点文物保护单位，始建于明朝的古代驿站。盂城驿是目前全国规模最大、保存最完好的古代驿站。盂城驿的南门大街还是两宋时候遗留下来的，古色古香。古代驿站其实除了邮传之外，还有接待过往官员、各国使节的功能，又因驿站濒临京杭大运河，盂城驿就担负着南北漕运任务，运送粮食、运送食盐的功能；同时还有中途押解犯人这一特殊功能，相当于现在的看守所。所以，明朝时候盂城驿的规模很大，有正厅、后厅、送礼、库房、厨房、马神庙、马房等建筑。在盂城驿的院子里，可以看到骏马的石雕，旁边是不显眼的但是非常有来头、有年代的“上马石”；驿站内设有鼓楼，用钟声来传递时间信息；驿站内后厅的梁柱为明代驿站遗存，是盂城驿的精华所在，雕刻图案精致，也是使盂城驿能成为“国保”的原因之一（如图 5－11 所示）。

盂城驿地处水陆交汇处，地理位置极为重要。盂城驿在街市有一石牌坊，上刻“皇华”二字，它对面则是高三米左右的影壁。两盏黄灯笼挂于盂城驿前，上有“驿”字。

盂城驿中有建筑物十余处，第一进为皇华厅，厅前有两厢，西厢为文史资料室，东厢是古驿站用轿、肃静、回避之类的器物。皇华厅中摆有桌、椅、条台，厅左为驿站人员模型，高尺余；右为书房，书案上放有独罩灯、文房四宝、木茶梧；此外还有古橱柜，想必这里是驿丞办公之所在。

第二进是“驻节堂”，专供使节来访时日常起居之用。驻节堂前有两厢，一为康熙帝六临高邮的展室；一为选自周兰生（一说蒲松龄）小说中关于盂城驿传说的展室。所塑人物模型栩栩如生。驻节堂中两壁有驿站故事的字画；堂两边均为寝室，内设桌案、梳妆台、橱柜、木床等。

驻节堂后是马夫、兽医、船工、厨师等人的宿舍。厨房里有石臼、石磨、砖灶等一些古代厨具历历在目。

东侧为宴宾厅，这里是驿丞与来使娱乐的场所，宴宾厅中六七尊真人大小的着衣塑像，或犹抱琵琶半遮面、或提壶把盏、或拍案叫绝、或低吟浅唱。

宴宾厅东侧有两处展厅，均为邮史展览馆，内存放着对坐俑、马俑等复制品；有竹简、木椟、甲骨文、封泥等复制品；此外，还有驿站出土文物及碎瓷片、古秦邮模型等。

南有水池，池前有日晷，上面刻有十二时辰，为在鼓楼击鼓通报时辰之用。鼓楼上下两层，假三层，飞檐翘角，木柱、木护拦再现鼓楼原始风貌，登鼓楼东眺运河可俯瞰全城；此外还有马神庙、马厩内有明石槽及汉上马石。石马呈糙米红色，高大壮实，骑上去顿觉威风凛凛之感（如图 5－12 所示）。

图 5－11 高邮盂城驿

注：图片来自于南京生活

图 5－12 中国邮政 1995 年发行邮票上的盂城驿

第七节 网络功能

中国自古就是一个幅员辽阔人口众多的国家，兼之地形复杂，跨越多气候区，在很长时间里，进行有效的管理是统治者首要考虑的问题。驿站加驿道的中华驿站系统正是在解决信息交流和物质传递难题中搭建起来的网络，对物流和信息的传递进行标准化和制度化，避免了长距离传递的信息变形失真，有效的突破了当时运力限制，驿站网络在其中起到相当重要的作用。

古代的陶瓷之路、丝绸之路、香料之路、茶叶之路，虽然称之为“路”，但它们并非一条线性的路，我们应该把它系统性地视为一个“网络”，正是这些网络构成了东西方物质和文明交换的通道。

运输方式上，驿站系统普遍采用递运运输的模式，基本上采取定点、定线，兼以接力的方法。这种专职的递运业务，把陆路运输和海、河运输很好地组织起来，组成了四通八达的网络。管理方式上，驿站各朝代虽形式有别、名称有异，但是组织严密、等级分明，手续完备是相近的。君王是依靠这些驿站维持着信息采集、指令与反馈，以达到政权统治控制目标的实现（如图 5－13 所示）。

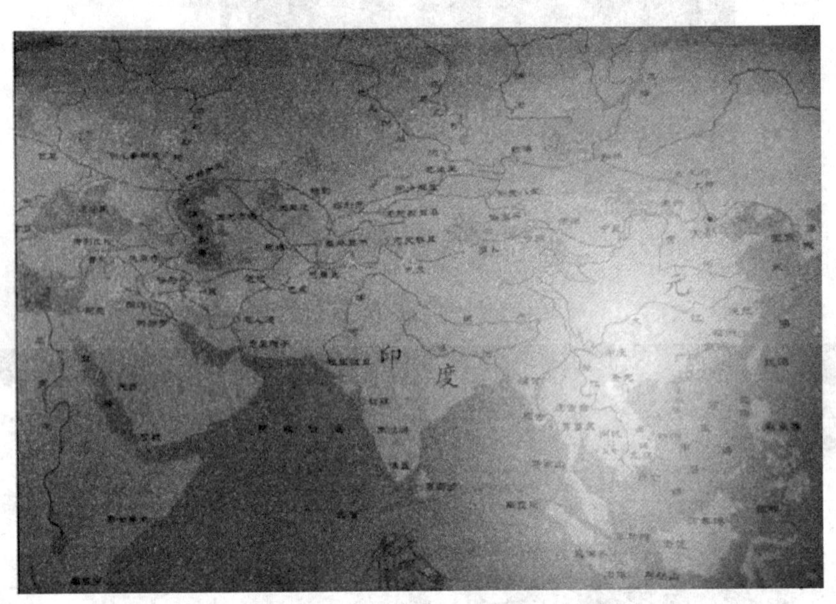

图 5－13　关于古丝绸之路、瓷器之路、茶叶之路的示意图

注：作者摄于伊林驿站博物馆内

秦朝的通信干线贯通东西南北。北边：由关中直达九原塞外，至今内蒙古河套附近；东边：由函谷关向东，经河南直到今天山东临淄；南边：由武关经南阳直抵江陵秦政府还通过这些通信系统，及时了解边防和民间动态，采取果断的军事措施。

邮驿继承秦朝制度，并统一名称叫“驿”。规定五里一亭，十里一亭，三十里置驿。邮驿还随着“丝绸之路”的形成而通达印度、缅甸和波斯等国。到了唐代，邮驿大大发展，全国共有陆驿、水驿及水陆兼办邮驿 1600 多处，行程也有具体规定，并订有考绩和视察制度。驿使执行任务时，随身携带“驿卷”或“信牌”等身份证件。

唐朝的邮驿制度比较发达，属兵部驾部郎掌握。三十里为一驿，当时共有驿站 1639

所，有陆驿、水驿和水陆兼驿三种。陆驿有马、驴，水驿有船。至于驿使行程，则有明确的规定，如陆行之程，“马日七十里，步及驴五十里，车三十里。”

到了元代，由于军事范围和疆域的扩大，驿站仅在国内就有 1496 处，并将邮驿改称为驿站。这一时期，驿站功能开始变得多样化。明代在沿袭旧制的基础上，由于海上交通日渐发达，海上驿道进一步延伸至非洲。

明代的急递铺网路以县（州）前总铺为中心，向四方辐射，逐铺相接，形成遍布全国的递铺网路，并与水马驿站相衔接。

清代邮驿的设置较前朝更为普遍，由近 2000 个驿站、7 万多驿夫和 14000 多个递铺、4 万多名铺兵组成的清代全国邮驿组织，规模庞大、星罗棋布、网路纵横，无论在广度和深度上都超过了以往的任何朝代。

驿站之设，大多选在交通便捷、位置冲要之处，驿站选址更格外重视交通状况。反之，随着驿站的设立，它又进一步巩固了当地在交通枢纽中的作用。从驿站选址和布局的概貌上，我们可以看到许多今天交通货运站场、物流园区、陆路港、公路港的影子，许多驿道现在仍然使用，众多省道、国道等都与古驿道走向基本一致。例如：陕西省潼关县位于洛、渭、黄三河交汇处，地处秦晋豫三省交界处，旧潼关县港口镇东南的黄河边上。港口镇，顾名思义，港口是黄河一个渡口。潼关经汉高祖五年（前 202 年），设船司空衙门，专管黄、渭河水运、船库。潼关位于陕西东部渭河下游、潼关守卫着这条古道要津的西口，历史上因其守望着崤函古道中百余千米的桃林而又称为桃林塞。因为潼关地处黄河渡口，位居晋、陕、豫三省要冲，扼长安至洛阳驿道的要冲，是进出三秦之锁钥，所以成为东入中原和西出关中、西域的必经之地及关防要隘，历来为兵家必争之地，素有“畿内首险”“四镇咽喉”和“百二重关”之誉（如图 5－14 所示）。

图 5－14　潼关古城东门外景

注：图片来源于潼关县政府

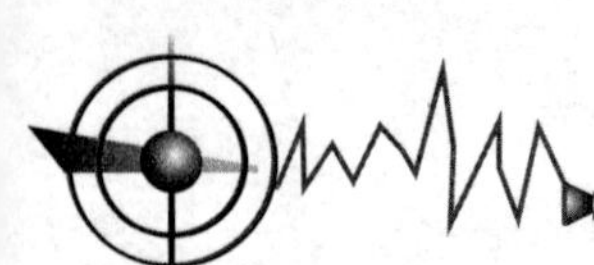

从古至今潼关东门外，古驿道原有101省道，现有国道310、连霍高速、西郑高铁，在潼关东门外形成横跨东西交通主框架；风陵渡黄河公路大桥、现代加油站、黄河风景区都与潼关东门外相连一片，非常有意思的是现行规划建设的潼关物流港也选址在东门外。

更奇妙的是现代潼关物流港主大道、老省道、国道、高速、铁路都与原连接潼关东门的古驿道走向近似乎基本平行一致，有的地方才相距几十米甚至几乎形成重叠。历史千年之隔的人间难道竟然会是这般巧合，古人对驿道选址建设与交通、路桥、高速公路、铁路、物流和规划等多个行业现代选址建设竟然如此耦合。

从图5-15右中部（东）至左上部（西）非常清楚辨认物流港主大道、老省道、国道、高速、铁路都与古驿道走向近似乎基本平行一致。

图5-15　中物策（北京）工程技术研究院提供潼关物流港鸟瞰图

第八节　食宿功能

“驿站”，作为中国历史上最古老的官办备宿供膳场所，因其相伴而生于“置邮而传命”的古代驿传制度而得名，并成为驿道旁官办备宿供膳场所的统称。从驿站最初的功能看，古时供传递公文的人或往来官员途中歇宿、换马的处所，其中就明显包含了食宿功能。“驿站”这一官办机构，具有现代宾馆、招待所功能的备宿供膳机构，在中国几千年历史变更中，由于朝代的更迭，朝纲政策的变化，疆域的展缩以及交通的疏塞等原因，其存在形式和名称发生了较大变更。根据所掌握的资料，“驿站”虽源于驿传交通制度，初创时为专用于接待信使邮吏的食宿场所，但后来也与过往驿道上的官吏、商贾和民间旅行者发生了千丝万缕的联系。在几千年历史长河中，驿站作为驿道旁官办备宿供膳场所的统称，有时专指官方食宿机构，有时也指民间旅馆，有时则两者功能皆有之。

驿站作为古代最为便利和完整的交通网络，是首选长途旅行的休憩之地，驿站系统中设置有各种供宿备膳场所，并分级管理。有设在域镇之中，供商贾官吏住宿饮食的“传舍”；有设于驿道上，接待驿使的“置传”；有设在村寨民宅所在地，供商旅者食宿的“邮亭”；有设在远离城郭，沿道而建，供过往官吏食宿的“亭传”等。贯穿东西陆路，通往西域的“丝绸之路”开通后，我国进入一个古代商业繁荣发达时期，其中驿站系统起到相当重要的作用。

明朝的法律大典《明会典》记载说：“自京师达于四方设有驿传，在京曰会同馆，在外曰水马驿并递运所。”这条记载说明，明朝的“会同馆”，是当时设在首都北京的全国驿站总枢纽。会同馆有两种职能，一是起邮驿传递书信的作用；二是还同时起着国家级高级招待所的作用，这里可以供外国使节和王府公差及高级官员食宿。有时还有政府在这里举行国宴，招待来自邻国日本、朝鲜、越南等国的进贡人员（如图 5－16 所示）。

图 5－16 关于清代驿站过往商人交易及住宿场景图片

注：①在交通落后的时代，短途运输大多依靠牲畜，与畜运配套的车马让也被带旺

②作者摄于伊林驿站博物馆内

随着明清时代地区性和行会性会馆和民间客店的发展，驿站食宿功能逐渐淡化，由依附在驿站周边的商业旅店承担。尽管官办驿递食宿功能退化，民间旅馆依靠在驿站周边，借助驿站物流、商流的枢纽地位提供附加服务，这与现代物流园区仍能找到契合之处。

第九节　交通工具补给功能

驿站设置一般 30 里或 80 里置一驿，驿站的间隔距离就是以马匹的一日脚力来划分，交通工具补给也是驿站的重要职能之一。因马的体力和奔跑的距离都很有限，要完成数百千米的传递不得不中途换马，所以就在沿途建立许多驿站，这是驿站最初设置的最重要原因之一，也是驿站最基础的功能之一。如果将古驿道类比为当今的高速公路，那么驿站正是现代高速服务区和加油站雏形。直到今天我们依然能够看到取名为“某某驿站”的商业场所，正是取休憩补给娱乐的寓意。驿站系统最为普遍的交通工具就是驿马，驿马的地位历来仅次于军马，属于官方马匹，与今日之公务用车类似（如图 5 - 17 所示）。

图 5 - 17　伊林驿站辘辘井遗址

注：作者一行赴伊林驿站遗址考察，在荒无人烟的草原找到当时取水供骆驼与马队饮用补给的辘辘井遗址，至今仍可取水；旁边为古驿道

马政作为邮驿制度的重要组成部分，历来受统治者重视，汉廷对厩马食粟有统一规定，对马厩有较严格的管理。驿站的马厮是标准配置，从邮亭馆舍的建造维修、邮驿车马的配备、车辆的维护保养、马牛的草料供应，邮驿交通与后勤保障有了严密完善的管理制度，从而保证了整个邮驿系统的顺利运转。

驿站还具有马匹交易及马具维修功能，相当于现代物流园区作为普遍配套的汽修功能。车辆的应用也是驿站交通方式的重要组成部分，以车辆用于邮驿，是一种可以使驿行者减少劳困、效率也比较高的交通方式。古代邮驿曾经主要以车作为传递方式，称作“传车”，其外形及功能并经历代有所发展。居延汉简中可以看到关于车辆“折伤”的记录，又有关于修理“车轴”“车辐”的简文。马市交易尤其是中蒙俄交界，马市贸易相当繁荣，蒙汉人民进行特资交流的盛况，可从古人的文字记载中略见一二（如图 5－18 所示）。

图 5－18　关于驼队经过驿站的情景介绍图片

注：作者摄于伊林驿站博物馆内

从史料来看，因古代陆上交通主要靠驿站，而无论驿骑或驿车都离不开马。汉代在全国各地设传置以传递邮件，因此各传置都设有马厩养马备用，在传置中的马根据其高度而分别使用。驿站除了为乘驿人员继续旅行提供交通工具外，还要向在驿站因公停顿的乘驿人员，提供临时办公使用的交通工具。居延汉简中，关于记录驿马的文书有驿马名籍、驿马阅具簿等。元代靠驿运联系各汗国，《马可·波罗游记》称每驿站有马 20～400 匹，全国共有驿马 30 万匹。

交通工具，除了驿马外，牛、骆驼、狗，甚至羊都是在某些朝代、某些路段，也负责缺马的地区或无须急行的驿运。某些地区只能使用牛作为交通工具，某些地区只能使用骆驼作为交通工具。驿站作为长距离运输中的淡水、粮食、饲草、人员和运力补给方面的作用是必需的，这与现代物流园区的车辆加油、补水等功能也是契合的。

相关链接：古代交通工具——驿马

提到驿传制度，就不能忽略其交通工具——驿马。林则徐还满怀豪情写过一篇诗作《驿马行》。驿马的地位历来仅次于军马。因古代陆上交通主要靠驿站，而无论驿骑或驿车都离不开马。汉、唐邮驿非常发达，唐代每 30 里置一驿站，每站备马 8～75 匹不等。居

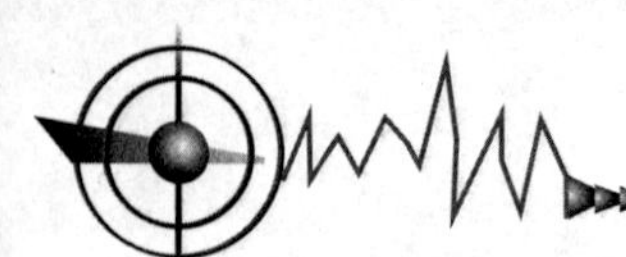

延汉简中，关于记录驿马的文书有驿马名籍、驿马阅具簿等。元代靠驿运联系各汗国，《马可波罗游记》称每驿站有马20～400匹，全国共有驿马30万匹。牛在某些朝代，也偶尔用于缺马地区或无须急行的驿运。某些地区只能使用牛作为交通工具，某些地区只能使用骆驼作为交通工具，这都是个例。

管理驿马的机构：隋唐在陇右设牧监，除太仆寺统管全国牧政外，又设驾部主管驿马，汇集官私马牛杂畜的簿籍，以凭考课，马政组织至此大备。宋代除仍有太仆寺和驾部外，又设群牧使。政府还设茶马寺，以茶叶等向西部少数民族换取马匹。王安石创行官马民养的保马法，但不久废止，以后改行民牧制度。辽、金、元马政组织基本仿效唐宋制度，以养马于塞外为主，并大肆搜刮民马。明初在全国南北各地推行马政，在陕甘和辽东设养马场，在农区厉行官督民牧，由太仆寺、苑马寺及行太仆寺分掌其事，统于兵部。后因草场日减、官吏乱职而未见成效。清代全盛期抑制内地民间养马，养马业日益衰落，只在察哈尔等地设若干马厂，政府设太仆寺、上驷院，分管口外马厂。清末军制改革，把持续2000余年的马政机构合并成军牧司，但上驷院仍保留到清代覆亡。民国成立后，先在陆军部设立军马司。1936年南京政府军政部军牧科扩编成马政司。中华人民共和国成立后，养马业由政府农业部门领导，中国人民解放军总后勤部也一度成立马政局，设机构分别主持军民马区的繁殖改良工作（如图5-19所示）。

图5-19 关于清代张家口大境门外西沟马市交易繁荣景象的图片介绍

注：作者摄于伊林驿站博物馆内

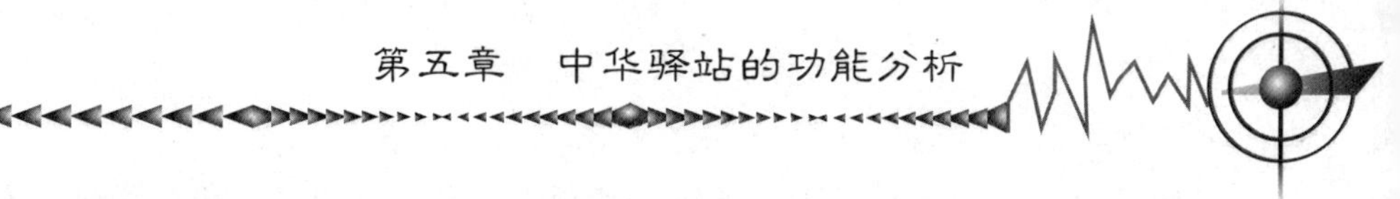

第十节 驿站造就经济与城市

交通是城市的骨架。今天的交通对于市镇的兴起和发展有着极为重大的意义。历代驿站的建置主要是由城市向四方伸延的交通通信线路，其对中央对周边地区的领导和城市之间的相互联系，以及集散物资、汇纳资讯和聚合人才等，都有重要意义。开辟了驿道、设置了驿站，就形成了一定消费规模，就需要有与之相配套的一系列商业活动，这是商业性市镇兴起的主要原因。先是开辟了驿道和设置了驿站，然后是围绕着驿道系统开始了一系列商业活动，商业活动达到一定规模就有了税收的必要和管理衙门，派驻了军队，甚至筑起了城墙，于是镇也就产生了。有些镇甚至还逐渐由商业活动中心向政治、经济、文化、军事中心发展，成为新生城市一级政权的所在地，由此带动起驿道沿线社会经济的发展。

中国历史上幅员空前辽阔的元朝，真如一般书籍中所说的“横跨欧亚”吗？它事实上的疆域到底有多大，各汗国究竟属不属于它的版图呢？众所周知，元朝是中国历史上疆域最为辽阔的时代。但是，史书中对其四至情况的说明，或者笼而统之，或者语焉不详。那么，元朝的疆域究竟有多大？其明确的四至范围究竟如何呢？

据《元史》说：“有天下者，汉、隋、唐、宋为盛。然幅员之广，远不及元。”然而当叙述元的疆域究竟有多大时，它只说：“北逾阴山，西极流沙，东尽辽左，南越海表东南所至不下汉唐，而西北则过之，有难以里数限者矣。”这里“北逾阴山”的叙述显然不能算是准确的说明，因为处在阴山以北的蒙古大漠历来是蒙古人的大本营，相距阴山少说也不下千里。再者“西极流沙”的“流沙”，从史料上也难以查出其准确地名，只好理解为西部的沙漠了。所以，《元史》只是用了“不下”“过之”“难以里数限者矣”来说明元朝是中国古代疆域最为辽阔的朝代，并没有明确界定其疆域的四至。

今天，许多人认为成吉思汗及其子孙率蒙古军队向西一直打到欧洲，元朝的疆域向西就应该划到欧洲。这种说法也不太准确。自 13 世纪初成吉思汗建立大蒙古国开始，成吉思汗及其子孙连续地进行了西征、东讨和南伐等大规模对外军事扩张活动。向西，先后进行了三次远征，一直打到欧洲的多瑙河流域；向东，进攻到朝鲜、日本；向南，征讨西夏、金、大理、南宋，一直到缅甸、印度支那和爪哇等地。经过半个多世纪的扩张，蒙古铁骑驰骋欧亚大陆，攻灭 40 多个国家，建立了世界历史上幅员空前辽阔的蒙古帝国。它的版图之大，包括了几乎整个亚洲和部分欧洲。但由于各地区、各民族的社会结构、经济文化水平不同，历史情况和风俗习惯也存在很大差异，始终未能形成和建立起一套系统的、中央集权的封建政治体制。

各汗国主要靠宗族关系来维持大汗的君主地位，实际上各汗国对大汗没有明确的臣属关系，各个汗国的独立性都很强。尤其是 1259 年蒙哥汗（蒙古帝国第四位大汗）死后，蒙古帝国名义上的统一也随之告终。到了 1260 年，忽必烈（元世祖）即汗位，1271 年定国号为元。它的权力仅限于东方。各汗国虽称元朝为“大汗之国”，但只在名义上尊元朝皇帝为大汗，他们已都独立地统治其领土，元朝皇帝（大汗）管辖不了那些地方。所以，事实上元朝疆域是不能包括各汗国的。

忽必烈为了加强对其统治区域的管理，推行了有名的行省制度：他首先设立中书省，作为最高行政机关，并直接管辖今河北、山西、内蒙古和山东等地，然后设立行中书省管辖各地，计有辽阳、岭北、陕西、甘肃、河南江北、四川、湖广、江西、江浙和云南十个行中书省。此外，元朝还在高丽国设"征东行省"，其所辖即今天的朝鲜半岛，但其行省丞相（最高军政长官）由高丽国王世袭担任，原有的政权机构和制度均不变，可以自己任命各级官吏，财赋不入中央，有相当独立的地位，和其他行省性质不同。除上述行省外，中央机构宣政院还管辖有吐蕃三道：吐蕃等处宣慰司（辖今青海、甘肃西南部和四川阿坝藏族羌族自治州等地），吐蕃等路宣慰司（辖今西藏昌都地区东部、四川甘孜藏族自治州和青海西南部）和乌思藏纳里速古鲁孙等三路宣慰司（辖今西藏自治区及其西北邻部分地区）。

元朝设立的岭北、辽阳两行省所管辖的范围十分广大，大大超过了从前，这两个行省治所分别在和林（今蒙古国前杭爱省哈拉和林附近）和辽阳（今辽宁辽阳），两个行省管辖着东到太平洋、北到北冰洋、西至叶尼塞河、南到内蒙古的广大地区。

元朝的疆域，不能想当然地认为，它西起东欧的波兰，北到北冰洋，南到印度尼西亚，是一个横跨欧亚的帝国。事实是，自1271年，忽必烈正式定国号为"大元"时，其真正统治的地区就是十一个行省和宣政院的管辖范围。《元史》盛赞元朝为中国历史疆域最为辽阔的朝代，但就其东西南三个方向来看，与汉、唐王朝相比，并没有显著地扩大，真正扩大的主要是在西南地区和北方地区，特别值得注意的是元朝疆域在北方两行省统治区域的巨大扩展。元朝的确是中国历史上疆域最为辽阔的朝代，但究竟有多么辽阔呢？较明确的应该是：东起大海，西至新疆，南到南海，北达北冰洋，西南至西藏、云南，是一个地域空前辽阔的帝国。

相关链接：辽宁驿站之路

辽宁地区出现文字记载的驿站是在唐朝。宋代人著的《五经总要》中曾提到过唐代营州道上所设的驿站："因受（今朝阳市）东百八十里，九递至燕郡城（今义县），自燕郡城东行，经汝罗守捉（今北镇），渡辽河十七驿至安东都护府（今辽阳市）约五百里。"这里所说的九递十七驿虽无具体站名，但可以知道唐代驿站的设置已经达到了辽东。到了辽代，中京大定府至东京辽阳府之间设置了驿站，有十四处驿馆。到金代时，则在上京会宁府至燕京之间，沿辽西傍海道设置了驿站。为了适应军事需要，加强通信联络，金效仿宋王朝在辽宁地区建有递铺。递铺一般建在有驻军的主要交通线附近，好像一个方形小堡，四角插着黑旗。铺与铺之间的距离一般在十里左右，每部有四人，管理非常严密，具有军事性质。这时的递铺和驿站归朝廷统属兵部领导。驿站按照朝廷所规定的标准供应给过往官员的食宿和车马。

到了元王朝，由于疆域辽阔，发展交通，强化了驿站制度，这也成为它巩固政权的重要手段，这时驿站也叫"站赤"，实际"站赤"是蒙古语驿站的译音。到了明代除开通沈阳至旅顺的驿站外，在其他干线道路上均设置了驿站。这与元代只在两条大干线上设驿站是不同的。在明代还设立了递运所，这些独立于驿站，专门从事货物运输的组织，其主要任务是预付国家的军需、贡赋和赏赐之物，由各地卫所管理。递运所开始设于洪武元年（公元 1368 年），它的设置，是明代运输的一大进步，使货物运输有了专门的组织。明代陆路运输，基本上是采取定点和接力的方法。因此，递运所除担负驻地指定运输路线的任务外，还要做好海、河运输的集散工作。

明末崇祯帝曾在大臣建议下废除驿站，导致大量驿站工作人员失业，成为流民。崇祯此举，也算是自掘坟墓。清顺治帝入关后，建都于北京，称原来的都城盛京为留都。盛京在全国仍然具有十分特殊的地位。盛京驿站也与其他省不同，驿站分驿、站、铺三部分。驿站是官府接待宾客和安排官府物资的运输组织。站是传递重要文书和军事情报的组织，为军事系统所专用。铺由地方厅、州、县政府领导，负责公文、信函的传递。盛京驿站基本上是沿袭明代驿站设置，不受行政区划的限制，而是根据交通状况而定。铺递用以传递公文。凡州县往来公文，都由铺递传送。盛京的铺递遍布全区。

相关链接：绥远城与茶叶之路

许多人知道建绥远城（今呼和浩特新城）与清朝的军事政治有关，但很少有人知道建设绥远城与茶叶之路也有着直接的重要关系。在人们印象中，大多数人只知道丝绸之路曾经是唐汉时期中西方经济文化交流的国际大通道，却不知道从 18 世纪中叶到 20 世纪初，从我国中原到北方有一条纵深通向蒙古高原和西伯利亚腹地乃至莫斯科、圣彼得堡的驼道——茶叶之路。

中国是茶叶的原产国，到 17 世纪，中国的砖茶在俄国乃至欧洲已有稳定而庞大的消费群体。当年，中国商人从南方（武汉、福建等地）采购茶叶汇集到归化（今呼和浩特），然后以骆驼为运输工具，途径乌兰巴托、恰克图和科布多，到达终点俄罗斯贝加尔湖一带乃至圣彼得堡，通过这些城镇向西经土耳其等国进入欧洲。这条茶叶之路从 1688 年正式成为一条国际大商道，距今 320 余年。这条国际商道，横跨亚欧大陆，绵延万里，是一条集商贸、文化、政治、民族、宗教和民俗等多学科共生的商道，也是一条昭示未来国际商贸的亚欧大通道，在历史上曾发挥了巨大的国际贸易作用。

雍正以前，噶尔丹部多次南下侵扰，西北地区遭受外侵，旅蒙商和当地处于战乱之中，茶叶之路时断时续，旅蒙商贸易受创。为此，清政府几次出兵征战，甚至康熙皇帝亲自率军出征，西征噶尔丹部。雍正末年，噶尔丹部在额尔德尼战役中大败，向清政府求和。在此背景下，清政府为镇守边疆，巩固其在西北的统治，也为茶叶之路的畅通，使旅蒙商不受外乱欺凌，朝廷上下开始酝酿在西北的归化和鄂尔昆（今属蒙古国）建军事驻防城。

《呼和浩特新城区志》载："兴建绥远城除了军事和政治上的目的外，还有经济方面的原因。雍正五年（1727 年），中俄签订《恰克图条约》，确定两国商人可以在恰克图进行边境贸易，加之国内旅蒙商的开拓，就逐渐形成了以张家口和归化城为集散地，再经戈壁大沙漠到库伦（乌兰巴托），直至恰克图的陆上国际商路。这是我国古代丝绸之路衰落之后，在清初兴起的一条国际商路，这条国际商路对中国内地、蒙古和俄罗斯经济、文化的交流、发展都起到了积极作用。清朝政府为保证这条商路（也叫茶叶之路）畅通无阻，保证旅蒙商人组织的车帮和骆驼队的安全，也急需建一座驻防新城。”

筑城地址选在归化城这个茶叶之路集散地东北5华里处，这里的地形被视为“阴山为屏，黑水为带，东控北平，西连甘（肃）新（疆），南为山西门户，北扼蒙古之咽喉之四冲要域”。在上述背景下，清朝总理事务王大臣等，于雍正十三年十二月二十一日向乾隆皇帝上奏：大兵既撤，归化城地广土肥，驻兵可保证蒙古等，调运也方便，调运右卫兵四千，热河马枪兵一千，携家驻归化城。归化城设将军一员总理，副都二员协理，所留右卫兵一千名，以副都统一员领之，仍隶归化城将军管辖，筑成垦田，相视形式。……确议具奏。……从之。这一史实说明，最初提出建城，是总理王大臣等，而即在雍正十三年十二月刚继位的乾隆皇帝决意在归化新建城，以此为基地，日后进出噶尔丹部，内防外出方便，攻守自如。也说明建绥远城始于雍正十三年十二月二十一日为正式批准之日。

经两年的筹备，绥远城于乾隆二年二月正式开工兴建，《敕建绥远城碑》有记载。碑文是兵部尚书通智撰稿。接替通智主持筑城事务的副都统瞻岱向朝廷正式报告，选定了乾隆二月初七，即公元1737年3月7日破土动工兴建绥远城，于乾隆四年六月建筑完工，历时两年零四个月。

秦汉时期与“县”同级的行政区划，在少数民族地区称作“道”。这是因为中央政府在这一地区，真正实行控制的主要是道路，著名中国历史地理学者严耕望（1916—1996）形容“主要行政措施惟道路之维持与控制，以利政令之推行，物资之集散，祈渐达成民族文化之融合耳”。这是政府以交通机构为地名的实例。这些“道”，后来都不仅作为地方行政中心，也发展成地方经济文化中心。

邮驿设置本身也往往随着历史的演进，成为城镇形成的基础。地名所见“驿”“亭”“铺”“站”等，往往都是古代邮驿的遗存。现代地名常见称为“驿”“亭”“铺”“站”者，许多早已成为重要城镇。《中华人民共和国分省地图集》所见现今城镇地名，称某某驿者超过30处，称某某铺、某某站者，更不胜枚举。像驻马店、龙泉驿、高邮市等即得名于驿站，从驿亭的基础上发展起来。苏州“望亭”还有乾隆手迹，就是用“望亭”作为字号注册并开发建设了苏州望亭物流园区。内蒙古自治区乌兰察布用最早来源于“元属中书省‘集宁’路”作为字号注册、规划开发建设了大型物流园区并称之为“集宁现代物流园区”，设置了县处级编制的集宁现代物流园区管理委员会。

第十一节　其他功能

驿站历史上下跨越几千年，历经各朝各代完善补充，其功能也是走向复合化和多元化。承担多种功能，从今天物流理论角度而言，也是有效减低边际成本，充分利用网络的合理化解释。其他的功能如下：

（1）宗教功能。驿站的广泛设立，往往设置在东西方交流必经之道上，同时兼备使臣接待等功能，其中商人与教士、僧侣沿陆路东来西往，造就了驿站重要的宗教传播功能，呈现出多宗教并存的奇特人文景象。以我国保存较为完整的河北怀来县鸡鸣驿为例，驿站之内即有8座寺庙即永宁寺、龙神庙、白衣观音庙、财神庙、关帝庙、普渡寺、泰山行宫和城隍庙。其中永宁寺是驿城中最早的建筑，距今已800多年。驿城中寺庙内明清时期遗留下的壁画至今色彩依旧，人物栩栩如生。从寺庙的规模和布局可以看出当时驿站多教共存的社会状况，也反映了驿站在宗教传播中的重要作用。

（2）边疆开发和维护的功能。边疆地区的开发中，驿传所发挥的作用也极为显著。边陲地区的经济要想取得较快发展，离不开交通条件的改善。朝廷出资建设驿站和驿道，东北、北方、西北、西南等边疆地区的交通普遍有了较大改善，形成了以驿路为干线的交通网络。驿路交通的畅达，有力地促进了边疆地区与内地的经济交流，促进了双方贸易的发展及经济的繁荣，同时驿路作为边疆与内地经济交流的主要通道，对于沿线城市、市镇的兴起也起到了较大促进作用。不仅如此，驿传系统的设立还为边疆地区带去了大批移民，他们中既有被佥发应役的驿站、递运所、急递铺的当差人员，也有随驿路的开辟而进入边疆地区的汉族移民。这些人定居边疆，屯田自给，也为边疆地区的开发作出了一定贡献。文化方面，驿传制度不仅加强了内地与边疆的联系，有利于国防，也对汉族与边疆各族以及外国的经济文化交流起了积极作用。

（3）驿站具有物资调集、物价调节的功能。汉代进一步改善了驿传组织，专门从事运输的行业也发展起来。汉武帝时曾试行“均输”“平准”方法调剂余缺、平衡物价，后来唐、宋王朝也延其法采取“和籴”“常平”之法通过运输平抑物价、互通有无。基于驿站系统建立的常平仓制度，设有专门的会计簿册，详细记录仓储谷物数量、品种、出入、经手人、核验等，成为古代中国主要仓储制度。这些古代利用驿站系统仓储和调配物资制度，在现代物流体系中仍在体现。

（4）驿站的金融功能。中国古代的金融机构有当铺、钱铺、钱庄、银号、票号、账局等，这些机构都与驿站呈相生相伴的关系。当时还有一种叫“飞钱”的办法，就是各地商人把在长安贩卖货物所得的钱，存入各地方政府驻长安的办事机构，然后再凭收据到各地方官府如数取回，这也就是今天汇兑业务的萌芽。当今物流园区作为金融功能，也是可以在古代驿站身上找到踪影。

元朝纸钞。20世纪80年代在内蒙古呼和浩特辽白塔的一次修缮活动中，工匠们意外地发现了几张用桑麻制作的“中统宝钞”，它们静静地躺在白塔的洞壁夹层中已达700多年之久。

元朝沿袭宋、金印钞法，是中国古代纸币制度最盛行时期。元廷统一发行纸币（统称“钞”），不限年月，全国通行。元代大部分时期，不铸造铜钱并禁止使用前代铜钱，除少数地区外，“钞”是唯一通用的法定货币。

中国纸币渊源于唐代的“飞钱”，始创于北宋四川民间发行的“交子”，北宋末改称“钱引”。南宋时，除四川钱引（后改称“会子”）外，又发行了东南会子、湖北会子、两

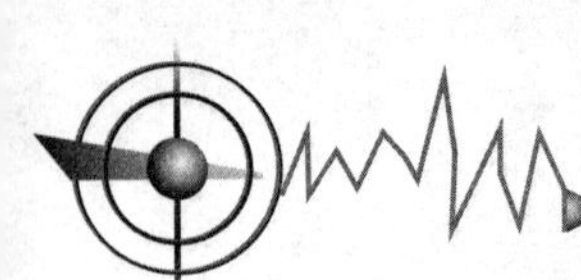

淮交子等。宋、金纸币均以贯、文为单位，自二百文至十贯十余种。

蒙元初无货币，在驿站及周围则是以羊马牛及其他畜产品进行物物交换。征服西域及欧洲后，获得大量金银，遂主要以银作为价值尺度和交换媒介。成吉思汗末年（1227年），博州（今山东聊城）地方长官何实遂以丝为本发行会子（丝会）在本境使用，后经窝阔台、蒙哥、忽必烈推广并发扬光大。忽必烈在京兆（今西安）分地之初，即于京兆立交钞提管司，“印钞以佐使用”（《元史·世祖本纪一》）。

中统元年（1260年）七月，统一印造通行交钞，以丝为本，规定银50两易丝钞1000两。同年十月，改印发行中统元宝交钞（简称中统钞），以银为本，面额分10文、20文、30文、50文、100文、200文、300文、500文、一贯文和二贯文十等。中统钞由燕京（今北京）行省主持制造、发行。中统钞发行的初期十余年间，印造数有严格限制，每年常在8万锭（一锭合银50两），多不过10万锭，少到2万锭。至元十一年（1274年）印数开始增加，二十三年（1286年）已增至218万余锭。至元二十三年改行至元钞法，至元钞购买力相当于同样面值中统钞的五倍。

元朝是世界上第一个在全国范围统一强制流通纸钞的国家，这是商品经济发展的一个标志。交钞传到西方以后，发挥了先导作用，在世界货币发展史上具有开创意义。

元代在驿站使用交钞，还在国际间使用，汪大渊曾随船出海，归来写《岛夷志略》，记载在交趾（越南北部）、罗斛（泰国南部）等地，用交钞交易，元朝政府都给予大力的支持。用现代人的眼光来看，蒙元在国际贸易、国际物流、国际结算使用交钞和阿拉伯数字，并使之传播到世界，已经具备了现代国际贸易、国际物流体系的特征（如图5-20所示）。

图5-20　伊林驿站博物馆馆藏的古驿站印鉴

注：作者摄于伊林驿站

相关链接：安徽黟县西递驿

西递位于皖南徽州黟县（安徽省黄山市黟县）城东8千米处，始建于北宋皇祐年间，距今已有近千年的历史。黟县原属古徽州，西递地处徽州府西部，原名西川，因宋代设驿站“铺递所”而得名。

西递的明清古建筑群是我国徽派建筑艺术的典型代表，至今仍完好保存着124幢明清邸宅，大多为三间与四合格局的砖木结构楼房，马头墙、小青瓦，且“布局之工，结构之巧装饰之美，营造之精，文化内涵之深”，都是国内罕见，被游客、学者誉为“世界上最美的村庄”“古民居建筑的宝库”。西递有着陶渊明在《桃花源记》中塑造的“世外桃源”的生态环境和风情，该村落素有“桃花源里人家”之美誉。

西递以其悠久灿烂的传统文化、精湛超群的徽派明清民居、朴实纯美的民俗风情，以及高超精巧的徽派木雕、砖雕、石雕，闻名于全国。最有特色的民宅有大夫第、膺福堂、惇仁堂、西园、瑞玉庭等。“胡文光牌坊”又称“西递牌楼”，是明代徽派石坊的代表作，是西递的标志。西递村人杰地灵，培养出了明代荆藩首相胡文光、清代二品官胡尚赠、巨富豪商胡贯三等一批国家栋梁之才和儒商。西递被专家、学者称誉为“中国传统文化的缩影”“中国明清民居博物馆”。

第六章　中华驿站的类别和运作模式

第一节　中华驿站的类别

在古代，“驿站”的称谓随着朝代更迭和核心职能的不同而变化。比如，在西周有“委”“传”的称谓；在汉代有“邮”“驿”“亭”的叫法；在唐朝称为“置”“馆”；元代则叫做“站赤”，汉语即是“驿站”的意思；明朝有了“堡”；清朝的称谓更多，有“驿”“站”“塘”“台”“所”和“铺”等。

不同的称谓，也意味所担负职责的不同。总的来说，古代对“驿站”的不同称谓，有两种区分方法，一是传递所使用工具的不同，比如以车传送称作“传”，步递称作“邮”，马递则称作“驿”；二是中途休息点和中转站，根据不同职责可以细分，比如为驿传设置的中途停驻之站称作“置”，为邮递设置的中途停驻之站称作“亭”，具有军事功能的称为“堡”，专职负责传递重要文书和军事情报的称为“站”。

不同的朝代，设置的“驿站”功能、职责和主管单位存在着差异，因此对古代“驿站”的划分，不能以年代做区分。本文以着重研究中国古代物流系统对现代物流园发展的影响为思路进行。因此，采用按照交通方式、设置机构和主要职能三种方式进行划分。

一、按照交通方式分类

驿站划分为陆驿（又分步递和马递）、水驿和水陆驿 3 种。

陆驿，最为常见为递铺和马驿，一般 60 里或 80 里置一驿，每驿备有马 30 或 80 匹不等，小站则至少有 5 到 10 匹马。“常事入递，重事给驿”，即平常的文书交给步行的递铺，重要和紧急的文书才交给马驿办理。

水驿，也称河驿，是以船为主要交通工具的驿站，其转递手段为“代马船”，走的主要是运河，与漕运系统有相重合的部分。水驿是自六朝以来得到显著发展的邮驿形式。长期以来，水路驿传一直是陆路驿传的重要补充。

在隋唐以后中国经济文化重心东移，江南水乡更显重要，水驿的作用更为突出。据《唐六典》载，唐朝开元、天宝时“钱塘江已有水驿之役”。越州至杭州设浙江渡，有驿船。唐朝杜甫《解闷十二首》有“商胡离别下扬州，忆上西陵古驿楼”的诗句。

古代水陆驿站。江苏高邮市盂城驿作为现存较为完整的古代水陆驿站遗址，这是已经出现了的多种运输方式联运的雏形。盂城驿濒临京杭大运河，是漕运通道的重要节点，古代的盂城驿就担负着南北漕运任务，运送粮食、运送食盐，同时又是陆运的重要枢纽。据记载，驿站拥有驿马 65 匹，驿船 18 条；马夫、水夫 200 多人。盂城驿正是此类水陆驿站兼备的典型代表。

二、按照设置机构分类

驿站划分为军驿、官驿和私驿三种。

军驿，驿站系统建立最初的目的是服务于军事，驿站系统的重要源头之一就是烽火报警的军事情报传递系统，历代出于国家安全考虑，设立专门服务于军队的驿站，从事军情传递、后勤补给、军粮督运和设卡盘查等辅助性工作。

官驿，负责行政文书的传递和使臣接待等事务，驿站是收发官府公文的主要机构，将各省送递题本校阅后送内阁负责应送、应交、应转和应办事项。

私驿，驿站是传递政府公文的机构，驿站系统不对外开放，很长时期禁止寄送私信。

宋朝时期允许臣僚把他们的家信交驿附递，但是开放范围有限。私驿的出现，一是某些大户人家传递书信；二是某些商家传递票据，供私用的车马休息补给之用，不以赢利为目的。

民间通信组织的形成，大约始于唐朝。当时主要由于社会经济的发展，特别是经商贸易的需要。首先在长安与洛阳之间，有了为民间商人服务的“驿驴”。

到了明清交接之际，出现了以赢利为目的的民信局作为驿站系统的补充，民信局是由私人经营的营利机构，业务包括寄递信件、物品、经办汇兑。

到了清同治、咸丰、光绪年间，全国大小民信局达数千家。这些较大的民信局在商业中心上海设总店，各地设分店和代办店，各民信局之间还联营协作，构成了民间通信网。

三、按照等级划分

驿站可以分为中央驿站、水陆驿站和等级较低的铺站、腰站等。

古代驿站是一个综合性机构，严格的等级划分和职责，一些大型驿站还集中了诸如现代海关、道班、政府招待所和邮电所等多种功能，一些小型驿站只有三五驿卒，几匹瘦马。

以唐代为例，唐代最大的驿站称“都亭驿”，只有西京长安和东都洛阳才设置，每驿配驿夫 25 人，服务水平最高，专门接待外宾，类似“大使馆”。类似的还有明朝的邮驿机构是在京师设立会同馆。

其他邮路上的驿站，规模和设施都比不上都亭驿，一共分为六级：一等驿站配驿夫 20 人；二等驿站配 15 人；三等以下递减；六等驿站仅有驿夫 2 人。水驿分为三级：业务量大的配驿夫 12 人，为第一级；第二级配 9 人；第三级配 6 人。

第二节 中华驿站的职能分区

由于驿站军事和行政背景，除了一些大型驿站外多数为临时性建筑。加之朝代更迭和我国多年对驿站的历史价值认识不足，驿站的保护普遍不好，现有的驿站遗迹及图纸保留下来的极少。

从史料和为数不多的遗址遗迹看，我国很早就已经对驿站开始职能分区。一个典型完整驿站，主要职能分区包括管理区、接待区、仓储区、车马区、住宿生活区和商贸区等。

(1) 管理区设置驿丞署、把总署，负责整个驿站的管理。按明清之制，各州县设有驿站之地，均设驿丞，驿丞为驿站的最高行政长官。掌管驿站中仪仗、车马、迎送之事，不入品。驿丞署周边设有府邸和驿卒、驿吏起居场所。

(2) 接待区承担迎宾送客的功能。典型的驿站中都设置有厅堂，也就是接待区。盂城驿中设有正厅、后厅各 5 间，根据接待级别开放，其中级别最高的是皇华厅，有厅三间、差房三间。

(3) 仓储职能区主要在于货物的暂时存放和配载。小型驿站配备仓房，大型驿站兼备物资仓储和调配。

(4) 车马区服务于车辆的维护和马匹的休整。如今古驿站的重要遗存多为马槽、拴马桩、轱辘井等，可以说是驿站的重要标志之一。

(5) 商贸生活服务区服务于当地经济需求。据记载河北鸡鸣驿站，该驿站盛时仅当铺就有 6 家之多，同时还有商号 9 家，设摊流动小商，油铺 4 家及众多的茶馆、车马店等。可见商贸生活区具备相当的活力、规模和占有面积。

我们可以看到，驿站从简单的邮递业务，到多样的职能分区，这为现代化物流园区的发展提供了诸多借鉴。在职能核心化方面，驿站的核心职能，是提供给来往官吏、驿使等舒适的休息场所和充足的给养，成为驿使的中转站、补给站，同时保障经过人员、货物的安全，使古代的信息、物流得以畅通。而现代化物流园区的核心职能，则是在提供充足的仓储库房、先进的装卸工具、现代化的信息管理手段等多种方式，满足客户对区域半径内货物配送的准确、及时和节省等多方面需求。

因此来说，无论是古代驿站，还是现代物流园区，满足各自“客户”的根本需求，是其得以存在和发展的基础。驿站从最初的新生事物，日益蓬勃，到最后不合时宜被更有生命力的事物所取代，已经走过了从诞生、发展、巅峰，到没落的一个完整周期。这对在我国处于刚刚起步阶段的现代物流园来说，有着很好的借鉴和参考意义。

第三节 中华驿站的配备设施

处于成熟期的驿站，在古代已经具备多项业务职能。除了最基本的传递政令军情、接待来往使臣官吏外，还要负责军队调动、物资运输和为民间客商提供休息、食宿等工作。

地理位置比较重要的大型驿站，已经成为当时重要的物流、信息等的中转枢纽，是名副其实的复合型驿站。这样的驿站，其设备配备已经十分完善，与现代化物流园区相比毫不逊色，其配置可以大致归纳如下（如图 6-1 所示）。

图 6-1　内蒙古二连浩特伊林驿站文化博物馆外景

（1）驿道。驿道是中国古代陆地交通主通道，相当于现在的高速公路，是连接各个驿站的干道，通常较为宽敞平坦，是主要用于转输军用粮草物资、传递军令军情的通道。

（2）鼓楼。驿站承担着军情快递的任务，很长一段时间内属于军方管辖，是军事化管理的机构。鼓楼往往兼备瞭望、警戒、传声等功能，是驿站常见的配置。这项职能在古代是十分重要的，它是维护国家安全的第一条警戒线。当然现代物流园不会再出现这项职能，但是其维护服务区内货物安全的职责还在。因此，现代物流园内防火、防盗等各项职能必须完善。

（3）城墙。驿站承担着边疆卫戍之责，多数修建有城墙或者围墙，某些驿站到达一定规模后可称之为驿城。河北鸡鸣驿站其特殊的战略位置使之独驿成城，全城周长 2330 米，墙高 12 米，蔚为壮观。

（4）管理机关。驿站有专门的驿丞及辅助人员，还有驿卒、驿吏的管理。大型驿站还管理户数不等的驿丁和驿户，负责开垦田地和饲养马匹等。

（5）仓库。驿站通常备用库房，自备物资的储存和传递货物时的暂时存放。现代物流园已经将这方面的职能升级成现代化仓储配送中心。

（6）马厮。马是驿站的交通工具，马厮是驿站的标准配置之一。这相当于现代物流园中，入驻物流企业的车辆配备。本次考察多个驿站遗址时，能够为我们所认知的是残留城墙遗址以及当年的古井、饮马石槽、碾子、磨盘、栓马桩、轱轳井等，这些正是驿站遗址的标志性代表（如图 6-2 所示）。

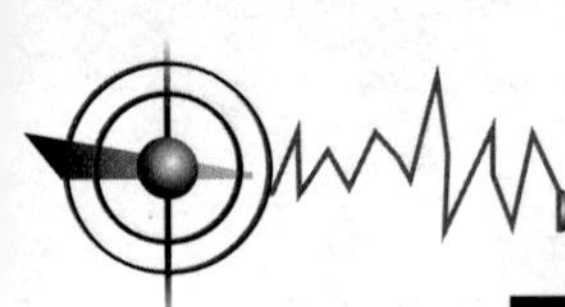

图 6-2　伊林驿站博物馆馆藏的古代商队车马工具遗物

（7）电站。晚清时期，电的应用已经开始走向普及化，驿站往往地处偏远，不能够纳入电网时，一些大型驿站配备有电站，并有与之配套的电报、电话等。这相当于现代物流园区的信息化管理中心，也是未来现代物流园发展的重点。

（8）旅舍。接待官员和宾客是驿站的一项日常重要工作。旅舍为代表性的供过往人员休息、暂住的场所，是驿站的标准配置之一。另外，服务于过往客商的民营旅舍也往往依附驿站展开经营。这相当于现代物流园区的商务中心、宾馆酒店和司机之家，也是未来现代物流园发展的配套设施。

（9）金融机构。古时并无银行称谓，但是古代驿站往往就是重要的商道，驿站也往往发展成为重要的交易中心，当铺、钱铺、钱庄、银号、票号和账局等这些具备早期金融机构概念的机构，能够为来往客商提供金融服务。这相当于现代物流园区的金融服务中心和结算中心，也是未来现代物流园发展重点。

（10）庙宇。出门在外、千里疾驰，驿卒将对安全的担忧寄托在宗教信仰上，马神庙是驿站文化中有特色的庙宇，是驿站系统孕育出的一种宗教图腾。大型驿站配置马神庙，是祈求人马平安的祭祀场所，相传农历 6 月 23 日是马神的生日，驿丞定要前来焚香敬拜，祈求平安。

第四节　中华驿站的业务流程

驿站的业务内容十分繁杂，如果使驿站能够实现有序进行，就需要严格的制度化管理。在古代驿站系统内，除非“八百里加急”快递，传递基本上是运力接力的工作，因此在划分责任方面，邮驿系统已经做得极其细致。比如，差头或差役传送公文时，都必须携带着粘连在公文上的“排单”，相当于现在的快递、物流公司送货单据。这种“排单”类似现代流水作业单，记载了时间、经手人员、所办事项等细节内容。并且，当时已经开始严格执行，以邮传人员个人专责制为中心的滚动责任制度，丝毫不得有误，违者将追究责任。

我国历史上第一部专门的邮驿法律叫《邮驿令》，是三国时期曹魏政权制定颁布的。这部律令记载了驿站业务，明确驿站内部职责，并对赏罚、升级裁撤等制订了相应规定。《邮驿令》是政府内部行政法律，相当于现在《行政许可法》的类别，与行业规范性质明显的《快递服务》等法规有很大差别。

传递公文信件是邮驿系统的重要任务之一，最重要的是保证传递公文信件的速度，并且要做好文件的安保工作。假如公文是“边关急速公事”，就需要“用匣子封锁”保密，并且按照相关规定签写“排单”，在“排单”上面题写某处文字和发遣时刻，以便核查其送递速度。

传递上面写着“急”字的文书，就相当于现在的快递“急件”，驿吏拿到后必须立即传递，采用更换马匹和人员的方式进行接力传递。非紧急信件，使用驿站时按官职高低、任务轻重和时间缓迫分为不同等级。虽非紧急信件可以实现配载以合理安排运力，但也必须当天送出，不允许搁压，如果有出现信件遗漏的，会受到一定处罚。

驿站内部的流程不但快速，而且细致严谨。作为骑马送信的驿吏沿途不得任意滞留驿馆，递转文书送到中转站后，铺司（古时驿站的主管人员）随即认真登记，并且命值班铺兵（古时巡逻及递送公文的兵卒），将公文用软绢包袱包裹，再用油绢卷缚，夹板束紧，“赍小回历一本，作急走递”，赶快传递到下一铺；接收文件的铺司收到文件后，在回历上验明到铺时刻和档件数目，以及检查文件有否开拆、摩擦损坏，或乱行批写字样等情形；铺司作附记并签字后，铺兵可以返回原站。

明朝是我国封建社会的繁荣和鼎盛时期，当时的驿站网络已经十分发达。不但加强了物流职能，还建立了水马驿、递运所和急递铺三个系统。三个系统的职能各异，比如水马驿负责“递送使客，飞报军情”；递运所则专管运送军需物资；急递铺类似今日之速递网络。不同的网络系统也对应不同时间要求的物流任务，是提高效率的重要举措之一。时至今日现代物流企业也在实践着多系统运行的思路。

古代驿站在保证速度的情况下，确立了类似今日流水作业的规范流程，合理安排运力，明确参与人员责任和义务，建立有效的监管和回馈机制，并且实现了通过分拆，优化重组物流网络系统，从古人对驿站系统流程的优化研究中我们能够获得诸多朴素实用乃至今天仍适用的物流智慧。

第七章　中华驿站的运作保障机制

物流始终伴随着人类的历史由古至今，当我们谈到古代的物流不免要提及驿站。驿站功能逐步有所扩展，最后被新生事物取代。对比古代驿站与现代物流园区的区别和联系，我们首先需要了解是其背后的运作保障机制。

驿站是古代邮驿系统内重要的组成元素，也是封建社会帝王们的耳目口舌。邮驿系统既得到了王朝统治阶级的重视，又受到来自统治阶级的严格控制。因此，驿站的兴衰与封建社会的繁荣与否息息相关。

可以说，在背后支撑邮驿系统运作的保障，就是封建王朝的统治。其根源就是封建社会制度体制。沈阳市从其历史发展来看，就是由古代驿站起家，逐步进化到当代这样一个大都市。我们不能忘记千余年的历史，在我们的身里身外到处有着古人的印记，要善于发现和挖掘古代的优秀遗产，传承文明、扬长避短，为弘扬优良历史，开拓新世纪，多下苦工夫，赢得社会新的进步。

第一节　驿站体制与管理机构

所谓“体制”，其实质就是一种组织制度。

从管理学角度来说，指的是国家机关、企事业单位的机构设置和管理权限划分及其相应关系的制度，指的是有关组织形式的制度，限于上下之间有层级关系的国家机关、企事业单位。比如：学校体制、领导体制、政治体制等。

而从历史唯物主义角度上来说，体制是联系社会有机体三大子系统——生产力、生产关系和上层建筑之间的结合点，是三者之间发生相互联系、发生作用的桥梁和纽带（如图7－1所示）。

因此，了解古代的驿站体制，即是要了解当时邮驿管理的组织架构。从史料和一些相关研究中可以发现，虽然商朝已有专门传递信息的信使，但真正出现有组织架构的邮驿系统，是西周时期。西周政府建立了一套自上而下完整的邮驿通信职官系统，在天官冢宰的统一领导下，由秋官司寇负责日常的通信，夏官司马负责紧急文书，地官司徒负责沿途馆驿供应和交通凭证以及道路管理。负责日常通信事务的司寇下还有一系列专门人员，有大行人、小行人、行夫等。其中行夫是管理来往信件、信使的具体执行官。

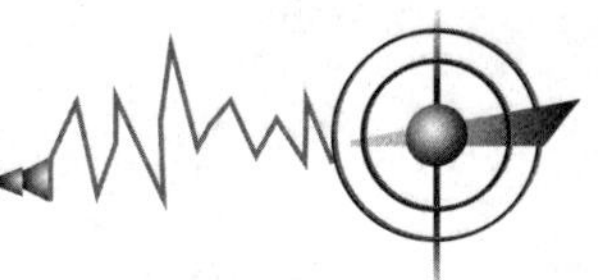

图 7－1　木制车轮的发明给古代运输带来了大变革

注：伊林驿站博物馆斯望馆长赠送作者的木制车轮实物拍摄

两汉时期，当时的统治者十分重视邮驿系统的建设。因此，在中央部一级的九卿官职中，有许多是和邮驿制度直接关联的。少府中的尚书令和符节令，便是专管政府公文收发和符节的分发和管理。大鸿胪，兼管邮使的接待。御史大夫也兼管邮传，对邮传使者的凭证进行监察。和邮传关系最直接的是九卿中的卫尉，他的属下有一官员叫“公车司马令”，负责接待由传车征召来上书的民间贤士，所以又叫“公车上书”。三公中的太尉、府中的法曹也主管邮驿，负责邮驿规章制度的制订和一般管理。

除了中央有邮驿管理的职位，地方邮驿管理也比之前更加正规。地方的邮驿管理分州、郡、县三级，在郡太守府里最受重视的一个官吏便是“督邮”。他不仅主管邮书，还兼管督察长吏，是个实权官吏。

魏晋时期的邮驿管理制度继承自两汉，法曹是邮驿的主管机构。两晋时，法曹的官吏还利用邮驿宣布新法律。《晋书·刑法志》记载，西晋时主管法曹的官吏张华，曾表抄新律死罪条目，张贴在各地邮亭以示百姓。

隋唐时期的邮驿制度更加完善，我们可以通过《唐会要》和《大唐六典》关于邮驿的律令，了解到唐王朝时期存在着一个相当完备的邮驿系统。

唐朝时期，在中央和地方都设有专职的邮驿官吏。按照《唐六典》的记载，唐朝政府规定，六部中的兵部下设的驾部郎中，专管国家的驾舆和驿传之事。驾部郎中同时也管马政，这样可以方便于邮驿中马匹的统一使用。在地方，唐朝有一整套邮驿管理机构。诸道节度使下，有专管邮驿的馆驿巡官四名；各州，则由州兵曹司兵参军分掌邮驿；到县一层，则县令兼管驿事；至于县以下的乡一层，《通典》记载，唐玄宗以前，主理驿务的称为驿将，本不固定，由当地“富强之家主之”，到唐肃宗以后，改由政府任命驿长主管。这一套十分完备的邮政机构，管理着全国两万多名邮官、驿丁和总计约五万里驿程的邮路。除此而外，唐政府还制订了定期对全国邮驿的考核制度（如图 7 - 2 所示）。

图 7 - 2　作者一行前去伊林驿站博物馆途中休息驻扎地的蒙古包

除了完整的邮驿系统外，唐朝还出现了“进奏院”，这是唐朝中期正式建立起来的新型情报机构。“进奏院”是一种地方驻守在中央的了解情况的联络机构，这名称表面上好像是地方及时向中央“进奏”本地情况的机构，但实际上主要任务是收集中央和其他各地的情报，颇为类似现在的驻京办事处。到唐朝后期，这种“进奏院”在长安多至 50 多个。

有关历史研究表明，当时进奏院的官员级别较高。最高时，他们的职位相当于中央的御史大夫，即副宰相的级别。他们自有一套通信系统，但主要还是利用官驿设备。这一机构定期把中央或首都发生的一些政界、军界大事，包括官员的任免、军事快报和皇帝行踪等，向本地区的首脑人员汇报，这些首脑人物在当时具体来说主要是节度使。

到了宋朝，封建中央集权制度又上了一个新台阶。宋朝统治者吸取唐朝节度使割据的历史教训，严格控制国家军事力量，由军事防范由对外向对内发展。因此，就连当时的邮驿也趋向军事化，各种制度具有浓厚的军事色彩。

宋朝在邮驿的组织结构上，一方面，中央机构由兵部来管理邮驿事务，具体掌控邮驿的规约条令、人事调配和递马配备等。同时枢密院也是管理邮驿的重要机构，它的管理范围是驿马的发放、颁布驿递的凭信符牌等。这两个机构互相制约，不得擅自专权；另一方面，北宋实行以兵卒代替百姓为邮递人员的办法，把传递书信的机构完全按军事编制。这一变化的背景是由于宋朝时候民族斗争和阶级斗争的尖锐，严峻的形势迫使宋朝政府不得不把军事通信内容保密视为头等大事。

南宋灭亡之后，元世祖忽必烈统一华夏，并开始在更广阔的国土上建立起等级森严的“站赤”制度。站赤制度，是一种系统而严密的驿传制度。所谓“站赤”，是蒙古语“驿传”的译音。广义地说，应包括驿站的管理条例、驿官职责、驿站设备以及对站户的赋税征收制度等。元世祖忽必烈时，曾制定了一份《站赤条例》，这是当时有关驿传的基本管理条令。基本内容有10多项，诸如驿站组织领导、马匹的管理、驿站的饮食供应、验收马匹和约束站官、检验符牌、管理牧地、监督使臣和按时提调，等等。元朝时各驿站设有驿令和提领导驿官，他们的职责是：如数供应良马，检验驿使凭证，清点驿站设备等。这些对驿站管理和对驿官考核的具体条例，对元代邮驿发展起了保证作用。

相比以前，明朝时期的驿站制度有更新的发展。比如，出现了“会同馆”，这是当时设在首都北京的全国驿站总枢纽。明朝的法律大典《明会典》记载说：“自京师达于四方设有驿传，在京曰会同馆，在外曰水马驿并递运所。”

从史料记载得知，会同馆结合了驿、馆双种职能，一方面起邮驿传递书信的作用；另一方面还同时起着国家级的高级招待所的作用，这里可以供外国使节和王府公差及高级官员食宿。有时还由政府在这里举行国宴，招待来自邻国日本、朝鲜和越南等国的进贡人员。

明朝基本上继承了元朝的邮驿制度，比如“常事入递，重事给驿”，即平常的文书交给步行的递铺，重要和紧急的文书才交给马驿办理。递运所是在一般的递和驿之外，明朝专门运送军需物资和上贡物品的运输机构。这种机构也分陆运和水运两种（如图7-3所示）。

图7-3　大清邮政快艇图

注：作者摄于台儿庄邮政博览馆

递运所的诞生可以算作明代运输的最大进步，这是专门管理货物运输的机构设置。递运所有专门负责的官员，设大使、副使各一人，另还设有百夫长。运输任务陆驿由军卒承担，水路则由各地船户负责。这种递运运输，基本上采取定点、定线，兼以接力的方法。这种专职的递运业务，把陆路运输和海、河运输很好地组织起来。

虽然明清时期的邮驿制度基本完善，但在具体管理运营方面，仍有不少进步措施。

清朝改革驿站制度，合并“邮驿”，将邮和驿两种职能不同的机构合并起来。驿站从间接地为通信使者服务，变成直接办理通信事务的机构。这样，实质上通信系统比先前简化了，大大提高了工作效率。

在组织结构方面，清朝驿务的管理，归于中央兵部，专设一车驾司，任命官员七人，主管全国驿道驿站。同时又在皇宫东华门附近设两个专门机构，由满汉两大臣共同管理京师和各地驿务联系；下有马馆，专管驿夫驿马；又设捷报处，收发来往公文和军事情报。

第二节　驿站交通网络

驿站，是古代信息传递网络中重要的节点和支点。在世界交通史上，中国是最早在要道上建立邮递与食宿等服务设施的国家之一。这类设施主要有驿站和亭，其服务对象和功能各有不同。有组织的邮传形成于周代，当时各交通要道已设有驿站，备有车马，以传递法令文书。

中国疆域辽阔，在尚无机械交通工具和现代通信手段的古代，驿站网对于国家政令的畅通起了关键作用。遍布各地的驿站通过昼夜驰马辗转传递公文，速度很快。

自有夏商以来，建立信息传递的必要条件——交通已经被统治者所重视。西周时期，更建有王道等国家交通基础设施。

春秋战国时代，各国都有完整的邮驿系统，尤以军邮发展最快，这些设施称为“邮”“置”“遽”和“传”等，《孟子·公孙丑上》中就有“置邮而传命”之说。由此可见，当时的驿站交通已经十分发达。

秦汉以后，随着全国驿路网的建成，驿站也有了统一的建制。邮传由过去的车递改为马递，效率大为提高。而且，自秦统一六国后，自都城咸阳兴建国道，直通四面八方，至今陕西地区还保留着秦直道遗址。

魏晋南北朝以后，因马镫和纸张的使用，更提高了马递的效率，驿站用快马不间断接力递送，一昼夜可达近千里。

唐代驿站遍布全国，除马递外，还有舟递，形成以长安为中心的水陆驿传网。驿站既传送公文，又快递贡品等重要物资。据《新唐书·杨贵妃传》载，杨贵妃爱吃岭南所产的新鲜荔枝，荔枝熟于盛夏，极易变质，唐玄宗为图贵妃欢心，命“置骑传送”，昼夜兼程，行数千里快递至骊山。

元明清三代对交通设施也很重视，驿站的规模进一步扩大，驿的布设以北京为中心，向各省辐射，直达边疆地区。马可·波罗在其游记中对元代的驿站作了如此描述：“从汗八里（北京），有通往各省四通八达的道路，每一条大道上，……每隔40或50千米之间，都设有驿站，筑有旅馆，接待过往商旅住宿，这些就叫做驿站或邮传所。这些建筑宏伟壮丽，有陈设华丽的房间、挂着绸缎的窗帘，供给达官贵人使用。……每一个驿传，常备有400匹良马，供大汗信使往来备用。所有专使都可以有替班的驿马，凡他们留下疲惫不堪的马匹，可在那里换上健壮的马匹。……在各个驿站之间，每隔约5千米的地方，住着步行信差。……从一个步行信差站到另一站，……人一到站，便接过他的邮包，立即出发。这样，一站站地依次传递下去，效率极为神速。”为了强化通信的功能，不仅有快马传送的陆路驿站，舟行递送的水路驿站，还有步行递传的急递铺。

马可·波罗在其《东方见闻录》中，精确地描述这个让当时西方人赞叹不已的通信系统。“忽必烈汗的信差上路后，每25英里，就会碰到一个驿站。驿站中至少有400匹备马供信差替换，让他们尽快上路。驿站遍布蒙古大汗辖下的各行省与王国。如果情势紧急，信件必须及时送达，信差一天可奔驰200英里，他们用皮带束紧身体，随着马匹的奔驰起伏，强自振作，全力冲刺。接近驿站时，他们吹响号角，驿站听到了，会立刻帮他们备好马匹。信差一到，立刻发现两匹新马已经待命，鞍鞯齐备，体力充沛，足以奔驰。信差下马，不容喘息，又骑上新马，扬尘而去……”（如图7-4、图7-5所示）。

图7-4　关于二连浩特盐道的介绍图片

注：作者摄于伊林驿站博物馆

发展到清代，驿站已多达2千，驿夫7万多，递铺1.4万个，铺兵4万余。地处交通要道的驿站有相当的规模，如至今保存完好的江苏高邮古盂城驿站始建于明洪武八年（1375年），其房屋多达100余间，组织规模之大可见一斑。

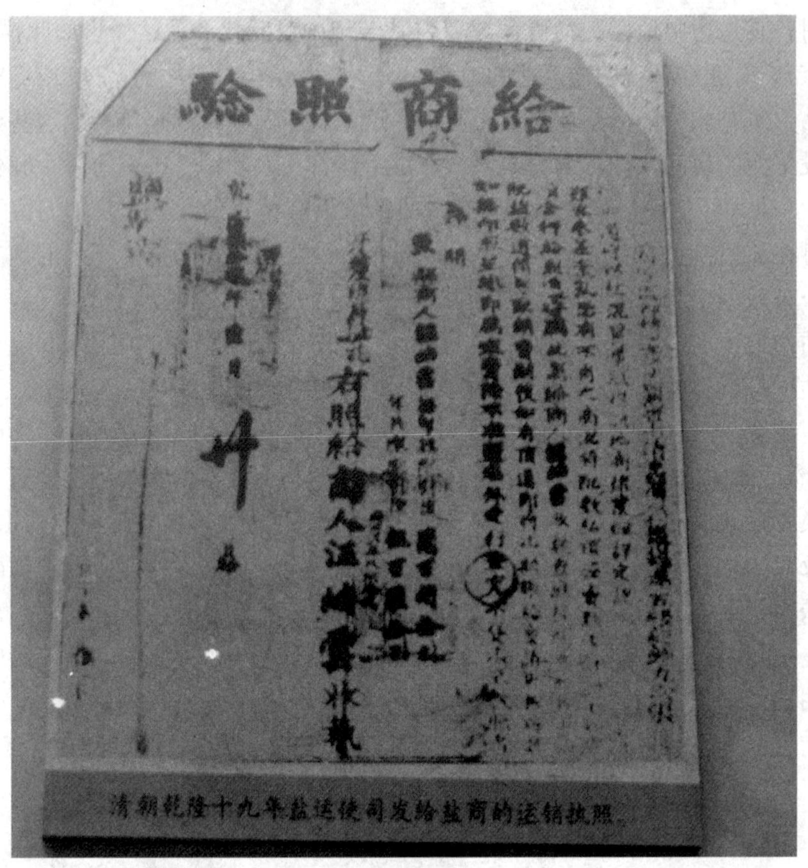

图 7-5　伊林驿站博物馆馆藏的清代盐商运销执照实物图

注：作者摄于伊林驿站博物馆

相关链接：湖广古驿道

清初，全国驿、站、塘、所、台和铺曾发展为 2262 处。顺治时，广东驿站战乱后尚有 33 处。乾隆五十年（1785 年）全国缩为 1758 处，广东在重要官道留有 40 驿，驿夫 920 名，其他次要驿道则设铺司。官马干道 5 条：广州经韶关出大庾岭路往北京；经仁化出湖南汝城；经高要出桂林；经惠州、潮州或经梅州出福建；嘉应州经平远、筠门岭至赣州。历时 13 载，于康熙元年（1662 年），修复被明末桂王为阻清兵南下而破坏的英德大庙峡至清远中宿峡路段，修筑峡道 50 里，筑桥 63 座。道光五年（1825 年）又修建清远至曲江官道 135.56 里（折 78.08 千米）。清代由广州往北京及邻省主要干道称“官马大道”，简称“官路”，往京官路又称“使节路”。由广州往桂林、福州等邻省省会和省内重要府城间道路称为“官马支路”，简称“大路”。各地方城镇间道路称“小路”，各地乡道和大路、小路连接，全省基本形成陆上道路网。1903 年，广州市大北门邮驿旧路岐关东路终点澳门关闸。当时广东驿站虽少，民间运输却很繁盛。“粤省商贾辐辏，岁入之巨，惟江南直隶足与比肩。”嘉庆四年（1799 年）广州海关征税盈余 85.55 万两，占全国 27 个关厂厅总数的 35.82%。水陆交通非常兴旺。1903 年，广东至三水铁路通车以前，广东省陆上交通运输工具长期间都是马、牛、驴、马车、牛车、手推车和轿子，最大量的短途运输还是依靠人力挑、抬、背负和肩托。千余年来，变化不大。清朝宣统三年（1911 年），清廷撤销全国驿站。广东陆上交通与通信，自此由铁道、邮政、电信及民间人力、畜力运输所分担。

相关链接：墨尔根古驿站驿道

墨尔根古驿站驿道全长 700 多千米，其头站至十站位于今嫩江县境内，共计 261 千米。现已申报为全国重点文物保护单位。（2012 年 06 月 08 日《黑河日报》报道）

清王朝为了对边疆地区进行控制，在东北、北部、西北和西南边疆地区，开辟了许多新的驿站驿道。黑河地区驿站驿道发展最快，是清朝统治民族满族发祥地，又是对付沙俄侵略的前哨。

康熙二十四年（1685 年）初，从杜尔伯特、扎赉特选派蒙古兵五百人，索伦兵一部，增设从墨尔根至雅克萨之间的驿站。循嫩江上游而设，自墨尔根城（今嫩江县）至额木尔河口（今漠河县兴安乡二十五站村），对岸为被沙俄侵略军盘踞的雅克萨城。每隔 30 千米左右设一站，沿途共设置 25 个站舍，均由驻墨尔根的站官崔枝蕃管领。这条驿站还与吉林、盛京原有的驿站联结在一起，从而形成了可以直达京师的交通网。

“南临沃野，北覆群山，江水襟连，上下要输。”这条驿道的设立，比由墨尔根经黑龙江省将军驻地爱辉再溯黑龙江上行而至雅克萨城的驿路，缩短了 100 余千米行程，加快了军事情报的传递及军用物资的供应，对保证雅克萨战争的胜利起到重要作用。康熙二十四年五月二十五日，清军第一次攻克雅克萨城，捷报沿雅克萨——墨尔根的北路驿站传递，再经吉林、盛京至北京，然后转送至古北口。6 月 6 日，康熙帝在古北口收到这份捷报，前后 11 天，飞驰近五千里，速度在每日 200～250 千米之间，而当时的自然环境十分恶劣，要保持如此速度，如果没有驿站的接济是无法实现的。

驿站的设立对抗击沙俄侵略、保卫边疆领土、沟通边疆与内地的交通起了重要作用。但是，随着雅克萨战争的结束，清军撤走，驿站也随之荒废。到了 1887 年，吉林候补道李金庸从陆路赴漠河督办金矿，伴随漠河金矿开发，重开墨尔根至额木尔河口驿道，并延伸至八道卡（今内蒙古自治区额木古纳右旗境内），全线设驿由 25 处增至 33 处，这就是历史上著名的“黄金之路”。

清代墨尔根北路驿站驿道遗址的存在与发现，进一步彰显了中华民族开发建设保卫北部边疆的历史文脉，为我国古代东北边疆开发史研究提供了宝贵的物质文化遗产佐证。同时，对于深入挖掘雅克萨之战的“奏捷之路”和李金庸开发漠河金矿的“黄金之路”的文化线路内涵，具有很高的科学价值。

中国的舟车交通文化在历史上曾取得辉煌的成就，这一成就也是古代中国人利用“厚生”和“大一统”精神的体现。技艺先进的车船制造，四通八达的水陆交通，产生了“四海一家”的聚合效应，促进了中国境内各民族的交往与融合。交通工具和水陆运输的发展，沟通了区域间经济和文化的交流，尤其是带动了边远地区的经济开发及城市商业和手工业的繁荣。造船业的发达带动了航海技术的发展，曾使中国的海洋事业一度居于世界领先水平。

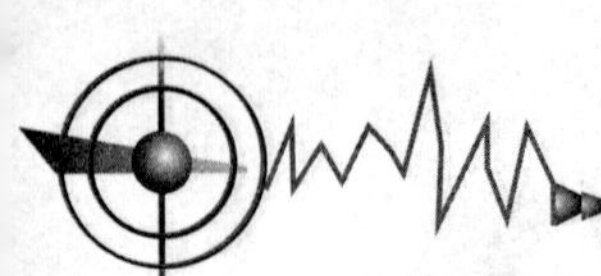

然而从 15 世纪中叶起，当世界文明处在转折的关口，中国却未能与时俱进融入世界竞争的格局中。封建政府所采取的自我封闭政策，导致车船制造的日渐落伍，中外商贸往来和文化交流受到极大的限制。在西方发达国家由陆地时代向海洋时代转进之际，中国却错失了参与世界格局变化的机遇。

第三节　政权机构对驿站的政策

驿站是古代信息传递、物流运输的重要节点，关乎整个国家的安危。因此，历代对邮驿系统都十分重视，并给予大力支持。这也是我国邮驿制度能够长期、延续发展的重要原因之一。

与古代驿站系统相类似，现代化物流园区也越来越为当前各地政府所重视。所不同的是，古代驿站系统涉及国家重要情报、赈灾物资、军粮等重要信息物资的传递运输；而现代化物流园区涉及的是局部的、地区性的经济发展和普通百姓的日常消费等问题。

在政策方面，古代统治者对于邮驿系统既给予大力支持，又对其进行严格控制。在经济、财政、权限方面给予大力支持，在使用范围和使用人群方面加强控制。

古代邮驿系统的最大开支来自最基层的机构——驿站。我们可以从相关史料中获知，古代驿站的开支大部分由政府拨款或地方摊派。但是，随着时间的推衍，由于交通要道上官员过往频繁，加之凭证发放失控，以致开支庞大、不胜负担。因此，驿传制度到明代中后期弊端丛生，明崇祯皇帝为节省开支，就曾下令裁减驿站冗卒（如图 7－6、图 7－7 所示）。

古代政府为了节省开支，除了减站裁员外，还有通过鼓励驿站自力更生的。在这方面记载比较详尽的是唐朝。

執照

图 7－6　伊林驿站博物馆馆藏的清朝光绪年间的地契执照

注：作者摄于伊林驿站博物馆

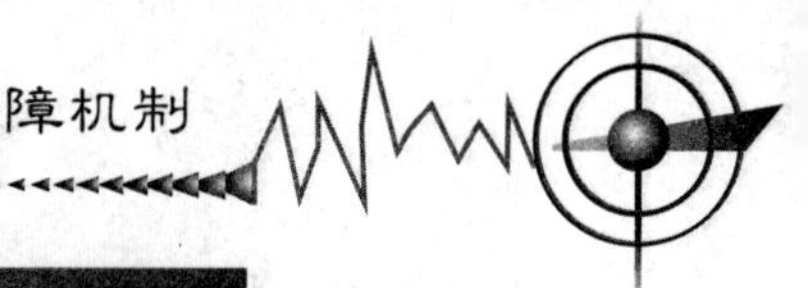

图 7－7　伊林驿站博物馆馆藏的清朝光绪年间的地契执照

注：作者摄于伊林驿站博物馆

唐朝规定，全国各地的邮驿机构，各有不等的驿产，以保证邮驿活动的正常开支。这些驿产，包括驿舍、驿田、驿马、驿船和有关邮驿工具、日常办公用品和馆舍的食宿所需等。唐朝的驿田，按国家规定，数量也较多，据《册府元龟》记载，唐朝上等的驿，拥田达 2400 亩，下等驿也有 720 亩田地。这些驿田，用来种植苜蓿，解决马饲料问题；其他收获，也用做驿站的日常开支。唐朝陆驿备有驿马，水驿备驿船。按《唐六典》规定，陆驿上等者每驿配备马 60 至 75 匹不等，中等驿配 18 至 45 匹，下等驿配 8 匹至 12 匹。唐朝时驴也成为通常的运载工具，所以有些驿站也配有驿驴。水驿则配备驿船，从一艘至四艘不等。除上述外，唐政府每年还固定给各驿站经费补助，每年从全国各地收上驿税约 150 万贯左右，分到每个驿站经费约 1100 贯。

除驿站外，道路畅通与否也是政府最为关切的设施。古代人将道路畅通、交通有序视为安邦治国的大计，所以一方面重视对道路交通的管理；另一方面注重对道路的维护和保养。

在道路交通管理方面，将道路划分等级，在交通要道上设置相应的机构和官吏。比如，周朝时，“周道如坻，其直如矢”，道路分为“路、道、涂、畛、径”5 级，大道两旁种植树木，以利于道路的平坦无阻。相传夏禹时代就设有车正一职专管车马交通，以后历代都设有专门官员主管道路交通。如汉代设亭长，唐代设驿长，元代设站赤，明清设驿丞等职，由这些站务管理者主管驿政。

在对道路的维护和保养方面，通过大型的修复工程进行。比如，汉朝时，秦代的驰道仍能使用，但是为了确保古驰道的畅通，汉武帝时就下令进行大规模的修缮驰道工程。

同时还制定交通法规保证道路不被破坏。比如，秦汉交通法规规定，驰道中央 3 丈为天子专用，严禁吏人穿行。据《汉书·成帝纪》载："上尝急召，太子出龙楼门，不敢绝驰道。"即使贵为太子，也不敢擅入天子的专用车道，可见管理的严格。

到了宋代，已有了面向公众的交通规则。据《杨文公谈苑》载，宋太平兴国年间，大理正孔承恭上书言事，请在两京诸州要道刻榜公布交通规则，规定"贱避贵，少避长，轻避重，去避来"。这一建议被采纳实施，于是，"处处衢肆刻榜"，成为中国古代道路管理的基本法则。

陕西略阳灵崖寺保存至今的宋淳熙年间的石刻《仪制令》（见图 7-8），即刻有上述 4 条规则。

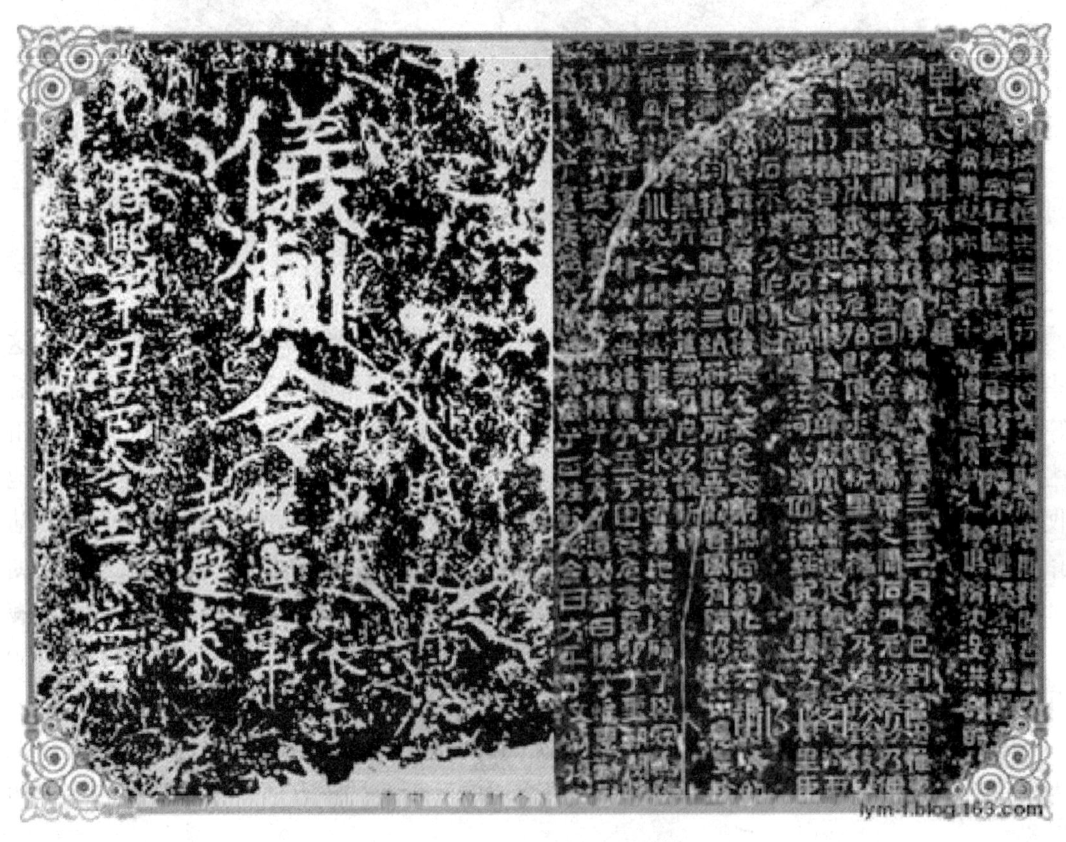

图 7-8　宋淳熙年间的石刻《仪制令》

注：图片来源于陕西汉中交通

在陕西略阳县城南 7 千米处的灵崖寺内，有一通南宋淳熙八年（1181 年）刻制的《仪制令》石碑。石碑上部刻"仪制令"3 个大字，下部刻"贱避贵，少避长，轻避重，去避来"，竖排 4 行。这是一通交通规则石刻，比福建省松溪县出现的一通南宋宁宗开禧元年（1205 年）《仪制令》石刻要早 24 年。所谓"贱避贵"，指一切行人车马皆避官轿、驿骑、邮车，奴仆及苦力人、车等给官吏、贵人、主人让路；"少避长"是指年轻人让路于年长人；"轻避重"是指轻身轻骑让路于负重的脚夫及轿、车；"去避来"是指下坡人让路于上坡人，行人让其同向行的车马。据考，唐太宗贞观十一年（637 年）颁发《唐律·仪制令》中规定："道路街巷，凡行路之间，贱避贵，少避长，轻避重，去避来。"这也就是当时的交通规则。该规则既有封建糟粕的一面，也有其积极的一面，诸如教育人们遵守交通规则，尊重长者，这是我们民族道德的规范，值得我们今天继承和发扬。

蒙元窝阔台规定，各地的千户们要"派出管驿站人、马夫，斟酌设置各处驿站""每个驿站设马夫二十名"。为了贯彻这项政策，窝阔台制订了严厉的惩罚措施："驿站备用的骟马、（给使臣做）分例的羊、挤奶的母马、驾车的牛、车辆等，若比朕所规定的缺了一根短绳就没收其家产之半入官，若缺少了一小段车轴，也没收其家产之半入官!"（《蒙古秘史》文中提到的"分例"又称作"祗应"，指驿站提供的饮食）

第八章　中华驿站与邮政物流

第一节　邮政的发展历程

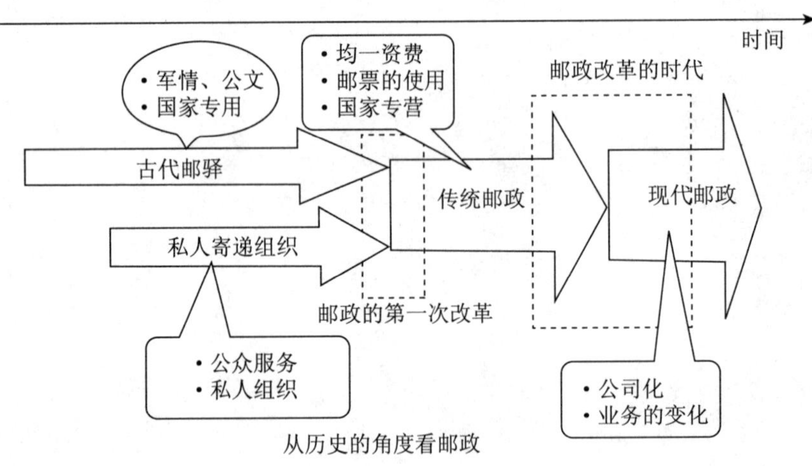

图 8-1　邮政的发展历史示意图

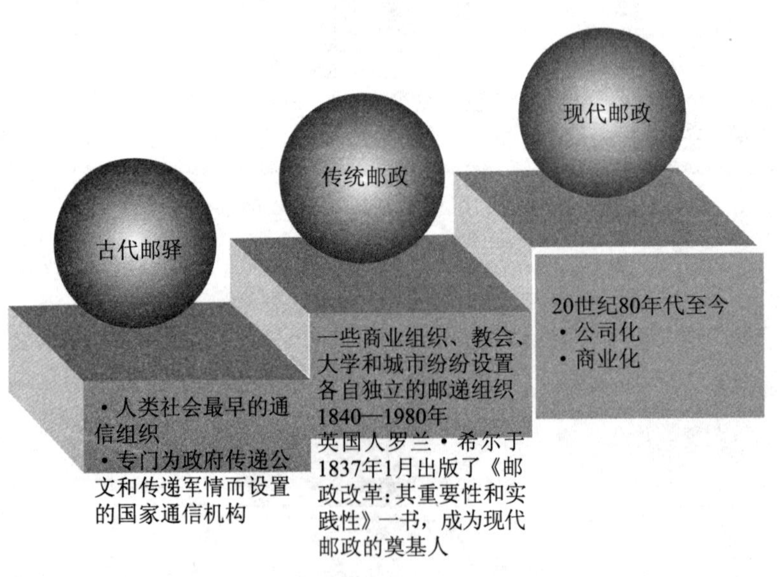

图 8-2　邮政的发展历程示意图

邮政（Postal Service）主要是指由国家经营的以传递信函为主的通信事业，是国民经济的一个生产部门，属于交通业范畴。从诞生的那一天，邮政就与国家管理保持着密切的联系，邮政物流也与邮政（驿站）的设立同时诞生。

邮政的发展大致可以分为古代邮驿、传统邮政、现代邮政三大阶段。而邮政物流则起源于古代邮驿，发展于近代邮政，成熟于现代邮政。

邮政在古代是邮驿，为中国古代官府设置驿站，利用马、车、船等传递官方文书和军情，可上溯到三千年前，是世界上最早的邮政雏形。

古代邮驿历史悠久，“中华驿站”有着三千多年历史，可以说与人类的历史同行。

最早创立近代邮政的是英、法等国，这些国家在 17 世纪的时候将政府专用和民间经营的邮递组织结合起来，创立了由国家专营的邮政事业，发展成为近代邮政。而邮政发展史上的里程碑则由英国奠基，在 1840 年的时候，英国政府开始对邮政事业进行改革，发行邮票，并实行均一邮资制。

世界上第一枚邮票在 1840 年 5 月 6 日的英国诞生，后来的人们把这一天称为邮票诞生日。第一批邮票也被人们称作“黑便士邮票”，因为这批邮票的发明者是英国人罗兰·希尔，他将邮票的票面设计成黑色，上面印着英国维多利亚女王的浮雕像，并且每枚邮票的面值为 1 便士。

中国近代邮政引自西方，开始实施于清代，共经历了大清邮政、中华邮政和中国人民邮政 3 个阶段。

清代末年，鸦片战争打开了中国闭关锁国的大门，西方先进的政治、经济和文化制度相继传入中国。此时，中国传统邮驿的弊端日益显露，已不能承担信息传递的任务，而民间信件传递组织民信局也是积弊丛生。

一方面是古代邮驿事业的衰退和积弊丛生；另一方面是西方近代邮政事业的发展状况也日益为中国所了解。这些为中国引进西方先进的邮政理念，发展近代邮政打下了基础。

在晚清政府发展近代邮政之前，曾有过一段客邮和海关兼办邮政的历史。

客邮最早由英国在 1834 年（道光十四年）设立于广州，它是帝国主义国家在中国领土上强行设立的邮局。当得知英国在广州设立了第一个英国邮局后，美国、法国、俄国、日本、德国等国家争先效法，先后在中国各地设立自己的邮局。这些由外国开办的客邮在中国存在了将近一个世纪，直到 1922 年 12 月，大部分国家客邮已经全部撤销。只有日本客邮一直延至抗日战争胜利。而由印度接替英国在西藏设立的邮局于 1955 年 4 月 1 日交还中国。

晚清在开办近代邮政之前，还尝试了海关兼办邮政的方案，这套方案的实施始于 1866 年（同治五年）。当时中国在晚清的软弱统治下已经丧失了关税自主权，海关总税务司则由英国人赫德担任。海关兼办邮政的本质是帝国主义攫取了中国的邮政大权。

“客邮”的设立、海关邮政的试办终于促使清政府开办了大清国家邮政。它是在海关邮政的基础上建立起来的，完全不同于传统的邮驿制度。它采用西方近代先进的经营管理方式，其先进的人事、财务和物资管理制度是传统的邮驿和民信局所不能比拟的。且其中

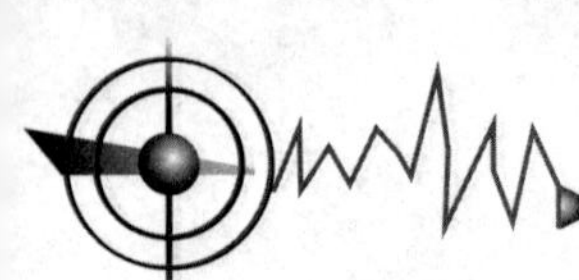

有些制度一直沿用至今。

晚清近代邮政正式成立于1896年（光绪二十二年），但是邮政实际上仍由海关兼办，总邮政司仍由赫德担任。直到1911年，清政府邮政部门才真正接管邮政。但是，直到中华民国建立后，大清邮政改为中华邮政，邮权仍由外国人把持。这种状况一直维持到1945年抗日战争胜利后，邮权才逐步收回。

中华人民共和国成立后，建立了中国人民邮政。它是在中国共产党领导下的国内革命战争和抗日战争中建立的赤色邮政、苏维埃邮政和人民邮政的基础上形成的。从此中国人民邮政事业得到了迅速发展。

传统邮政一般具有三个主要特点，一是政府专营；二是向公众普遍开放；三是实行邮资制度。

传统邮政是相对于古代邮政而言的，其首要区别是，古代邮政为官方服务，而传统邮政既为官方服务，又为公众服务。

邮政经办的业务，初期只传递官方文书和个人信件，以后增加了寄递，适用于邮寄物品的包裹业务和办理汇款的汇兑业务。邮政具有点多、线长、面广的特点，许多国家的邮政利用这一特点进而兼营某些金融业务（如储蓄业务、简易人寿保险），以及一些代理业务（如代收税款、代发养老金）等。有些国家的邮政还办理报刊发行业务，有的还利用自备的邮运工具办理旅客运送。邮政经办的业务，已超过了传统的业务范围。

中国在建立近代邮政初期，仅办理以传递信函为主的函件业务。1898年又开办包裹业务和汇兑业务。1919年开办储金业务，还办理过简易人寿保险以及代理国库代售印花税票等业务。目前，中国人民邮政办理的主要业务有邮件、邮政汇兑和邮政报刊发行。

邮政的业务包括邮件寄递、邮政汇兑、邮政储蓄、邮政报刊发行和电子信函等，有的国家还开展简易人寿保险、代收税款、代发养老金，以及利用自备的邮运工具办理旅客运输等业务。

经营邮政的方针大致有3种。一是以经营邮政作为增加财政收入的手段；二是不求赢利，亏损由国家财政补贴；三是以收抵支，并争取有一定盈余用于邮政自身的发展。中国邮政的方针接近第三种。

现代邮政相比近代邮政，其特点是更加市场化、商业化、公司化、普遍服务义务履行的多样化。现代邮政自负盈亏，是完全市场化、商业化的组织机构，更加适宜于邮政事业的市场竞争和发展，也可能是邮政的最终形态。

一、中华邮政介绍

中华邮政的前身是1896年3月20日光绪帝下诏成立的大清邮政。辛亥革命虽然推翻了清朝，但中国的邮政大权依旧操纵在外人手中。时任邮政总办的法国人帛黎，面对辛亥革命的洪流竟宣布邮政“中立”，还在大清邮票上加印“临时中立”字样，经南京临时政府提出抗议后，又加印了“中华民国”四个宇，成了不伦不类的“中华民国临时中立”，致使南京方面两度拒售邮票（“临时中立”仅在福州售出，“中华民国临时中立”也只有南京、汉口和福州有售）。在事态日益严重、袁世凯表示密切关注后，帛黎方向南京提供了蟠龙、跃鲤、鸿雁图加盖“中华民国”字样的普通邮票。

1949 年 10 月，中华邮政在广州发行完国父像华南版基数邮票、北平风景图银元邮票和国际联邮会（万国邮政联盟）成立 75 周年纪念邮票后迁往台湾台北。2004 年，中华邮政实施股份制改革，成立中华邮政公司。

二、中国邮政介绍

1949 年 11 月 1 日，中华人民共和国邮电部随中华人民共和国成立而成立，同年 12 月邮电部召开全国邮政会议，将原中华民国邮政产业变更为中国人民邮政所有；12 月 27 日，中央邮政经济委员会第九次会议决定成立邮政总局。1994 年 3 月 1 日，国务院批准邮电部机构改革方案，邮政总局由机关行政序列分离，成为专业核算的企业局。1995 年 10 月 4 日，邮政总局在中华人民共和国工商行政管理局注册了企业法人营业执照，获得法人资格，企业名称为“中国邮电邮政总局”，简称“中国邮政”（见图 8-3）。

图 8-3　探访古驿道途中

三、邮政在中国的发展历程

1859 年，太平天国领袖之一的洪仁玕在《资政新篇》一书中最先提出在中国创办近代邮政。最早推行邮政的是刘铭传。

1882 年 11 月，清朝海关邮局公布了《海关邮局章程》，进一步宣布改进服务，向中外人士开放。

1896 年 3 月 20 日，清朝建立邮政，标志中国邮政正式诞生。

1899 年 1 月，清邮政局颁布《大清邮政民信章程》。该章程令各民信局重赴邮局挂号，并规定民信局交邮政局转寄总包资费减半交纳。

1899 年，清邮政局正式颁发《大清邮政章程》，该章程共分为 26 章 166 条。

1926 年，中华邮政总局编辑的《邮政章程》（第十一版）出版发行，此版《邮政章程》共 33 章 422 条。

1934 年 5 月，我国试行邮政与电信两类业务的合设。

1935 年 7 月 5 日，南京国民政府行政院公布《邮政法》，共 50 条。

1946 年年底，国民政府发动了一场改良邮政运动，中华邮政提出了四大目标，即快捷、安全、普遍、服务。

1942 年 12 月 14 日，晋冀鲁豫边区交通总局，就与中华邮政合作问题发布总交字 82 号秘密指示：为有利于统战工作，在工作中一律不用“邮”字和“政”字，邮件改称递件，邮票改称信票，邮戳改称日戳，邮资改称递送费，邮站改称交通站，邮寄章程改称业务章程。

东北地区早在 1947 年 6 月东北邮电会议上就决定了邮政与电讯合并，是我国最早实行人民邮电合一的地区。

新中国的人民邮政采用绿色为标志，象征和平、青春、茂盛和繁荣。

1986 年 12 月 2 日，《中华人民共和国邮政法》经第六届全国人民代表大会常务委员会第 18 次会议通过；同日，国家主席李先念发布命令，决定自 1987 年 1 月 1 日起实施。《邮政法》共 8 章 44 条。

《邮政法》规定，邮政企业应当为用户提供迅速、准确、安全、方便的邮政服务。

1990 年 11 月 12 日，国务院总理李鹏签发 65 号命令，发布《中华人民共和国邮政法实施细则》，该细则共分 8 章 65 条。

第二节　古代邮驿时期的物流活动

在古代邮驿发展时期，社会流通活动的主要承担者大致有四种，一是国家邮驿系统，主要通过设置在各地的驿站传递军政要闻和官方文件，私人信件主要覆盖官吏和达官贵人；二是漕运；三是国家临时调配，比如赈灾物资运输、军事物资运输等；四是民间私人组织，包括商队、镖局和民信局（如图 8－4 所示）。

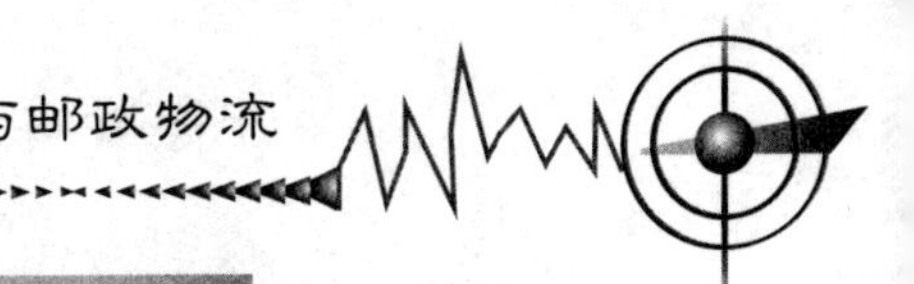

送银镖车

THE TREASURE CART

此为马拉镖车，车上铁皮箱，用以装置金银财宝，在山西晋中地区发现，系当时运行于太原、祁县、平遥一带解送票号钱庄银两财宝的保镖马车。此辆镖车的制作时间，约在清道光初期，距今两百年左右。

THE TREASURE CART, WITH A WOODEN BOX COVERED BY BLACK SHEET, WAS FOUND IN JINZHONG AREA, SHANXI

图 8-4　关于送银镖车的介绍图片

注：作者摄于浙江瑞安市

镖车是当时镖局走镖时的重要交通工具。镖车有很多种，从马车到轿车、推车不一而足。使用何种镖车通常由运送的货物决定。最常用的镖车叫独轮镖车。它的特点是只有一个车轮，这样的车子走起路来平衡不好掌握但走崎岖不平的山路比较方便。上面通常插有三角形小旗，小旗上的字儿代表总镖头的姓。在走镖过程中，当劫镖的人一看这是谁保的镖，就不一定敢乱劫，因为这些镖师的武功都是江湖上出了名的武林高手，个个身怀绝技，名扬一时（见图 8-5）。

图 8-5　古代押镖车实物

注：作者摄于浙江瑞安市

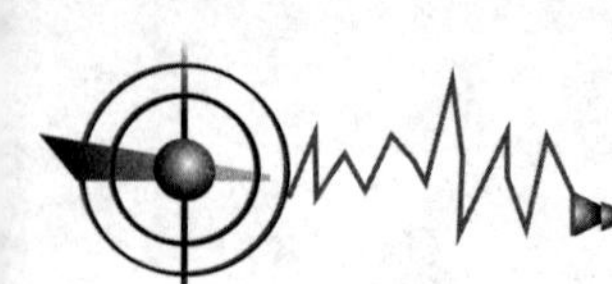

镖箱。大多是榆木圪塔制作，箱子的本身重就有七八十斤，锁采用了最先进的防盗暗锁，在当时只有大掌柜和二掌柜两把钥匙并起来才可以打开，起到一个防贪污的作用。镖箱，有水上用的，也有旱路用的。旱路的可以抬着，有的需马驮，至今已有两百多年的历史。

在其他章节，我们讨论过古代邮驿的主要作用，可以得知古代邮驿对运输等的管理主要在文书、信件等较为轻便的物资方面，对于体积较为庞大、重量较重、价值较高的物资运输较少涉及。受限于当时的科技条件，这些物资的运输管理一直是官吏、商人、普通民众等较为头痛的问题。为解决这些难题，商队、镖局、民信局等民间私人运输组织应运而生。

历史上驿站与镖局性质差不多，驿站专门为朝廷押送一些来往信件，从这里可以看出驿站的局限性仅仅限于朝廷之间，而对于民间的一些商业往来便没有一个安全保障机构。所以到了清期早期，随着我国金融业的兴起，就逐渐出现了镖局。镖局又称镖行，是受人钱财，凭借武功，专门为人保护财物或人身安全的机构。旧时交通不便，客旅艰辛不安全，便有镖户走镖，为镖局保镖的雏形。中国的镖局究竟起始于何年何月，现在已难以考究。根据近代学者卫聚贤所著《山西票号史》披露，镖师之鼻祖，应当为山西人神拳张黑五。清乾隆年间，张黑五在北京前门外大街创立兴隆镖局（卫聚贤还进一步推论，镖局是明末清初顾炎武、傅山、戴廷轼为反清复明，以保护商人运送现银而设）。后来的镖师们一旦看到远处山上有土匪，就大喊："合吾一声镖车走，半年江湖平安回。"据说，这个"合吾"即"黑五"的谐音。随着社会生活日益复杂，镖局承担的工作也越来越广泛，不但将一般私家财物承接保送，地方官上缴的饷银亦靠镖局运送。由于镖局同各地都有联系或设有分号，一些汇款业务也由镖局承担。后来，看家护院、保护银行等也来找镖局派人。而上面提到的驿站，是专门为朝廷押送一些来往信件的，这就形成了最早的信镖；到了清朝中叶，随着金融业的兴起（票号的产生），镖局的主要业务就是为票号押送银镖，这就形成了镖局走镖的两大镖系：银镖和票镖；到了清朝末期，随着标号的逐渐衰败，镖局的主要业务对象就转化为一些有钱的客人押送一些衣、物、首饰和人身安全，这就形成了粮镖、物镖、人身镖三大镖系，这也就是镖局走的六大镖系，即：信镖、票镖、银镖、粮镖、物镖、人身镖六种镖。

做镖局生意要有三硬：一是在官府有硬靠山；二是在绿林有硬关系；三是自身有硬功夫，三者缺一不可。开镖局先要打点当地台面上的人物，下帖请官私两方有头有脸的朋友前来捧场，这个叫"亮镖"。若是关系不够，亮不了镖，往后生意必然难做；若是人缘不佳，亮镖时有人踢场，手底下没两下子干脆就关门算了。亮镖没出事，镖局才算立住了脚，但能不能出人头地，则要看第一次买卖是否能"立个万字"（打响名号）。

镖局的组织包括镖局主人、总镖头、从事保镖工作的镖头和镖师、大掌柜、管理杂务的伙计和杂役。

镖局主人讲的是人面广、关系好；有钱有势，打出旗号黑门槛的（黑道人物或是绿林好汉）不敢招惹，万一出了事摆得平官府，镖被劫了赔得起银两。大掌柜讲的是眼明心细算盘精；看货不走眼，估价不离谱，上下里外该打点的绝少不了，该开销的绝不浪费。至于总镖头，通常是赫赫有名的江湖人物，不是本身艺业惊人，就是退休名捕之流。

而官方的大宗运输组织，常规设置的主要是漕运。漕运是我国历史上一项重要的经济制度。用今天的话来说，它就是利用水道（河道和海道）调运粮食（主要是公粮）的一种专业运输。中国古代历代封建王朝将征自田赋的部分粮食经水路解往京师或其他指定地点的运输方式（如图 8－6 所示）。

图 8－6　伊林驿站博物馆馆藏的驿站来往商人的工具

注：作者摄于伊林驿站博物馆

漕运起源很早，秦始皇北征匈奴，曾自山东沿海一带运军粮抵于北河（今内蒙古乌加河一带）。汉建都长安（今陕西西安），每年都将黄河流域所征粮食运往关中。隋初除自东向西调运外，还从长江流域转漕北上。隋炀帝动员大量人力开凿通济渠，联结黄河、淮河、长江三大水系，形成沟通南北的新漕运通道，奠定了后世大运河的基础。唐、宋、元、明、清历代均重视漕运，为此，疏通了南粮北调所需的网道，建立了漕运仓储制度。

漕运以水路为主，水路不通处辅以陆运，多用车载（山路或用人畜驮运），故又合称“转漕”或“漕辇”。运送粮食的目的是供宫廷消费、百官俸禄、军饷支付和民食调剂。这种粮食称漕粮，漕粮的运输称漕运，方式有河运、水陆递运和海运三种。

历代漕运保证了京师和北方军民所需粮食，有利于国家统一，并因运粮兼带商货，有利于沟通南北经济和商品流通；但它又是人民的一项沉重负担，运费代价过高，尤以漕运徭役，征发既众，服役又长，以至失误农时，故亦有众多弊端。

相关链接：苏州横塘驿站

苏州横塘驿站位于胥江和大运河交界处，是苏州通往石湖、太湖等地的水路要隘。苏

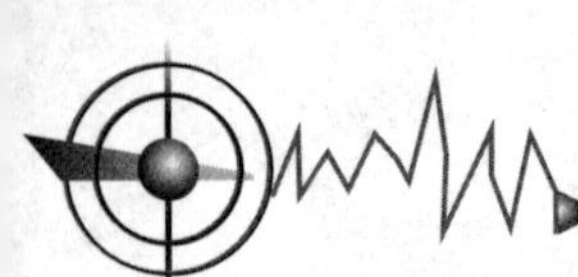

州横塘驿站原是一座水陆驿站，为古代传递官府文书以及往来官吏中途歇宿之所。现仅存一亭，为清代建筑，其他馆、楼、庑、台已不复见。驿亭为原驿站大门，西南临水，呈平面方形，南北各辟一门，东西各开一窗，四角四根石柱，南门前左右柱上刻有一副对联："客到烹茶旅舍权当东道，灯悬待月邮亭远映胥江"，边题："同治十三年六月"。为苏州古驿中仅存的一个。

苏州横塘驿站目前除亭子外，楼、庑、台等已不复见，这座亭子是原驿站的大门，建于清代，面南背北，临水而筑。驿亭呈长方形，四角有石柱四根，南北各有木柱两根。六架梁，九脊板瓦顶。四周筑砖墙，南北各辟一门，东西各辟一窗。南面左右石柱上刻有"客到烹茶旅舍权当东道，灯悬待月邮亭云映胥江"。边题"同治十三年六月"。横塘为古代交通要道，送往迎来的客人都在这里分手，南宋田园诗人范成大有《横塘》诗"南浦春来绿一川，石桥朱塔两依然。年年送客横塘路，细雨垂杨系画船"（如图 8-7 所示）。

图 8-7　苏州横塘驿站

第三节　现代邮政与中华驿站的差异

在文明发展到一定程度之后，人们异地之间传递书信、信息，就成为一种自然的、日益迫切的需要。而我国的邮政史，也走过了漫长而曲折的发展道路。

一、世界邮递发展

古埃及：约公元前1991年至前1786年的第十二王朝，已有关于通信活动的记载。

亚述帝国：公元前10世纪，亚述帝国以本部为中心建筑石砌驿道，驿道遗迹至今犹存。

古代罗马：邮驿机构已成为军事和行政机构的一部分。中世纪欧洲11世纪以后，欧洲新兴城市、商业和文化的发展，使民间对通信的需要日益增长，从而导致了私营邮递业的发展。

近代英法：法国路易十世于1477年建立皇家邮政。英国亨利八世于1516年在从伦敦辐射出去的主要道路上建立定期的邮递网。这些皇家邮政初期不准公众使用，后来私自带运个人信件的日益增多，甚至无法禁止。约在1600年，这种专为皇家使用的邮递组织，逐步准许为私人传递信件。由于国家经营邮政既对国家安全有利，又能增加财政收入，英国于1635年、法国于1672年规定了邮政由国家专营，这标志着近代邮政的产生。英国于19世纪前期在主要城市设置邮政机构，采用邮票形式作为邮资（寄递费用）已付的凭证，为大众寄递各种邮件，是现代邮政的开始。

邮政，是由国家管理或直接经营寄递各类邮件（信件或物品）的通信部门，具有通政、通商、通民的特点。邮政是种生产力，如《载敬堂集》载："函信会议，借国家邮政力以通函形式交通信息，达到交换意见、集中议题、办理事务等目的的会议。"1896年3月20日清朝光绪皇帝在"兴办大清邮政"的奏折御笔朱批，正式批准开办大清邮政官局，中国近代邮政由此诞生。

据相关资料记载，1918年英国犹尼利弗的哈姆勋爵成立了"即时送货股份有限公司"，目的是在全国范围内把商品及时送到批发商、零售商和用户手中。

二、西方侵略输入近代邮政概念

近代邮政与古代邮驿有一定的联系，但又是两种不完全相同的概念。

鸦片战争以后，西方列强的炮舰打开了中国封闭的大门。而我国最早的邮政是西方资本主义列强在侵略过程中强行输入的。1842年4月15日，在鸦片战争尚未结束、香港主权还属于中国的时候，英国侵略军头目璞鼎查就以"香港英国总督"的名义，宣布成立"香港英国邮局"。8月29日，清政府被迫签订了《南京条约》，把中国香港割让给英国，并在广州、福州、厦门、宁波、上海等五处港口通商。从此，英国便以香港为基地，开始在通商口岸随意开办英国邮局。他们把邮局设在领事馆内，把邮局称为"领事邮政代办所"，直属于伦敦英国邮政总局。

继英国之后，法国、美国、日本、德国和俄国等也先后以"利益均沾"为借口，纷纷在上海设立了各自的邮局。清朝政府不但听任列强在华滥设邮局，还给这些邮局起了个挺好听的名字，叫"客邮"。这些"客邮"主要经营中国和外国之间的邮件互寄业务，实行外国的邮政章程和资费。邮戳上用本国文字刻写中国地名，贴外国邮票，顶多在邮票上加印"中国"字样。

相关链接：邮票标志着邮政成熟

邮票起源于英国。据说英国有个叫罗兰·希尔的人，一天出去散步，看见邮递员给一个姑娘送信。这个姑娘只看了看信封，就以无钱付费为由拒收。他觉得很奇怪，事后才了解到，这位姑娘与她的男友约好在信封上作记号。姑娘看到记号，就知道了男友的情况，所以不用拆信，也不必花钱。这对邮局当然是个损失。1837 年，罗兰·希尔在《邮政改革——其重要性与现实性》一文中，阐述了实行预付邮资的必要。1840 年，他设计了以维多利亚女王侧面头像为图案，面值一便士、用黑色油墨印刷的标签，5 月 6 日开始发售并使用。这就是世界上第一枚邮票——“黑便士”邮票。从此，邮票逐渐为其他国家所采用。邮票制度改革代表近代公共邮政事业开始走向成熟。

当时，国与国之间的信函交换系统仍然混乱不一，与各国贸易往来的飞速发展不相适应，人们迫切希望能够建立一套简单方便的国际邮件交换系统。1874 年 10 月 9 日，《伯尔尼条约》签署，“邮政总联盟”诞生。由于加盟国家迅速增加，“邮政总联盟”便于 1878 年正式更名为“万国邮政联盟”，每年的 10 月 9 日由此被定为“世界邮政日”。

三、中国近代邮政由海关试办

在接触西方文明的过程中，一些谋求国家富强的仁人志士意识到兴办邮政的重要性。中国人中最早提出兴办邮政的是洪秀全的族弟洪仁玕。他是在《资政新篇》一书中提出这种主张的。进入 19 世纪 70 年代以后，国人倡议兴办近代邮政的呼声日益高涨。1878 年年初，在北洋大臣李鸿章的疏通下，总理衙门同意由英国人赫德主持的海关试办邮政，并首先在北京、天津、上海、烟台和牛庄（今营口）5 个城市试行。1880 年 1 月，赫德在海关内部建立起一套新的邮政机构，定名为“海关拨驷达局”。拨驷达，就是英文 Post 的音译，意为邮局。1882 年 11 月，海关拨驷达局公布了《海关邮局章程》，其中规定邮局信箱从早 7 点到晚 19 点，对所有寄信的中外人士开放。邮件由海关听差投递或收信人自取。海关试办邮政后，做的第一件事就是印刷邮票。1878 年 7 月，天津海关收到了从上海海关造册处发来的首批邮票，是面值银为 3 分和 5 分的邮票各 10 万枚，接着又加印了面值银为 1 分的邮票 10 万枚。这就是中国的第一套邮票——大龙邮票。

四、大清邮政逐步统一邮递业务

海关试办邮政后，又经历了 18 个春秋，到 1896 年才由光绪皇帝批准，正式开办国家邮政，即大清邮政，并委任海关总税务司赫德为总邮政司。大清邮政开办之初，全国通信机构处于十分混乱的局面，有外国在华设立的“客邮”，古老的邮驿，还有经营情况不错的民信局。

中国传统的邮驿臃肿腐败，清政府每年用在邮驿上的经费多被各级官吏贪污，流入私囊。新式邮政出现后本应裁撤邮驿，但这关系到大小官吏的实际利益。为减少阻力，赫德竭力声明开办国家邮政不必裁撤邮驿。直到辛亥革命后，北洋政府才宣布废除邮驿制。

对大清邮政来说，最主要的竞争对手还是民信局。民信局历史悠久，业务种类广泛，经营方式灵活，深得中国商民信赖。大清邮政利用官方设限和业务竞争相结合的方法，逐步压缩民信局的生存空间。大清邮政在局所设置上更加广泛，把邮局逐渐延伸到内地和农村，同时在城市内增加每天开取邮筒的投递班次。到辛亥革命前夕，大清邮政各类邮政局所达到 6201 所，邮路总长 381000 里，邮件达 1 亿件以上。而组织松散的民信局无法与其竞争，纷纷改业或倒闭了（如图 8－8 所示）。

图 8－8　朱家角邮局

注：①朱家角邮局是 19 世纪时开设的一家邮局的遗址。它是当时上海十三家主要邮站之一，也是华东地区保留下来的唯一大清邮局旧址

②图片来源于北京日报

相关链接：邮政编码加快邮件传递

20 世纪 50 年代初，英国就开始研究邮政编码，并于 1959 年在诺威治邮区试行，从而引起许多国家的注意。西德于 1961 正式公布 4 位数的邮政编码，成为世界上第一个在全国范围内推行邮政编码的国家。为了实现邮件分拣自动化和邮政网络数字化，加快邮件传递速度，目前世界上已有很多国家先后实行了邮政编码制度。

我国于 1978 年在辽宁、上海、江苏等省市进行试点邮政编码制度。1980 年 7 月 1 日开始正式在全国宣传推行。后因种种原因，推行工作全面停止。直到 1986 年重新在全国推行邮政编码。邮政编码是用阿拉伯数字组成，代表投递邮件的邮局的一种专用代号，也是这个局投递范围内的居民和单位通信的代号。我国目前采用的邮政编码为“四级六码”制。即每组编码由六位阿拉伯数字组成，这六位数字分别表示省（自治区、直辖市）、邮区、县（市）邮政局和投递局（区）四级。六位数的前两位代表省（自治区、直辖市），前三位代表邮区，前四位代表县（市）邮政局，最后两位是投递局（区）的编号（如图 8－9 所示）。

台北郵政總局
總局長先生：

值此新春佳節之際，我謹代表大陸全體郵政職工並以我本人的名義，向總局長先生和台湾的郵政同仁致以節日的祝賀！

分住在大陸與台湾的全國人民都渴望能盡早建立直接互相通信聯繫，作為大陸和台湾的郵政人員理應為全國人民提供直接通郵服務，讓我們積極採取措施，創造有利條件，為早日實現大陸和台湾的骨肉同胞直接互通音信而努力。

郵電部郵政總局局長

一九八一年一月廿七日於北京

(a)

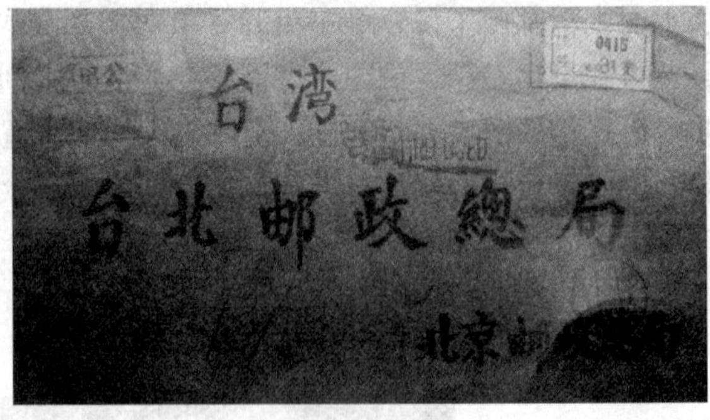

(b)

(c)

图 8-9　这封珍贵的平信是 1981 年 1 月 27 日国家时任邮电部邮政总局局长写给台湾总局局长的信和盖有两地邮戳的信封及信封背面

注：作者摄于邮政博物馆

五、现代物流的出现

第二次世界大战期间，美国从军事需要出发，在战时对军火进行供应的过程中，首先采用了“物流管理”（Logistics Management）这一词，并对军火的运输、补给、屯驻等进行全面管理。第二次世界大战后，“物流”一词被美国人借用到企业管理中，被称作“企业物流”（Business Logistics）。企业物流是指对企业的供销、运输、存储等活动进行综合管理。

物流概念在中国的兴起是最近三十多年的事，时间并不算长。对于“物流”的概念，不同国家、不同机构、不同时期有所不同。企业物流又可以细分成采购物流、生产物流、销售物流、回收物流等，而与之相对应的则是邮政物流。

古代邮驿和近代邮政发展时期，现代物流的概念尚未引入中国，邮政物流的概念也并不存在。那么，为何说中华驿站是邮政物流的萌芽时期呢？虽然当时并没有邮政物流的概念，但邮政物流所承担的部分职责已经为中华驿站所具有。

在古代，一方面是因为当时还未有明文确定邮政物流的概念；另一方面，当时重要物资、大宗物资等的运输，虽然需要通过驿站系统传递信息，沿途也极有可能在驿站休息、整顿，但负责运输这些物资的督监一般由政府部门临时委派官员担任，并不受驿站管辖。

因此，中华驿站是邮政物流的萌芽时期，受限于当时的社会经济、文化、科技等条件，由政府部门监督管理、法律上仅服务于政务系统，传递内容主要是朝廷诏令、办公文书、官吏信件、军事信息、地方情报、灾害报告等，不承担大宗货物的运输，不对民间私营业务开放。

而现代邮政的物流业务，不但包括快递，还包括货运、仓储、金融等丰富多样的业务范围，服务对象也不再单一。

因此，与其说这些是中华驿站和现代邮政的交叉点，不如说现代邮政与中华驿站虽有着不同的概念，又有似一脉相承，存在差异的地方是传递的形式和内容。

从传递形式上来看，古代邮驿与今天的快递业务非常相似。

在此，总结一下各个时期的特点：

(1) 驿站的特点是，产生时间早，存在时间长，只为政府服务、不为民间服务，只传递公文和军情，邮件品种特定、传递工具原始；

(2) 传统邮政的特点是，资费均一、预付费、国家专营、全民服务。

(3) 现代邮政的特点是，邮政的市场化、商业化、公司化、普遍服务义务履行的多样化。

第四节　邮政物流的现状和展望

邮政物流，是专业经营和管理邮政物流业务的企业，是集仓储、封装、配送、加工、理货、运输和信息服务于一体的现代化综合性物流企业。以一体化精益物流、区域配送、货运代理、分销与邮购等板块为主要业务发展方向，依托和发挥邮政资源优势和邮政的信誉，运用新的经营理念，采用先进物流运作模式和技术手段，为客户服务。

随着社会经济、科技、文化等诸多方面的快速发展，各国的邮政事业面临着越来越多的挑战。全球第一大经济体的美国，其邮政业务遭遇困境，日益走向衰败，更传出濒临倒闭的消息。

一、濒临倒闭的美国邮政

根据德国《明镜》周刊 2011 年 9 月 5 日的报道，美国邮政总局局长帕特里克－多纳霍（Patrick - Donahoe）向《纽约时报》表示，美国邮政已濒临破产边缘。如果国会不及时出手相助，美国邮政将无法度过 2011 年冬天。

电子数字通信市场的繁荣和高额的工资支付逐渐把这个美国第三大雇主拖入了窘境。较上一年书信流通量骤降了 19%，预计到 2020 年将继续下降 37%。2011 年上半年企业亏损就达到了 26 亿美元。公司已不能承担 2011 年 9 月到期的数额高达 55 亿美元的退休基金。

为了走出困境，美国邮政早已开始向国会申请几十亿美元的救助金。但共和党议员一直反对对国有企业的救助。而邮政监管委员会主席、民主党参议员卡波尔（Thomas R. Carper）表示，因不作为导致美国邮政破产将使现在的经济情况雪上加霜。为避免破产，美国邮政已取消了 12 万个岗位和星期六（002291）业务。总裁多纳霍还计划索回 60 年来向国家交纳的救助基金 75 亿美元。

在美国等大多数国家邮政经营难以为继的时候，德国邮政集团却在邮政、物流、金融等方面取得了令人惊艳的成绩。

二、光芒四射的德国邮政

德国邮政集团是德国的国家邮政局，是欧洲地区处于领先位置的物流公司。近期改名为 Dertsche Post World Net（德国邮政世界网，简称 DPWN），以适应其业务全球化特点及电子商务带来的影响。集团包括 DHL、德国邮政、邮政银行、英运物流四大著名品牌，它是欧洲地区领先的物流公司，是 UPS 在欧洲市场的主要竞争对手。

在过去的十几年里，德国邮政经历了历史性的改革，从一个国有制单位变成德国邮政国际集团。

1989 年，德国邮政被分拆成三个不同的实体：邮政、电信和邮政银行。1990 年，东西德国合并，两个邮政也合并成为德国联邦邮政。1995 年，德国邮政变为股份有限公司——德国邮政公司。2000 年 11 月，德国邮政集团的股票成功上市，使其成为欧洲物流公司中的龙头老大，同时也成为世界上最大的上市物流企业，法兰克福 DAX 指数成分股之一。

德国邮政公司近几年通过一系列的收购行动（包括 DHL、德国邮政银行、Danzas 及英运物流等）迅速成为全球最大的运输和物流集团之一，为了统一企业标识，适应其业务全球化特点及电子商务带来的影响，集团进行品牌整合建立了德国邮政世界网（Dertsche Post World Net）。2009 年 3 月 11 日，德国邮政提出新的“2015 战略”，把德国邮政世界网（DPWN）更名为德国邮政 DHL（Deutsche Post DHL），并启用新的品牌标识，德国邮政的“牛号角”从新 LOGO 中消失（如图 8-10 所示）。

目前，德国邮政集团的网络已覆盖 220 个国家和地区的 12 万多个目的地，2005 年收入为 445.94 亿欧元，全球雇员数为 502545 人。从其物流净收入分布看，德国、法国、意大利和欧洲其他国家分别占 23%、17%、8%和 23%，斯堪的纳维亚、美洲、远东澳洲分别占 12%、11%和 6%。

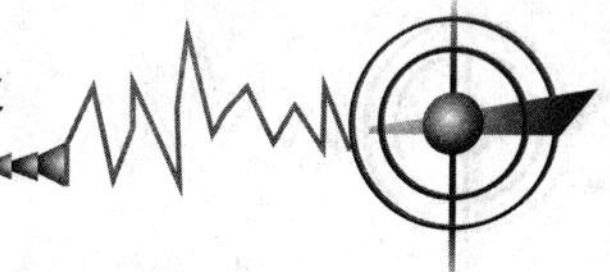

Deutsche Post

(a) 原 LOGO

Deutsche Post DHL

(b) 新 LOGO

图 8-10　欧洲邮政徽志

17 世纪初，欧洲一些国家的屠宰业发达，牲口贩子吹着号角到处收购牲畜。他们流动性强，又有一定的路线，当时的邮政机构以低廉的价格委托他们沿途收投邮件，人们听到牛号角声音，就知道可以寄信了。后来，牲口交易逐渐衰败，牲口贩子不再从事长途贩运，但牛号角被保留下来，成为信使、邮驿马车送投邮件的信号，因此在欧洲，牛号角就和邮政联系在一起，沿袭至今。

由于牛号角与传递邮件有关，欧洲许多国家将牛号角印在邮票上或作邮票的水印。德国邮政徽志牛号角下有两个反向的箭头，表示向各地发送邮件。芬兰邮政徽志由俄式皇冠、芬兰狮和牛号角组成图案。罗马尼亚邮政徽志则由牛头上缀一五角星，下饰牛号角。瑞士、瑞典、奥地利、保加利亚等国的邮政徽志都含有牛号角形象。

三、忙着上市的中国邮政速递物流

中国邮政速递物流经历 30 年发展，拥有国内知名的 EMS（全球邮政特快专递）和 CNPL（中邮物流）等品牌。相继推出了“次晨达”“次日递”“限时递”等高端服务业务，以及国内特快专递代收货款、收件人付费等增值业务，逐步构建起以卓越、标准和经济三大类服务为主体的业务产品体系。围绕邮政物流服务，确立了一体化合同物流、中邮快货和分销配送等三大主要产品。采用先进物流运作模式和技术手段，努力为客户提供个性化、完善的物流解决方案，提供基于供应链管理的，包括仓储、封装、配送、加工、理货、运输和信息服务的综合物流服务。

目前，中国邮政速递物流股份有限公司拥有由飞机、火车、汽车等组成的全国性、立体化干线运输网，搭建了国内最早、最大的“全夜航”货运航空网络。功能强大的速递物流邮件综合信息处理平台，不仅实现了各类邮件生产和管理全流程的信息化处理，还为客户提供全过程实时动态跟踪查询功能。目前，业务通达全球 220 多个国家和地区，覆盖国内 2800 多个县（市）服务网络，可为社会各界提供速递物流服务。

2012 年 5 月 4 日，中国证监会晚间发布公告称，发审委审核了中国邮政速递物流股份有限公司首发申请，公司申请获通过。中国邮政速递物流拟发行不超过 40 亿股，A 股发行后总股本不超过 120 亿股，拟于上交所上市。有关数据显示，截至 2011 年 12 月 31 日，中国邮政速递物流总资产为223.69亿元，归属于母公司股东权益为126.73亿元。2009—2011年，中国邮政速递物流分别实现营业收入196.40亿元、225.11亿元、258.85亿元；实现归属于母公司股东的净利润为2.37亿元、5亿元和9.02亿元。

中国速递的募集资金在扣除发行费用后，将用于投资南京集散中信及航空快速网；陆路快速网集散中心；重点城市速递处理及物流仓储设施、呼叫中心等。中国邮政的上市表明，中国邮政物流在市场化道路上迈出重要的一步。

2012年6月29日，中国邮政速递物流股份有限公司揭牌典礼在京举行。这是中国邮政集团公司按照国务院关于邮政体制改革的总体要求，深化邮政主业改革的重要举措。同日，在全国31个省（区、市）建立全资子公司，各省（区、市）子公司挂牌宣告成立。

第九章　中华驿站与物流园区的比较分析

在前一章里，我们已经谈到现代物流园区与中华驿站的历史联系和文化传承。在这一章里，我们将详细地对比、分析一下两者发展所处的社会、经济、文化方面的背景。

第一节　中华驿站与现代物流发展的社会背景

一、中华驿站发展的社会背景

中华驿站是古代邮驿系统的重要组成元素，也是国家出现以后，政府专门为传递公文和军情所设置的通信机构。

在英文中，邮政的基础元素是邮局（Post），英国现在的邮政系统已经存在370年之久，是现存最久的现代化邮政系统，这与存在近3000年的中华驿站系统有着极大的不同。

中华驿站能够在古代快速发展起来，与当时的社会政治环境密切相关。

最初的驿站（邮）根源于国防军事的需要。早期的军情和官方文书，主要依靠人力步递。因此，在春秋时期，人们把边境内外传递文书的机构叫做“邮”。据历史学家证实，当时的驿站相距大约为现在的25千米，相当于当时一个成年人当天能往返的距离。

在秦王嬴政统一六国后，称始皇，推行“车同轨、书同文”等多项有利于国家内部交流沟通的新政。这些新政极大地促进了驿站系统的进步。比如，秦始皇所设置的“十里一亭”，是当时乡级政府以下以维持治安为主体的行政架构，用于实现国家的行政管理和治安职能，而在交通干线上的“亭”又兼有公文通信功能，被时人称为“邮亭”。这种“邮亭”就是秦代以步行递送的通信机构。

到了汉代，“驿站”系统得到了更进一步的发展。汉初政府“改邮为置”，即是改人力步行递送为骑马快递，并规定“三十里一驿”，传递的距离由春秋时的25千米扩大到150千米。同时为了满足国家管理的需要，汉代还逐步将单一置骑传送公文军情的“驿站”，改造成为兼有迎送过往官员和专使职能的机构，驿站的功能得到了扩大（如图9－1、图9－2所示）。

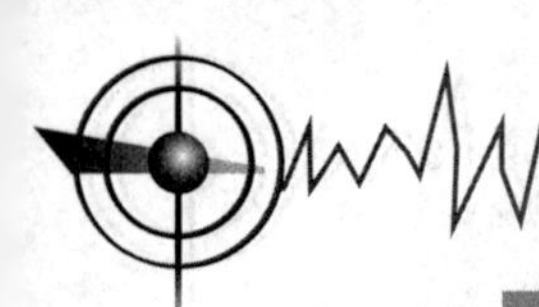

图 9-1　伊林驿站博物馆馆藏的元代行军铜锅

注：作者摄于伊林驿站博物馆

图 9-2　伊林驿站博物馆馆藏的元代图拉噶

注：①“图拉噶”是蒙语，指“锅、锅架”

②作者摄于伊林驿站博物馆

到了唐代，随着国际间的交流增加，外国使节、客商等往来迅速增加。鉴于社会政治需要，唐朝政府将驿站改成馆驿，将其迎来送往的“馆舍”功能突显出来。驿站改馆，功能增加，唐朝政府的财政负担也相应增加。当时，驿站的建设和营运费用是国家财政的重要支出。在盛唐时，全国有馆驿 1643 个，从事驿站工作的人员有 2 万多人，其中 80%以上为被征召轮番服役的农民。由于唐朝政府的财政对馆驿支出安排费用有限，而馆驿的实际耗费巨大。为了保证馆驿的正常运营，唐代前期一般由政府指定当地富户主持，并任命其为驿将或捉驿（“捉”即掌握、主持之意），负责对驿丁的管理、馆舍的修缮、接待和通信工作及其月报的报送，并出资弥补驿站的亏损。有些头脑灵活的驿将则利用馆驿社会交往之便从事商业活动，不仅可达到“以商补亏”的目的，而且还有利可图，产生了不少名闻遐迩的工商巨贾（如图 9-3、图 9-4 所示）。

“驿站”一词源自元朝“站赤”制度。元朝时疆域辽阔，为了加强统治，巩固政权，元朝政府积极发展交通，实行“站赤”制度。“站赤”是蒙古语音译，译成汉语就是“驿站”（如图 9-5 所示）。

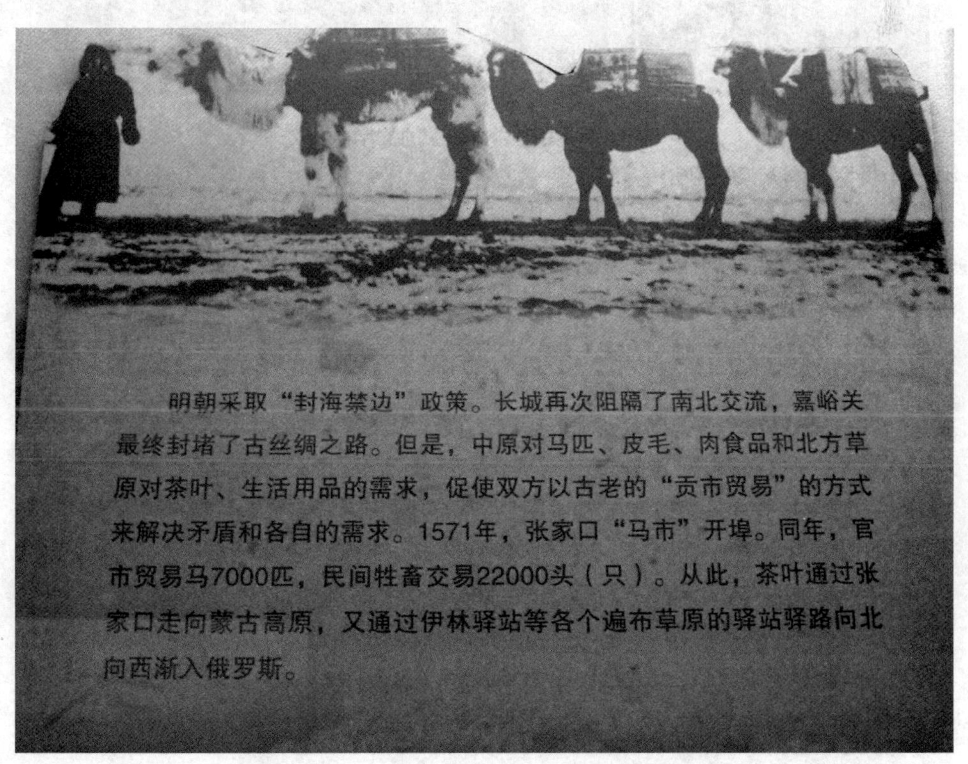

明朝采取“封海禁边”政策。长城再次阻隔了南北交流，嘉峪关最终封堵了古丝绸之路。但是，中原对马匹、皮毛、肉食品和北方草原对茶叶、生活用品的需求，促使双方以古老的“贡市贸易”的方式来解决矛盾和各自的需求。1571年，张家口“马市”开埠。同年，官市贸易马7000匹，民间牲畜交易22000头（只）。从此，茶叶通过张家口走向蒙古高原，又通过伊林驿站等各个遍布草原的驿站驿路向北向西渐入俄罗斯。

图 9-3 关于张家口“马市”的文字与图片介绍

注：作者摄于伊林驿站博物馆内

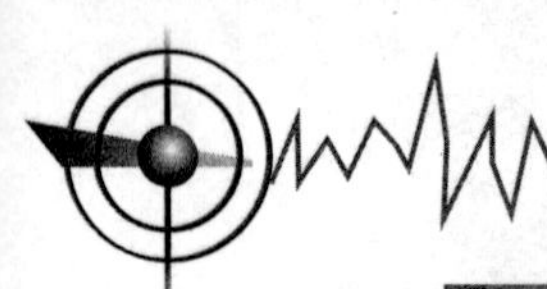

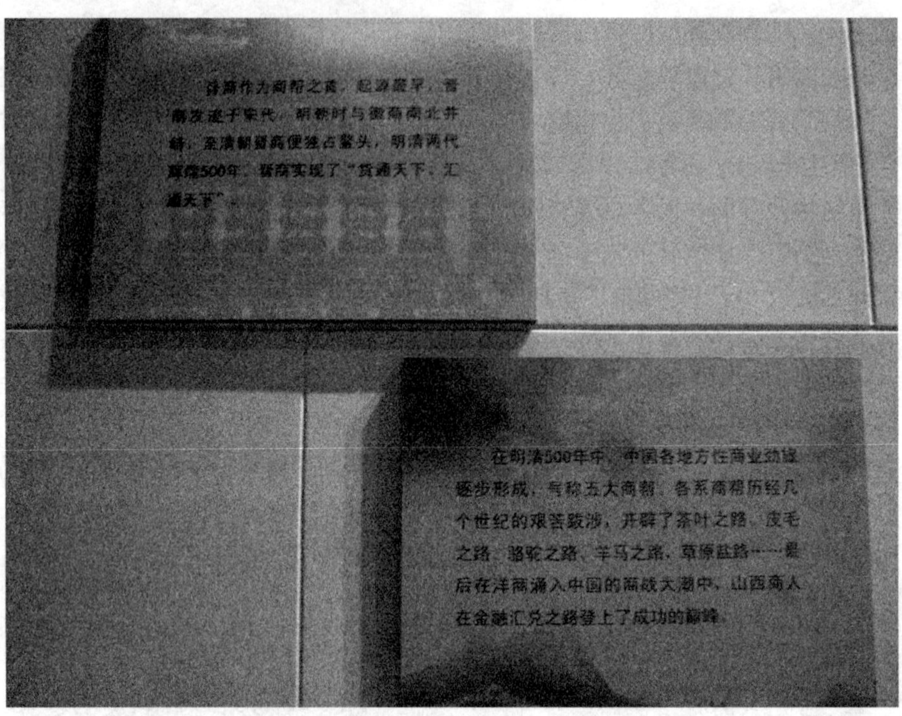

图 9-4　关于"晋商"的文字介绍

注：作者摄于伊林驿站博物馆内

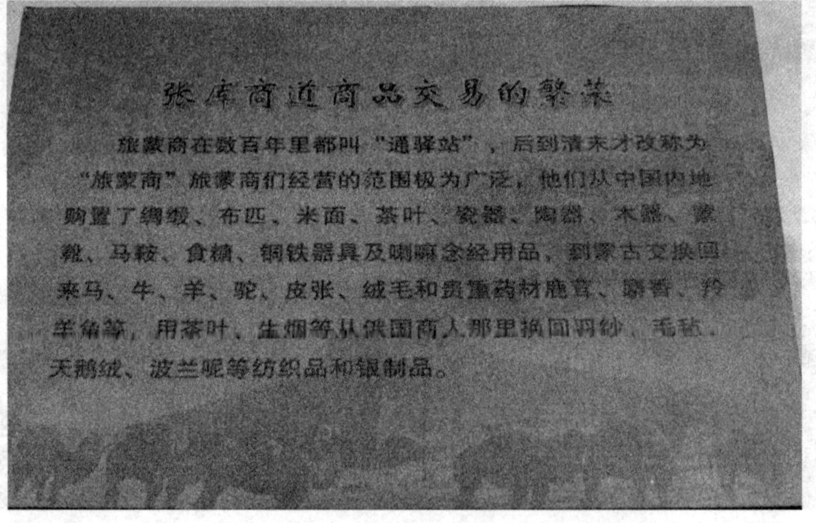

图 9-5　关于张库商道的文字介绍

注：作者摄于伊林驿站博物馆内

明代的运输系统在驿站之外发生了重要变化，出现了专门运输物资的"递运所"。这是一种独立于驿站，专门从事货物运输的组织，其主要任务是预付国家的军需、贡赋和赏赐之物，由各地卫所管理。递运所开始设于洪武元年（公元 1368 年），它的设置，是明代运输的一大进步，使货物运输有了专门的组织。明代陆路运输，基本上是采取定点和接力的方法。因此，递运所除担负驻地指定运输路线的任务外，还要做好海、河运输的集散工作。

清朝以后，驿站系统趋于完善。清顺治帝入关后，建都于北京，称原来的都城盛京为留都。盛京在全国仍然具有十分特殊的地位。盛京驿站也与其他省不同。驿站分驿、站、铺三部分。驿站是官府接待宾客和安排官府物资的运输组织。站是传递重要文书和军事情报的组织，为军事系统所专用。铺由地方厅、州、县政府领导，负责公文、信函的传递。盛京驿站基本上是沿袭明代驿站设置，不受行政区划的限制，而是根据交通状况而定。铺递用以传递公文。凡州县往来公文，都由铺递传送，盛京的铺递遍布全区。

驿站系统在科学技术和管理方式进步缓慢的古代社会环境下，政治需要给予其快速发展的便利条件。但是，到了清末，伴随着西方先进的科学技术和管理方式开始被介绍到中国，其中包括电报通信、邮政等新的信息传递方式，公路、铁路、轮船等近代交通条件。最终到 1912 年，北洋政府初期，新的交通、通信网络在各地兴起，传统的驿站交通被废止。

社会政治环境对驿站的发展，并非全部是有利因素，有时候会造成恶性循环。比如，明末崇祯帝曾在大臣建议下废除驿站，导致大量驿站工作人员失业，成为流民。而推翻明朝统治的闯王李自成就是由一名当年被裁的银川驿卒变成草莽英雄。

二、现代化物流园区发展的社会背景

“现代物流园区”一词，最早出现在欧洲。欧洲的物流园区至今也有几十年的历史。据国外资料，物流园区的前身可以说是货运中心。在德国，货运中心最早的内涵是货物集散中心，具有货物聚集、堆存、仓储、分运等传统货运场站的功能。到目前为止，德国已经形成了由 33 个园区组成的、分布于德国不同地区的物流园区群体。但是，由于它们是由货运中心延续发展而来，因此在德国称之为货运区域。

从国内第一个物流园区深圳平湖物流基地起，中国物流园区得到了快速发展，物流园区成为了一个朗朗上口的词汇，甚至很多地方的物流规划已经演变成为物流园区规划。曾比较流行的看法是，物流园区（Logistics Park）是指在物流作业集中的地区，在几种运输方式衔接地，将多种物流设施和不同类型的物流企业在空间上集中布局的场所，也是一个有一定规模的和具有多种服务功能的物流企业的集结点。

不同的国家对物流园区的称谓也不一样。比如，在日本叫做物流团地，在欧洲有些地方叫做货运村。日本的物流团地（即物流园区）最早出现在日本东京。日本从 1965 年起在规划城市发展的时候，政府从城市整体利益出发，为解决城市功能紊乱，缓解城市交通拥挤，减轻产业对环境压力，保持产业凝聚力，顺应物流业发展趋势，实现货畅其流，在郊区或城乡边缘带主要交通干道附近专辟用地，确定了若干集约运输、仓储、市场、信息、管理功能的物流团地。通过逐步配套完善各项基础设施、服务设施，提供各种优惠政策，吸引大型物流（配送）中心在此聚集，使其获得规模效益，对于整合市场、实现降低物流成本经营起到了重大作用；同时，减轻大型配送中心在市中心分布所带来的种种不利影响，成为支撑日本现代经济的基础产业。

物流园区在欧洲被称作货运村。一个货运村是一个定义了的区域，是指在一定区域范围内，所有有关商品运输、物流和配送的活动，包括国际和国内运输，通过各种经营者实现。这些经营者可能是建在那里的建筑和设施（仓库、拆货中心，存货区，办公场所、停车场等）的拥有者或租赁者。同时，为了遵守自由竞争的规则，一个货运村必须允许所有与上面陈述的业务活动关系密切的企业进入。一个货运村也必须具备所有公共设施以实现上面提及的所有运作。如果可能，它也应当包括对员工和使用者设备的公共服务。为了鼓励商品搬运的多式联运，必须通过更适宜的多样性的运输模式（陆路、铁路、深海/深水港、内河、空运）服务于一个货运村。最后，一个货运村必须通过一个单一的主体经营（公共的或者私有的），这一点是必需的。

这个定义是由一个称为“欧洲平台”的机构在1992年9月18日制定的，这个定义明确了这样几个内容：①在货运村内实现运输、物流和配送等所有业务活动；②经营者是物流及相关设施的拥有者和租赁者（所有者及经营者）；③企业进入遵守自由竞争的原则（市场规则）；④货运村必须具备所有的公共设施或基础设施；⑤多样化的运输方式；⑥一个单一的运营主体。

从日本和欧洲的现代物流园区内容情况来看，与中华驿站物流形态与物流功能有着很大的相同之处或相同类似。时代的文明与科技的进步，现代物流园区发展大大进步于具备货物运送物流形态与物流功能的中华驿站，利用现代化信息手段和物流运输工具，驿站系统与物流园区不可同日而语。

当下的物流园区在国内的发展历程短暂，此时的整个社会政治环境对其未来的发展速度和方向有着重大影响。

结合国内外的物流园区情况，可得出物流园区的定义应当包括以下几个要素：

1. 土地规模

物流园区是大概念，而一般意义上的物流配送中心是小概念，这一点在国内外都是明确的。因此，要求物流园区有一定的规模。因为规模大小将决定物流园区所能够承载的设施、功能与服务。

2. 物流设施

物流园区必须具备比较完备的设施，这些设施包括基础设施（用于仓储运输服务的设施）、公共设施（用于工商、税务、海关、商检、银行、保险等服务的设施）以及相关设施（用于办公、住宿、饮食等服务的设施）。

3. 进入企业及标准（或规则）

物流园区必须制订明确的进入企业标准，并以市场竞争的规则决定企业进出或去留。

4. 物流功能和服务

物流服务包括基本服务和附加服务（或增值服务），既包括对进入企业的服务也包括对终端客户的服务。物流园区在规划与设计中不能只停留在功能上，必须定义所提供的服务，依据“链”条（需求链、供应链、价值链、产业链、服务链等）设计物流园区的服务。

5. 运营主体

物流需要集约化，土地开发需要集约化，城市需要经营，等等，如果物流园区没有一个明确的运营主体，那么，土地以及各种投资的回报就只能是纸上谈兵。避免表面上一个运营主体而实际上是各自为政或者只有管理主体而没有运营主体的局面。单一的通过招商而转让或租赁土地的方式是难以形成真正意义上的运营主体的，经营土地和经营物流园区是两个不同的概念。

6. 投资主体

这个问题对于中国的物流园区尤为重要，绝大多数的物流园区都是从生地开始的，其主要情形是：物流园区都是政府主管部门或直属企业以土地形式投资控股并在此基础上衍生出的两个牌子一班人马的机构，这就必然造成政企不分的局面。国外的很多物流园区都是从熟地开始的，即便是政府投资，也不存在政府干预经营的情况。关于投资主体问题，既要明确投资主体本身，也要明确投资主体和运营主体的关系。

物流园区的定义可以归纳为：

物流园区（Distribution Park），是指符合相关条件的（进入企业及标准或规则）一家或多家企业或单位（运营主体和投资主体）采用相关设施设备（物流设施）管理和从事具有特定功能物流活动（物流功能和服务）在一定区域空间上（土地规模）集中布局的场所，是具有一定规模和综合服务功能的物流集结点。

物流园区将众多物流企业聚集在一起，实行专业化和规模化经营，发挥整体优势，促进物流技术和服务水平的提高，共享相关设施，降低运营成本，提高规模效益。

其内涵可归纳为以下三点。

（1）物流园区是由分布相对集中的多个物流组织设施和不同的专业化物流企业构成的具有产业组织、经济运行等物流组织功能的规模化、功能化的区域。这首先是一个空间概念，与工业园区、经济开发区、高新技术开发区等概念一样，具有产业一致性或相关性，拥有集中连片的物流用地空间。

（2）物流园区是对物流组织管理节点进行相对集中建设与发展的具有经济开发性质的城市物流功能区域。作为城市物流功能区，物流园区包括物流中心、配送中心、运输枢纽设施、运输组织及管理中心和物流信息管理中心等适应城市物流管理与运作需要的物流基础设施。

（3）物流园区也是依托相关物流服务设施，进行与降低物流成本、提高物流运作效率和改善企业服务有关的，流通加工、原材料采购和便于与消费地直接联系的生产等活动的具有产业发展性质的经济功能区。作为经济功能区，其主要任务是开展满足城市居民消费、就近生产、区域生产组织所需要的企业生产、经营活动。

第二节　中华驿站与现代物流发展的经济文化背景

一、中华驿站发展的经济文化背景

一方面，中华驿站的发展建立在中国古代发达的经济文化基础之上；另一方面，中华驿站的发展也进一步促进了古代中国各地区、中外之间的经济文化交流。

中华驿站的发展建立在中国古代发达的经济文化基础之上。无论中华驿站系统的发展、衰退，还是变革、废除，都与中国古代当时的经济文化环境密切相关。中国古代社会从奴隶制过渡到封建制，再从封建制过渡到封建集权制。政治制度的演进、变革给经济和文化注入了生命。统治者的支持、交通要道的修建、造纸术的发明、文字的演进普及、农产品的丰富和商品经济的出现等，给中华驿站的发展奠定了经济文化基础。

中华驿站的发展也进一步促进了古代中国各地区、中外之间的经济文化交流。

在经济方面，中华驿站除了作为古代政令军情传递、官吏过往、军队调动的中转站外，还为物资运输、赈灾抚民、商业贸易、中外交流等方面发挥了重要作用。

驿站作为国家最小的机构，在维护古代中国信息网络、物流网络畅通无阻的传奇经历。在被称为“天下血脉”的驿道网络里星罗棋布的小小驿站承担着确保“九州清平”“江山一统”“国脉所系”的重大职责。同时还搭建了一座展示丝绸之路、茶叶之路、茶马古道等广阔舞台，演绎了一幕幕跌宕起伏的、真实的经济文化景象。

相关链接：茶马古道

茶马古道是指存在于中国西南地区，以马帮为主要交通工具的民间国际商贸通道，是中国西南民族经济文化交流的走廊，茶马古道是一个非常特殊的地域称谓，是一条世界上自然风光最壮观、文化最为神秘的旅游绝品线路，它蕴藏着开发不尽的文化遗产。

“茶马古道”是一个有着特定含义的历史概念，它是指唐宋以来至民国时期汉、藏之间以进行茶马交换而形成的一条交通要道。具体说来，茶马古道主要分南、北两条道，即滇藏道和川藏道。滇藏道起自云南西部洱海一带产茶区，经丽江、中甸（今天的香格里拉县）、德钦、芒康、察雅至昌都，再由昌都通往卫藏地区。川藏道则以今四川雅安一带产茶区为起点，首先进入康定，自康定起，川藏道又分成南、北两条支线：北线是从康定向北，经道孚、炉霍、甘孜、德格、江达、抵达昌都（即今川藏公路的北线），再由昌都通往卫藏地区；南线则是从康定向南，经雅江、理塘、巴塘、芒康、左贡至昌都（即今川藏公路的南线），再由昌都通向卫藏地区。

所谓茶马古道，实际上就是一条地道的马帮之路。茶马古道的线路主要有两条：一条从四川雅安出发，经泸定、康定、巴塘、昌都到西藏拉萨，再到尼泊尔、印度，国内路线全长3100多千米；另一条路线从云南普洱茶原产地（今西双版纳、思茅等地）出发，经大理、丽江、中甸、德钦，到西藏邦达、察隅或昌都、洛隆、工布江达、拉萨，然后再经江孜、亚东，分别到缅甸、尼泊尔、印度，国内路线全长3800多千米。在两条主线的沿途，密布着无数大大小小的支线，将滇、藏、川"大三角"地区紧密联结在一起，形成了世界上地势最高、山路最险、距离最遥远的茶马文明古道。在古道上是成千上万辛勤的马帮，日复一日、年复一年，在风餐露宿的艰难行程中，用清悠的铃声和奔波的马蹄声打破了千百年山林深谷的宁静，开辟了一条通往域外的经贸之路。

陕甘茶马古道，由明代陕西商人与古代西北边疆的茶马互市形成。而此时所谓的茶马古道主要的运输工具是骆驼。而茶、马，指的是贩茶换马（这里的茶和马均是商品）。之所以用骆驼是因为明朝时要有数百万斤茶叶要贩运（从四川到西北），到清朝时达到了数千吨，马不能胜任。由于明清时政府对贩茶实行政府管制，贩茶分区域，因此陕甘茶马古道是当时唯一可以在国内跨区贩茶的茶马古道。

川藏茶马古道始于唐代，东起雅州边茶产地雅安，经打箭炉（今康定），西至西藏拉萨，最后通到不丹、尼泊尔和印度，全长近四千余千米，已有一千三百多年历史，具有深厚的历史积淀和文化底蕴，是古代西藏和内地联系必不可少的桥梁和纽带。

滇藏茶马古道大约形成于公元六世纪后期，它南起云南茶叶主产区西双版纳易武、普洱市，中间经过今天的大理白族自治州和丽江市、香格里拉进入西藏，直达拉萨。有的还从西藏转口印度、尼泊尔，是古代中国与南亚地区一条重要的贸易通道。普洱是茶马古道上独具优势的货物产地和中转集散地，具有悠久的历史。

茶马古道起源于唐宋时期的"茶马互市"。因康藏属高寒地区，海拔都在三四千米以上，糌粑、奶类、酥油、牛羊肉是藏民的主食。在高寒地区，需要摄入含热量高的脂肪，但没有蔬菜，糌粑又燥热，过多的脂肪在人体内不易分解，而茶叶既能够分解脂肪，又防止燥热，故藏民在长期的生活中，创造了喝酥油茶的高原生活习惯，但藏区不产茶。而在内地，民间役使和军队征战都需要大量的骡马，但供不应求，而藏区和川、滇边地则产良马。于是，具有互补性的茶和马的交易即"茶马互市"便应运而生。这样，藏区和川、滇边地出产的骡马、毛皮、药材等和川滇及内地出产的茶叶、布匹、盐和日用器皿等，在横断山区的高山深谷间南来北往，流动不息，并随着社会经济的发展而日趋繁荣，形成一条延续至今的"茶马古道"（如图9-6～图9-11所示）。

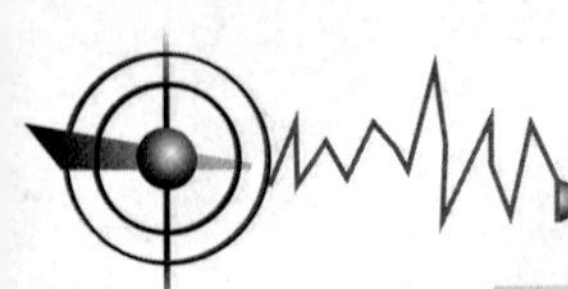

图 9-6　关于普洱茶马帮进京的图片介绍

注：作者摄于云南昆明民族文化馆内

图 9-7　关于马帮古驿桥的图片介绍

注：作者摄于云南昆明民族文化馆内

图 9－8　关于古道马帮的介绍图片

注：作者摄于云南昆明民族文化馆内

图 9－9　关于怒江马帮古道介绍图片

注：作者摄于云南昆明民族文化馆内

马帮过桥

图 9－10　“马帮过桥”图片

注：作者摄于云南昆明民族文化馆内

图 9-11　“云龙青云桥马帮古道”图片

注：作者摄于云南昆明民族文化馆内

丝绸之路是一条横贯亚洲、连接欧亚大陆的著名古代陆上商贸通道，是指西汉（公元前 202—前 8）时，由张骞出使西域开辟的以长安（今西安）为起点，经甘肃、新疆，到中亚、西亚，并联结地中海各国的陆上通道（这条道路也被称为“西北丝绸之路”以区别日后另外两条冠以“丝绸之路”名称的交通路线）。因为由这条路西运的货物中以丝绸制品的影响最大，故得此名。其基本走向定于两汉时期，包括南道、中道、北道三条路线。广义的丝绸之路指从上古开始陆续形成的，其东段已经到达了韩国、日本，西段至法国、荷兰。通过海路还可达意大利、埃及，成为遍及欧亚大陆甚至包括北非和东非在内的长途商业贸易和文化交流线路的总称。

茶马古道源于古代西南边疆的茶马互市，兴于唐宋，盛于明清。古道主要有三条线路：即青藏线（唐蕃古道）、滇藏线和川藏线，在这三条茶马古道中，青藏线兴起于唐朝时期，发展较早；而川藏线在后来的影响最大，最为知名。川藏、滇藏两路，连接川滇藏，延伸入不丹、锡金、尼泊尔、印度境内，直到西亚、西非红海海岸。滇藏茶马古道大约形成于公元六世纪后期，它南起云南茶叶主产区思茅、普洱，中间经过今天的大理白族自治州和丽江地区、香格里拉进入西藏，直达拉萨。有的还从西藏转口印度、尼泊尔，是古代中国与南亚地区一条重要的贸易通道（如图 9－12 所示）。

丝绸之路中国境内的古驿站对保障这条古代东西贸易大通道的繁荣起到了至关重要的作用。丝绸之路衰落之后，在欧亚大陆上又形成了一道国际通道，就是茶叶之路。

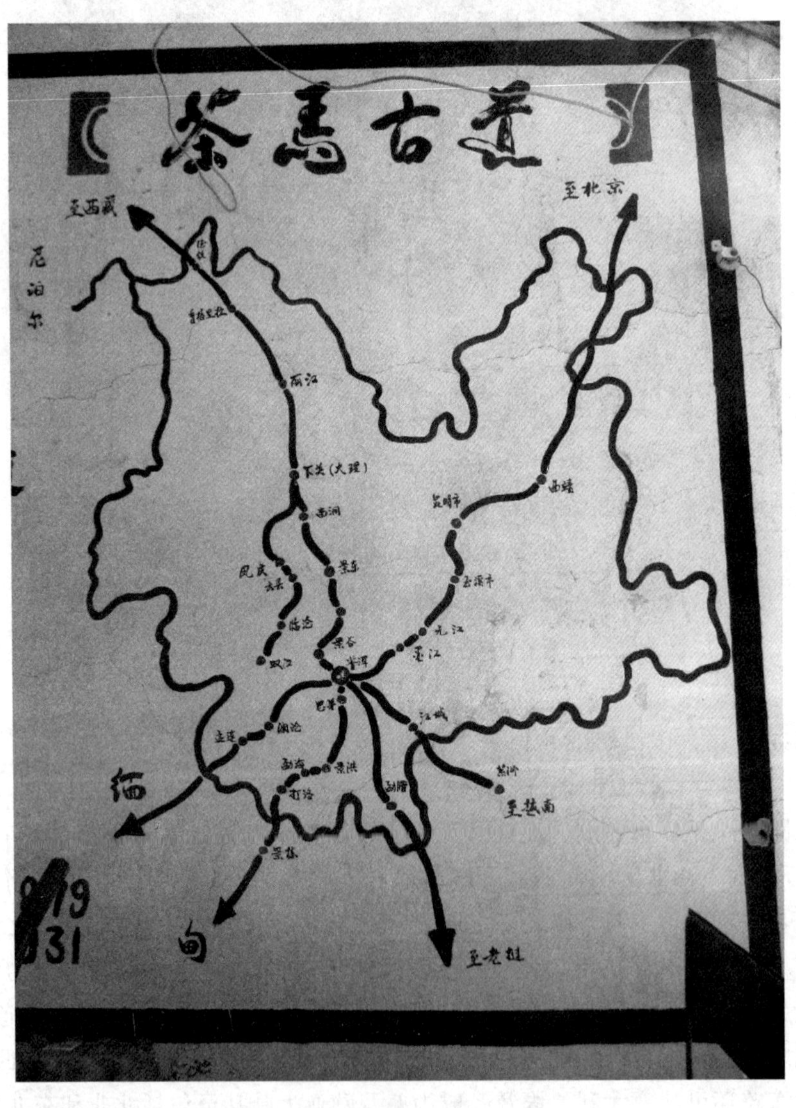

图 9－12　茶马古道示意图

注：作者摄于云南昆明民族文化馆

3000 多年的中华驿站、古驿道，2000 多年前的丝绸之路，1000 多年前的茶叶之路，

300 多年前的张（家口）库（伦）大道，无论历史如何变迁，散落在中华大地的古驿站见证了中国古代历史的辉煌和贸易的繁荣。

相关链接：丝绸之路

丝绸之路（Silk Road）（如图 9－13 所示）是古代贯通中西方的商路，通常是指欧亚大陆北部的商路，与南方的茶马古道形成对比，西汉时张骞出使西域开辟的以西安为起点，往西一直延伸到罗马。在通过这条漫漫长路进行贸易的货物中，中国的丝绸最具代表性，“丝绸之路”因此得名。丝绸之路不仅是古代亚欧互通有无的商贸大道，还是促进亚欧各国和中国的友好往来、沟通东西方文化的友谊之路。历史上一些著名人物，如，出使西域的张骞，投笔从戎的班超，西天取经的玄奘，他们的一些故事都与这条路有关。

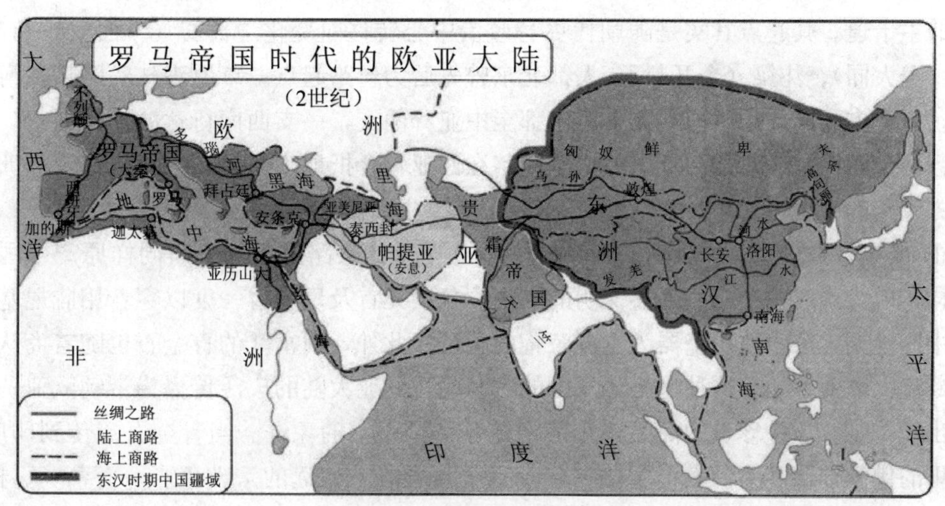

图 9－13　丝绸之路示意图

自从张骞通西域以后，中国和中亚及欧洲的商业往来迅速增加。通过这条贯穿亚欧的大道，中国的丝、绸、绫、缎、绢等丝制品，源源不断地运向中亚和欧洲，因此，希腊、罗马人称中国为赛里斯国，称中国人为赛里斯人。所谓“赛里斯”即“丝绸”之意。19 世纪末，德国地质学家李希霍芬将张骞开辟行走的这条东西大道誉为“丝绸之路”。

德国人胡特森在多年研究的基础上，撰写成专著《丝路》。从此，“丝绸之路”这一称谓得到世界的承认。丝绸之路，概括地讲，是自古以来，从东亚开始，经中亚、西亚进而联结欧洲及北非的这条东西方交通线路的总称。丝绸之路，在世界史上有重大的意义。这是亚欧大陆的交通动脉，是中国、印度、希腊三种主要文化交汇的桥梁。

丝绸之路，在新疆按其路线分为南、中、北三道。1877 年，德国地理学家李希霍芬（F. Von Richthofen）命名。不过他所指的是“从公元前 114 年到公元 127 年，中国于河间地区以及中国与印度之间，以丝绸贸易为媒介的这条西域交通路线”。所谓西域则泛指

古玉门关和古阳关以西至地中海沿岸的广大地区。后来，史学家把沟通中西方的商路统称丝绸之路。因其上下跨越历史 2000 多年，涉及陆路与海路，所以按历史划分为先秦、汉唐、宋元、明清 4 个时期，按线路有陆上丝路与海上丝路之别。陆上丝路因地理走向不一，又分为“北方丝路”与“南方丝路”。陆上丝路所经地区的地理景观差异很大，人们又把它细分为“草原森林丝路”、“高山峡谷丝路”和“沙漠绿洲丝路”。

丝绸是古代中国沿商路输出的代表性商品，而作为交换的主要回头商品，也被用做丝路的别称，如“皮毛之路”、“玉石之路”、“珠宝之路”和“香料之路”。隋唐年代（589—896 年）丝路空前繁荣，胡商云集京师长安，定居者数以万计。唐中叶战乱非常频繁，丝路被阻，规模远不如前，海上丝绸之路风光集萃（19 张），陆上丝路逐渐取而代之。

北方陆上丝路指由黄河中下游通达西域的商路，包括草原森林丝路、沙漠绿洲丝路。前者存在于先秦时期，后者繁荣于汉唐。沙漠绿洲丝路延续千余年，沿线文物遗存多，是丝路的主干道。其起点其实是随朝代更替政治中心转移而变化。长安（今西安）和洛阳、平城（今大同）、汴梁（今开封）、大都北京曾先后为丝路起点。草原森林丝路从黄河中游北上，穿蒙古高原，越西伯利亚平原南部至中亚分两支，一支西南行达波斯转西行，另一支西行翻拉尔山越伏尔加河抵黑海滨。两路在西亚辐合抵地中海沿岸国家。沙漠绿洲丝路是北方丝路的主干道，全长 7000 多千米，分东、中、西 3 段。

正如“丝绸之路”的名称，在这条逾 7000 千米的长路上，丝绸与同样原产中国的瓷器一样，成为当时一个东亚强盛文明的象征。各国元首及贵族曾一度以穿着用腓尼基红染过的中国丝绸，家中使用瓷器为富有荣耀的象征。此外，阿富汗的青金石也随着商队的行进不断流入欧亚各地。这种远早于丝绸的贸易品在欧亚大陆的广泛传播为带动欧亚贸易交流作出了贡献。这种珍贵的商品曾是两河流域各国财富的象征。当青金石流传到印度后，被那里的佛教徒供奉为佛教七宝之一，令青金石增添了悠远的宗教色彩。而葡萄、核桃、胡萝卜、胡椒、胡豆、菠菜（又称为波斯菜）、黄瓜（汉时称胡瓜）、石榴等的传播为东亚人的日常饮食增添了更多的选择。西域特产的葡萄酒经过历史的发展融入到中国的传统酒文化当中。商队从中国主要运出铁器、金器、银器、镜子和其他豪华制品。运往中国的是稀有动物和鸟类、植物、皮货、药材、香料、珠宝首饰。

相关链接：南方丝绸之路

贵州七星关驿道从山壁凿出来的梯步上有深深的马蹄坑，马蹄坑积起来的望天水映照着天上紊乱的流云。这段驿道，大约 600 级。当年诸葛亮就是踏着那些残颓的石板，在这里祭七星，七获孟获，现是国道 326 线通县油路改造工程的控制性工程。千年的历史缩短为瞬间的一瞥。大约 109 年前，诗人余达父驻足七星驿道，感慨道：鬼国竟开新电驿，延江仍属古梁州。

黔西北的驿道作为中华历史最早西部开发的标志性工程，得上溯到雄才大略的秦始皇。一统天下后，这位始皇帝把目光投放在了西南夷。《史记》记载“秦时常安页略通五尺道，诸此国颇置吏焉”。汉武帝建元六年（公元前 135 年），中郎将唐蒙又奉命修筑夜郎道，从宜宾一直到曲靖，还设了 8 处邮亭，历时 18 年，也称为石门道，连接了中原与巴蜀黔滇粤，纵贯南北，以至连贯缅甸、印度、西亚诸国等，便是著名的“南方丝绸之路”。一时间，山间铃响马帮来，人员和物资，就在这条最早的西南出海大通上来来往往。据记载，清乾隆年间，云南每年产铜万斤，这万年铜就靠驮马搬运，需驮马千匹，这“南方丝绸之路”的热闹就可见一斑。

在威宁与云南接界的可渡河，到威宁金斗乡的战坡村，还有近 10 里的驿道，即便“岁月几回更”，即便也有些破碎和断裂，约 2 米宽的驿道也还算完整，仍然在为云贵的交往服务，依然可见日经累月的清晰的蹄痕，马帮吆喝驮马，在上面行走，吆喝声中，有青鸟的翅影划过蹄痕。在离威宁城 3 千米的头趟驿站，站在驿道上，当地人还能摆出驿道上演义的许多故事。明洪武年间，一代女杰奢香为维护国家统一和民族团结，勇凿龙场九驿，又整修了水西到偏桥、到安顺驿道，使贵州交通状况大为改观。尤其是龙场九驿，更是惠泽黔西北六百多年。龙场九驿为：龙场—六广—谷里—水西—西溪—金鸡—阁鸦—归化—毕节。在毕节与纳溪至交水线相接，北通四川，西通云南，系当时本省腹地交通干道。“承恩一诺九驿通”“九驿路开山失险”“帐中坐北山川走，谁道奢香一妇人”。

600 多年后的 2001 年 11 月 16 日，沿着当年“龙场九驿”故道修建的贵毕公路全线通车，成为西南出海大通道的重要组成部分。在黔西的驮煤河上，就有多年前奢香修建的万缘桥与钢筋水泥桥交相辉映。在当代交通的建设史上也闪烁着耀眼光芒。1936 年，主政贵州的周西成就主持修建了清毕公路，抗日战争期间，又兴建了为抗战作出重大贡献的川滇公路赤杉段。据称，在国家六纵六横国道干线公路网里，即将有 3 条贯穿黔西北，黔西北的道路交通将进入一个新时代。

曾经喧闹的古驿道在作出卓越贡献后已退隐到历史的深处，只有站在古驿道上聆听山风送来的历史深处的回响，或是俯下身来抚摸那些深凹的蹄痕，似乎闻到了当年驮马的汗味，历史沉甸甸地堆砌起来，让人凝重。这些驿道，实在是不该忘却的。

中华驿站，在波澜壮阔的历史长河中，维护古代中国建立的信息网络和物流网络，演绎情报传递、军事保障、物资运输、食宿、补给、换乘中转、护卫服务以及“货通天下”实现物流其畅功能的传奇经历和辉煌。

在文化方面，发达的驿站系统不但为文人墨客提供了彼此交流学习的便捷通道，而且还促进了中外不同种族、不同宗教、不同文明之间的文化交流活动。

跋涉在连接东西方畅通驿路上的使者、学者、商人、僧侣、传教士、工匠们最终把全新的知识、技术、商品、宗教、艺术以及生活方式播撒到异国他乡，使不同国度的人们得以享受到世界文明的果实。

发达的交通网络和当时已初步形成为国际化都市的上都、大都、杭州、广州以及世界最大的贸易口岸之一的泉州港为东西方文化交流提供了广阔的前景。特别一提的是：在国内，元代的教育超过了前代，书院达到 400 余所，州县学校的数量最高时达到 24400 余所。儒学、蒙古字学、医学、天文学、诗歌、元曲、绘画欣欣向荣。

相关链接：张库大道

张库大道是从塞外重镇张家口出发，通往蒙古草原腹地城市——乌兰巴托（当时叫库伦），并延伸到俄罗斯恰克图的贸易运销线，全长1400多千米，是有“北方丝绸之路”之称的古商道。张库大道历史悠久，它始于明，盛于清，衰于民国，被誉为“草原丝绸之路”和“草原茶叶之路”，在中国内外具有重要的政治、经济、文化影响以及历史地位（如图9-14所示）。

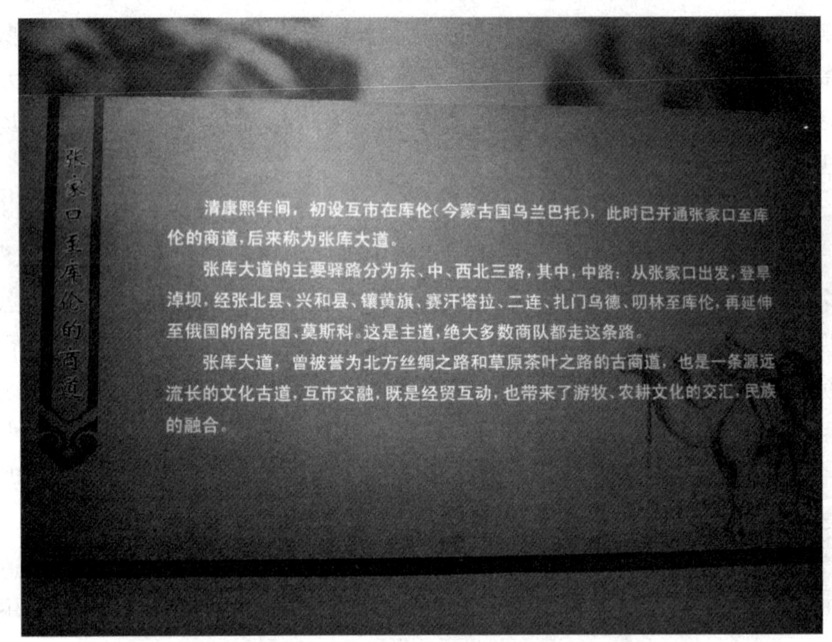

图9-14　关于“张库大道”的文字介绍

注：作者摄于伊林驿站博物馆内

塞外重镇张家口，东望京、津，南通中原，北接蒙古大草原，西连晋、甘、陕，战略地位和交通位置十分重要。历史上，这里曾是张库大道源头的贸易集散地。

张库大道的兴盛成就了张家口，张家口由此发展成为中国北方的一个商业中心，甚至在全国的经济格局中占有一席之地。张库大道贸易的兴盛，促进了张家口的发展和繁荣，也促进了乌兰巴托这座草原城市的形成。张库大道全盛时，最高年贸易额达1亿5千万两白银。按现市价折算（16两为1市斤，每市斤500克，每克1.3元人民币），大约有60多亿元人民币。当时，张家口出大境门向西，近十里的狭长沟谷中，商号店铺鳞次栉比，交易市场人声鼎沸。

自汉唐时起，萨满教、佛教、道教、伊斯兰教、基督教已沿着漫长的驿道传播到远方。到蒙元时期，仅上都城中已是佛寺、道宫、回回寺、基督教堂和文庙鳞次栉比，各教派长老备受推崇。信仰自由，文潮四起。儒、道、佛和东西方多种宗教与学说得以广泛传释和发展。

驿站在我国古代运输中有着重要的地位和作用，在通信手段十分原始的情况下，驿站担负着各种政治、经济、文化、军事等方面的信息传递任务，在一定程度上也是物流信息的一部分，也是一种特定的网络传递与网络运输。我国古代驿站各朝代虽形式有别，名称有异，但是组织严密、等级分明，手续完备是相近的。封建君主是依靠这些驿站维持着信息采集、指令发布与反馈，以达到封建统治控制目标的实现。由于当时历史条件的限制，科学技术发展的水平局限，其速度与数量与今天无法相比，但就其组织的严密程度，运输信息系统的覆盖水平也不亚于现代通信运输。可以说那时的成就也是现代文明基础的一部分。驿站与当今的邮政系统、高速公路的服务区、货物中转站、物流园区、物流中心等，有着异曲同工之美。

二、现代化物流园发展的经济文化背景

欧洲货运村又称现代物流园区传到中国，给中国现代化物流园区的建设提供了学习案例。同时，随着国内各地政府对现代物流的认识和了解，再加上对拉动外部投资的需求，现代化物流园区的建设得到了极大的政策支持和优惠。进一步说，采用集合式流通方式的现代化物流园区，必然会是现代经济文化快速发展的重要推动力量。

然而，目前现代物流在我国尚处于发展初期，物流管理技术的落后和现代物流基础设施的缺乏，均是阻碍物流快速发展的因素，加快物流园区大量、大规模基础设施的建设，将对改善物流发展环境及基础条件，培育物流产业具有重要意义和作用，以物流产业在国民经济中的地位，物流园区将因带动物流业发展而产生新的经济增长点，从而开发出新的经济发展领域。

从各项数据来看，中国物流业的潜力巨大。2012 年 2 月，中国物流与采购联合会发布的《2011 年全国物流运行情况通报》显示，2011 年全国社会物流总额 158.4 万亿元，按可比价格计算，同比增长 12.3%，增幅比上年回落 2.7 个百分点。全国社会物流总费用 8.4 万亿元，同比增长 18.5%，增幅比上年提高 1.8 个百分点。社会物流总费用与 GDP 的比率为 17.8%，同比持平，社会经济运行的物流成本仍然较高，比发达国家要高一倍左右。

鉴于我国物流业发展相对滞后，不利于我国整体经济的健康快速发展等原因。早在 2009 年 3 月，国务院发布的《物流业调整和振兴规划》指出：我国物流业总体水平落后，严重制约国民经济效益的提高。必须加快发展现代物流，建立现代物流服务体系，以物流服务促进其他产业发展。

更早之前，国务院总理温家宝在 2009 年 2 月 25 日主持召开国务院常务会议中指出：积极扩大物流市场需求，促进物流企业与生产、商贸企业互动发展，推进物流服务社会化和专业化；加强物流基础设施建设，提高物流标准化程度和信息化水平。会议确定了振兴物流业的十大主要任务、九大重点工程和九项政策措施。其中，报告提出物流业调整和振兴规划的十大主要任务之一是：根据市场需求、产业布局、商品流向、资源环境、交通条件、区域规划等因素，重点发展九大物流区域，建设十大物流通道和一批物流节点城市，

优化物流业的区域布局。

《物流业调整和振兴规划》是提到国家产业振兴政策层面上有史以来第一个服务业的振兴规划，自 2009 年 3 月以来，全国各地的物流园区规划、物流产业规划、配送中心规划、物流产业规划如雨后春笋般涌现出来，各地区对物流地产的开发成为中国新一轮经济增长的亮点。

作为进出货物的集散地和为大型厂商采购与分销提供的物流平台，物流园区在整个物流链条中处于核心地位，其功能的正常发挥有利于货畅其流的目标实现。物流园区内各经营主体通过共享相关基础设施和配套服务设施，发挥整体优势和互补优势，进而实现物流集聚的集约化、规模化效应，促进载体城市的可持续发展。物流园区以其规模大、综合服务功能强并同时具有物流组织管理和经济开发功能的特点，引起社会各界的极大关注。物流园区按照专业化、规模化的原则组织物流活动，将众多物流企业集中在一起，建立战略协作关系形成跨行业的优势互补与协作，共享相关基础设施和配套服务设施，有利于发展整体优势，实现物流的专业化和服务专业化、集中化。

目前中国物流业的发展正处于初期阶段，现代物流作为一种先进的组织方式和管理技术，在全球经济范围内已经被广泛认为是企业在降低物资消耗、提高劳动生产率以外的重要利润源泉，在国民经济和社会发展中发挥着重要作用。

国家领导人多次针对物流问题发表讲话，各种物流会议不断召开，开始出现以现代物流为主业的物流企业，以及一些省市和发达的经济区已经着手制订自己的物流规划。20 世纪 90 年代中后期以来，物流与电子商务、因特网等一起成为少数在媒体中出现频率最高的词。现代物流管理在中国才刚刚起步，表现在全社会对物流的认识还处于初级阶段，物流作为概念炒作的成分过多而真正成功的物流案例却是凤毛麟角，现代物流中心以及物流园区等物流领域的急先锋尚停留在“纸上谈兵”的阶段，刚刚迈开脚步的中国物流业还面临着太多的困惑。

进入 21 世纪，中国要实现对 WTO 缔约国全面开放服务业的承诺，物流服务作为在服务业中所占比例较大的服务门类，肯定会首先遭遇国际物流业的竞争。事实上，新世纪刚开始跨国公司和国际著名的物流服务品牌就已经以“分享”的名义频频在各种会议上推出各自的中国市场物流发展战略、物流服务标准和以信息技术为基础的物流解决方案，一些知名跨国企业如宝洁、可口可乐等也已经开始投资建立自己的大中华区物流体系，或者物色中意的物流合作伙伴。近几年来，在中国区域经济发展比较迅速的地区，政府部门已经认识到发展现代物流对于优化经济结构、改善投资环境和提高地区经济整体竞争力的战略意义，并已着手研究和制定有关物流规划与政策。

第十章　中华驿站对物流园区发展的启示

第一节　中华驿站的发展经验与启示

作为四大文明古国之首的中国，中华悠久的历史和深厚的文化底蕴为驿站的发展提供了源源不断的智力支持。有着3000年历史的中华驿站，在信息传递和物资运输方面也领先于同时期的国家。古驿站作为现代物流的先驱，历经时间的考验，始终伴随着人类历史的发展延绵至今。

当代“大漠”电影将古驿站的风流投映在宽大的幕墙上，让人们记住了一声声的古道驼铃，一面面斑驳篱墙，一曲曲塞外琴音。现代物流将古驿站的风流用另一种风姿延续下去，便捷的货运渠道，高效的装载设备，令航运世界发生巨变的集装箱等，这一切构筑了一幅繁荣的现代物流全景图。

回顾中华驿站3000年的历史，与人类文明进步息息相关。它在政治、军事、通信、贸易、交通运输、物流、经济发展、文化交流、宗教等方面起到了举足轻重的作用，也给现代人留下了弥足珍贵的经验与启示（如图10-1所示）。

图10-1　关于民国时期张家口西沟羊毛市场的介绍图片

注：作者摄于伊林驿站博物馆内

一、通信手段和交通方式决定了驿站的覆盖范围和生命力

驿站最早在春秋时期时的间隔距离大约在25公里，是当时一个成年男子一天能往返两地的距离。到了汉朝初期，人力步行的信息传递方式已经逐渐被骑马快递所取代，当时的政府设置“三十里一驿”，传递区间已经由春秋时期的25公里扩大到150公里。畜力（马）已经成为当时驿站传递的关键角色。直到近代的清朝晚期，驿站系统在信息传递方面仍然发挥着重要作用。但是随着西方先进的科学技术和管理方式传到中国，电报通信、邮政等新的信息传递方式，以及公路、铁路、轮船等交通方式，在效率上已经与古驿站式信息传递方式有了天壤之别。最终到1912年，北洋政府初期，新的交通、通信网络在各地兴起，传统的驿站交通被废止。

二、网络化的驿站体系

网络化的驿站体系弥补了古代落后的交通方式和通信手段，也为现代快递的发展提供了参考样本。但是，我们应该看到，中华驿站的网络化体系使信息和物资传递的效率和安全性增加的同时，构建和维护驿站的网络化体系所需的人力、财力等成本随着体系的扩大而迅速增加。当驿站系统管理出现官僚化，腐败横生时，庞大的驿站网络也就演变成了整个社会的负担。

从盛唐到明清的驿站网络体系中，可以窥见一斑。在盛唐时，全国有馆驿1643个，从事驿站工作的人员有2万多人。明代在干线道路上均设置了驿站。清朝的驿站体系更加完善。以蒙古地区的驿站交通概况为例。由北京出发，可由喜峰口、古北口、独石口、张家口和杀虎口通往蒙古各盟旗。从张家口通往西北的驿道站点多、路程长，是历史上著名的阿尔泰军台。蒙古地区的驿站是清廷为加强政治、军事控制设置的官道，供清廷传达军令、政令和蒙古王公年班、朝觐之用。战时则作为军需供应的运输通道。

内蒙古五路驿站分别为喜峰口路驿站、古北口路驿站、独石口路驿站、张家口驿站、杀虎口驿站。

喜峰口路驿站：从北京至内蒙古东部各盟旗的主要通道。

古北口路驿站：从北京至昭盟、锡盟等地的主要通道。

独石口路驿站：从北京至外蒙古的主要通道。

张家口驿站：从北京至张家口，转至归化成、四子部落。后为阿尔泰军台南段，可通蒙古。

杀虎口驿站：从北京至乌盟、昭盟各地的驿路。

北路台站包括阿尔泰军台、乌里雅苏台台站、科布多台站、库伦所属台站、卡伦站道。

阿尔泰军台：从张家口至哈达图。

乌里雅苏台台站：从哈达图至巴噶诺尔台。

科布多台站：由张家口经阿尔泰军台至巴噶诺尔台，然后进入科布多参赞大臣辖区。

库伦所属台站：张家口经阿尔泰军台至库伦。由库伦向北分道可通俄国边境，至哈克图，接俄罗斯。

卡伦站道：从恰克图分道向东、西分别有两路站台连接中俄边境的卡伦，为卡伦站道。

三、健全的层级管理机构

健全的层级管理机构的建立，是古代驿站体系完善的标志之一。

驿站并不是一开始便拥有健全的层级管理机构，从驿站的诞生到健全的层级管理机构的建立，这经历了一段时间。

秦朝是我国第一个大一统的封建专制朝代，此时的邮驿制度经过数百年的发展已经逐渐趋于完善。秦朝的邮驿分作不同的亭、邮、驿、传等。

到了元朝，驿站的层级管理机构已经健全。据史料记载，元朝驿站分为中央管理机构（通政院、兵部等）和地方管理机构。同时，元朝颁布法令规定，站赤（即“驿站”）由附近百姓被称作“站户”或“站马”的人来供养和服役，即什物公用的“首思”制。小的驿站配置“提领”，大的驿站配置“驿令”，关隘险要处设“脱脱禾孙”（查物验税关员）。各地驿站归地方官府提调，统隶于通政院、中书省兵部（如图 10－2 所示）。

图 10－2　关于蒙元时期觐见礼示意图

注：作者摄于伊林驿站博物馆内

注：驿站包括驿与台、站。驿是对行省驿传的称呼，站、台指在边疆地区的驿传设置。

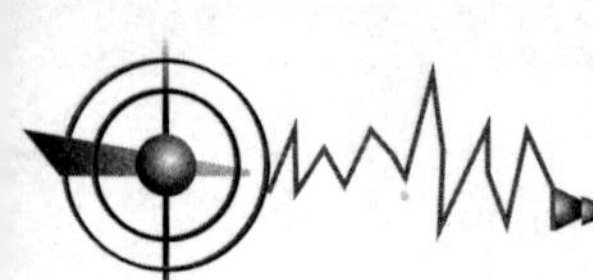

另外，除站赤外，元朝政府还继承宋朝制度设置了专用于传递中书省、枢密院、御史台涉及军政大事机要公文的急递铺（包括武装押运）系统。“十里至二十里，设一急递铺，十铺设一邮长，铺设卒五人”，依公文火急程度分日行 300 到 500 里，朝发夕至。值得一提的是，驿递人员（递运夫）穿统一的公务制服，以元朝政府颁发的金字、银字圆符（圆形牌子）或铺马驿旨为通关信物（如图 10－3 所示）。

图 10－3 古代“兑票”实物

注：作者摄于伊林驿站博物馆内

元朝之后，明清驿站制度的层级管理机构设置基本沿用了元朝的站赤（驿站）体制。

四、多样化的驿站运输方式

“多式联运”在古代时已经出现，最早的水陆驿联运在隋朝就已经出现。以清朝为例，让我们了解当时多样化的驿站运输方式。

清朝的驿站类型分为陆站与水站。其中陆站又分为马站、牛站、车站、步站、轿站、狗站；水战分为水站、海站、运河驿站；承担官府接待宾客和安排官府物资的运输组织（如图 10－4 所示）。

图 10－4 “驿马”雕塑

注：作者摄于云南昆明民族文化馆前

五、完善的驿传系统

完善的驿传体系，最重要的工具之一就是邮符。在邮符出现之前，驿递时常会出现有人冒名顶替窃取邮驿物资的案例。邮驿系统借鉴军事上的兵符，用邮符证明驿递人员的身份和权利。

我们以清朝为例，介绍一下邮驿系统的邮符。清代给驿的证明叫邮符，邮符有两种，一种是“勘合”；一种是“火牌”。这些就是通过驿站的凭证。

据一些研究书籍描述，当时使用邮符的规定极为严格。行政方面需要凭勘合，军事方面需要凭火牌。凡是需要向驿站借用车马、人夫运送文书和物资的，还必须出示邮符。需要沿途各驿站接递的马递，必须有兵部的火票。另外，涉及过境等特殊任务的驿递，还需要派兵保护。

在清代，驿站在管理方面已臻于完善，并且管理极严。比如，公文限“马上飞递”的需要日行三百里。紧急公文则标明四百里、五百里、六百里字样，按要求时限送到。并有不得滥填等字样。

到了清朝晚期，文报局的设立使驿站的使用大为减少，以致后来废除了驿站。由文报局管理驿递事务。近代邮政产生之后，文报局也赴了邮驿的后尘。

六、合理的供养机制

驿站作为国家的“神经中枢”，国家财政是其支出的重要来源。驿站的建设和营运，以及交通道路的修筑，都需要国家财政的支持。并且，这是一件耗费巨大、常年持续的支出。能否设计出合理的供养机制，减轻国家和地方的财政负担，将是驿站能否长久经营下去的关键所在。

驿站的供养机制。唐朝前期，驿站的工作一般由当地政府指定本地的地主、商户等主持，并且任命其为“驿将”，负责对驿丁的管理、馆舍的修缮、接待和通信工作及其月报的报送，并出资弥补驿站的亏损。当时有些头脑灵活的“驿将”，即地主、商户利用馆驿的社会交往之便，从事商业活动，不仅可达到“以商补亏”的目的，而且还有利可图，产生了不少名闻遐迩的工商巨贾。

因此，勿庸置疑古驿站在推动政治稳定、疆域形成、地区经济发展等方面发挥了至关重要的作用。

老照片的故事：这张珍贵老照片是由一位外国人拍摄，解放后在国外展出时，一位生活在国外已年迈的中国老人见到这张照片激动万分，和他记忆里童年时在内蒙古二连浩特的家一模一样，和他父母兄弟一模一样，这位中国老人就是这张照片上的第二个小孩，这样才确定这是中国的伊林驿站。消息传回国内，在政府有关部门协助下，老人回国来并按其童年记忆方位寻找，终于找到伊林驿站的遗址（见图 10－5）。

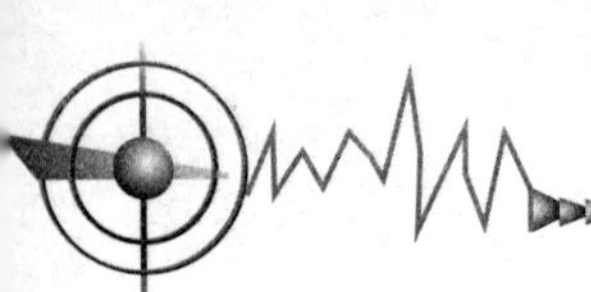

图 10－5　关于伊林驿站的实拍图

注：作者摄于伊林驿站博物馆内

新照片的故事：作者一行专程前往内蒙古自治区二连浩特市，在没有正式公路的茫茫大草原驱车奔驰，依据指引的方位终于寻找到了历史上元代草原丝绸之路的重要节点、后在清嘉庆二十五年（1820 年）正式设置的伊林驿站遗址实地勘查，它是中国内陆茶丝道上的最后一站，也是最重要一站，令人遗憾的是被日本军队炸毁。据了解，至今我们是中外物流方向研究机构第一次到达伊林驿站遗址。当时我们万分兴奋，在茫茫大草原欢呼，舞动着中物策的旗帜，我们呐喊："中华古驿站，我们现代物流人来了！"真是感慨万千，当夜彻夜难眠，提笔而作《探访中华驿站》。中华驿站三千年历史引发更多思考，马蹄声夹着奔跑声合成远去的路谣，千年史中有没有物流思想一脉相承，历史沉淀遗留价值需要去探索追访。中华文化传承物流智慧思想在吟唱，可以从古今的物流难题中探索对照，物流伴着人类文明发展和不断进步，历史印记在传承中碰撞出耀世之光。中华驿站文化物流智慧思想呈辉煌，改善物流运作能力珍藏着无尽力量，现代物流注入文化活力创造新时代，让物流似行云如水尽情欢腾与流畅（见图 10－6）。

图 10－6　作者一行在伊林驿站遗址的实拍相片

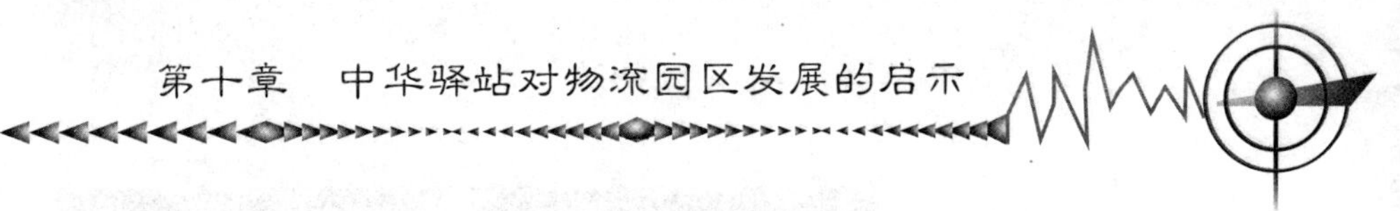

第二节　中华驿站的发展教训

中华驿站历经3000年风雨，至今遗留下的寥寥无几。现存的仅有盂城驿、鸡鸣山驿等少数几个驿站，它们在邮票上的风采不减当年。

鸡鸣山驿在今天的河北省怀来县，是我国仅存的一座较完整的驿站。另外一座驿站是位于江苏高邮古城南门外的盂城驿，它是一座水马驿站。

据史料分析，鸡鸣驿在我国邮政史上的作用非常重要，尤其是其特殊的战略位置使其一驿成城。并且，城内设施完备，有驿承署、把总署、公馆院、马号、戏楼、店铺等，是迄今为止我国最大、功能最全的一座古代驿站。这对研究我国古代邮政历史，研究社会经济发展及宗教发展都有着重要意义。

图 10－7　木制货车

注：作者摄于伊林驿站博物馆一侧

中华驿站退出历史舞台即是客观事实，也是历史发展的必然。因此，我们有必要从中华驿站3000年的发展历史中借鉴、发掘前人留下的宝贵遗产和经验教训，更好地传承中华文明，发展现代物流事业。

中华驿站的发展教训主要有以下三点：

一、古驿站的信息传递方式已不适应发展的需要

清朝末期，驿站的发展现状被日新月异的时代革新远远地抛在了后面。电报、电话、火车等一批新事物的出现，给信息传递带来了跨时代的变革，给传统的驿站传递带来了新的发展机遇和严峻挑战。但是，如我们所知，清朝末期的驿站并未抓住这个机遇，却在严峻的挑战中被现代化邮政所取代（如图10－8所示）。

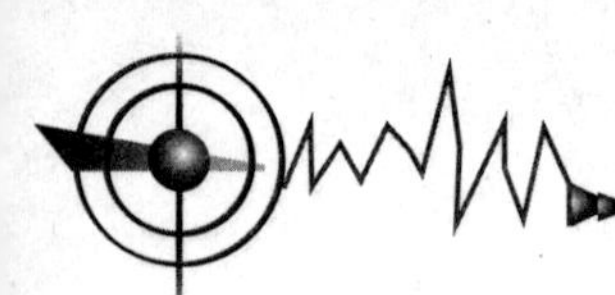

图 10-8　木制车轮

注：作者摄于伊林驿站博物馆内

古驿站信息传递的几大主要元素，包括交通方式（步行、单骑、水驿）、道路设施（官道、水路）、中转站（驿站、馆舍）、保密措施（驿符）等，受到新事物（火车、汽车、邮轮、柏油路、邮政局、信封等）一系列的冲击和"破坏"。古驿站的信息传递已经无法同当时的社会生产力、文明程度相适应，其退出历史也是时代的必然。

二、良好的交通区位优势是古驿站生存发展的必要条件

良好的交通区位优势是古驿站生存发展的必要条件。古驿站之所以能够快速发展起来，与当时当地的交通区位优势是分不开的。比如，在当时的交通要道都修有官道。官道的修建和维护，给驿站的生存和发展提供了必要空间，并且因为官道提供了便利的交通，带来了许多为过往旅客提供酒食歇息的场所。酒肆茶坊、旅舍等一般围绕驿站而存在，在原本荒芜的地方从最初的集市，发展到后来成为街、市、城等。

目前，据我们了解，因驿站而发祥的城市有恰克图、库伦、应昌城、二连、归化城、包头、张家口、高邮等城市。

三、古驿站沿线的需求是古驿站生存发展的充分条件

百年、千年过去了，在当初强烈的国家意志下开辟的维系统治集权地与边陲或边疆之间命脉的"中华驿站"和"官道"，一系列重大社会变革，无一不与中华驿站和驿道有着密切的关系。

在前面我们讲到，驿站系统的支出占到政府财政支出的很大一部分，为了解决这个问题，各朝政府都采取了相应措施，鼓励各个驿站自身的经营，允许他们经营副业增加收入。因此，我们可以从这里了解到，贸易往来对驿站的生存和发展至关重要。所以说，丝绸之路、茶叶之路、茶马古道、张（家口）库（伦）大道贸易的兴盛与衰落，直接导致了沿线古驿站的繁荣与荒废。

第三节　我国物流园区发展中的特点及问题

与古驿站的分散布点、网络化特点不同，现代化物流园区的发展更多地体现在它的聚群效应上。它通过把众多物流企业聚集在一起，使园区达到实行规模化、科学化、专业化经营，发挥聚群效应，促进物流技术和服务水平的提高，通过共享基础设施，达到降低运营成本、提高规模效益的目的。

一、我国物流园区的发展特点

古驿站与物流园区的存在和发展根本差异在于：前者带有浓厚的政治、军事意义；后者更多的是商业和经济意义。而科技和经济方面的差距，可以说是双方采取不同规模和形式运营的决定性因素之一。因此，才出现了点状分布、网络运营的古驿站邮递体系和集约化、规模化运营的物流园区。所以说，目前我国物流园区的发展主要围绕着规模化进行，其特点也与聚群效应密切相关，主要体现在以下几个方面。

（一）多模式运输手段的集合

多模式运输方式也被称作“多式联运”，在古代已经出现了雏形——水陆驿运。而现代化物流园区的多式联运，则以“海运＋铁路”、“公路＋铁路”、“海运＋公路”等多种方式联合运输为基本手段发展国际国内的中转物流。物流园区也因此呈现一体化枢纽功能。

（二）多状态作业方式的集约

现代化物流园区的特点和优势不只有“多式联运”，还有集约化的多状态作业方式。其物流组织形式和服务功能不再是单一任务的配送中心，或者是具有一定专业性的物流中心；而是更多地体现仓储、配送、货物集散、包装、加工等商品交易诸多方面的多种作业方式的综合，以及在技术、设备、规模管理等方面的集约。

（三）多方面运行系统的协调

现代化物流园区多方面运行系统的协调，主要体现在其信息化平台的管理上，为其指挥、管理信息中心功能，通过信息的传递、集中和调配，使多种运行系统协调共同为园区各物流中心服务，协调运营线路和进出量。

（四）多角度城市需求的选择

目前，我国物流园区的开发方式主要划分为政府规划、工业地产商主导模式，政府规划、企业主导模式以及政府政策支持、主体企业引导模式等三种形式。

因此，现代化物流园区的功能定位与城市发展呈现互动关系。物流园区如何协助城市优化区域定位，满足城市需求是物流园区重要特征之一。所以，现代化物流园区大部分的配置在满足自身需求的同时，主要着眼于其服务区域的辐射方向、中心城市的发展速度，从而保证物流园区的生命周期和城市发展协调统一。

（五）多体系服务手段的配套

现代化物流园区除了提供信息化管理平台外，还具备综合的服务性功能，包括对物流

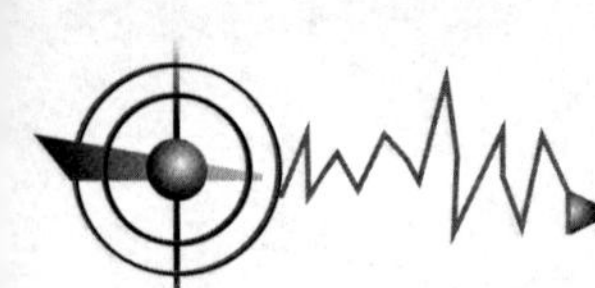

信息的收集、加工、传递、存储、处理、发布、优化等一系列作业过程的规划与设计以及系统的运行；还有结算功能、需求预测功能、物流系统设计咨询功能、专业教育与培训功能、共同配送功能等。多种服务手段的配套是物流组织和物流服务的重要功能特征。

二、现代化物流园区的发展不足

我国现代化物流园区的发展并非一路顺风，当前其存在的问题主要表现在两个方面。

一是物流园区依托的城市物流系统存在着内在的不稳定性，根据城市物流系统的体系结构和运作模式，这种内在不稳定性具体体现在物流基础设施、物流信息系统、物流服务能力等三个方面。

二是表现为不确定性事件下物流系统预警与应急能力的欠缺。

解决上述问题时，在考虑到现在的科技、经济条件的同时，还要向古驿站的发展中借鉴。比如，是怎样的管理体系和制度将遍布全国的驿站管理的井井有条，在信息保密和预警方面又做了哪些努力。

从目前来看，我国现代化物流园区的发展不足之处主要表现在以下几个方面。

（一）物流基础设施

从广泛的定义上来说，物流基础设施是指在供应链整体服务功能上和供应链的某些环节上，满足物流组织与管理需要的、具有综合或单一功能的场所或组织的统称，主要包括公路、铁路、港口、机场、流通中心以及网络通信基础等。

从物流园区的狭义上来看，物流基础设施主要包含物流信息系统平台、物流操作场地设施、仓储设施等。

一方面，从我国物流基础设施现状来看，发展速度较快，并且已经初具规模。但是因为物流园区的管理不到位以及企业自身的粗放经营，基础设施的运用水平较低，运作效率有待提高。

另一方面，物流园区的分散多头发展，是现代化物流园区规划建设繁荣背后所隐藏的问题。这不但不能形成集中经营、降低成本的优势，还进一步增加了重复建设带来的浪费。

（二）物流信息系统

当前发达的信息科技，已经成为整个物流产业快速发展的必备条件和产业基础。

现代物流信息系统通过采集诸如交通流背景数据、关贸数据等共用数据，向物流行业内的供应者、需求者以及政府部门、金融机构等物流系统的参与者提供物流、商流、信息流、资金流等基础支撑数据。

为了优化物流流程、合理配置物流资源，将传统物流活动打造成一个从生产到消费的系统化供应链条，实现物流的快速、安全、可靠和低成本运行，必须大力推广现代化信息技术在物流业中广泛应用。

然而，现代化物流信息系统的不足，对目前我国物流产业的快速健康发展有着极大的制约。物流信息化水平不能跟上现代物流园区的发展步伐，势必会影响我国整个物流现代化产业的市场规模，势必会影响当前物流产业服务水平的提升、组织形式的创新，制约物流市场竞争程度和自动化水平的提高。

（三）物流服务管理能力

物流服务是对顾客商品利用可能性的一种保证，它包含了三种要素：①拥有顾客所期望的商品（备货保证）；②在顾客期望的时间内传递商品（输送保证）；③符合顾客所期望的质量（品质保证）。它的一般定义是指，企业为满足客户（包括内部和外部客户）的物流需求，开展的一系列物流活动结果。

针对物流服务管理的能力主要体现两方面。一方面，是宏观层面的政府推动和引导城市物流业发展的能力；另一方面，是微观层面的企业基于客户的快速供应链管理能力。

城市物流业的发展环境对物流企业的生存、发展、创新能力有着至关重要的联系。城市物流业的发展需要政府通过政策引导、行政强制、立法干预，以及必要的资源支持。政府即是城市物流基础平台的建设者，又是城市物流产业发展的推动者，还是城市物流市场环境的营造者。

（四）不确定性事件下物流系统的应对能力

当时效性在现代化物流信息系统面前不再成为问题的时候，现代化物流园区所面临的不确定性事件，却并未比古驿站系统所面临的有所减少，甚至其发生不确定性事件的概率反而大大增加。

现代化物流信息系统所处理事情的复杂性远胜于以往任何时候。物流系统作为社会经济大系统中的一个子系统，与社会环境发生着频繁的接触与交换，经常会受到一些不确定性事件的影响和破坏。不确定性事件既有来自于系统内部的，如供应链系统中的不确定性因素；又有来自于系统外部的，如自然灾害等不可抗力因素。

因此，现代化物流系统需要具备不确定事件发生的应对能力。目前，现代化物流园区的应对能力（预警与应急体系），主要体现在针对不确定性事件的预警管理能力、快速动态评估能力、应急决策能力和应急联动能力。

（五）制约物流园区的发展因素

现代化物流园区的成功开发，不仅可以为园区所有者带来可观的经济利益，而且可以为园区所在城市，甚至是所在省域带来社会、经济等诸多方面的红利。但是，制约现代化物流园区发展的阻碍因素依然强大地存在，这就是物流园区在体制方面的弱势。不可否认的是，我国经济发展中一直存在着地区保护主义性质的市场封锁现象。同时，在物流园区规划发展方面，还有物流企业的分散多头发展问题。

物流园区发挥作用的范围通常不是某一个行政区域，而是一个较大范围的经济区域。然而，地区间的市场封锁对现代化物流园区发展的影响非常大，它使当地的产业结构发展极不合理，工业等基础性产业结构趋同现象严重，降低了地区间的优势，减少了商品流通的相对规模，使物流园区的生存空间受到挤压。同时，保护了本地区企业占用的资源和市场份额，增加了物流园区开展业务的难度，削弱了物流园区可能带来的比较利益。

第四节　现代物流园区的可持续发展

有着3000年发展史的中华驿站，为当前现代化物流园区的经营发展提供了足够多的经验教训。中华驿站的出现、存在、发展、繁盛等，一方面是当时的统治需要；另一方面是社会经济发展的需要，二者缺一不可。

而当前，我国正处在经济改革开放30年之后的转型期，现代化物流园区这种刚刚兴起不久的新型物流模式，正好符合产业升级换代、社会经济可持续发展的需要。因此，现代化物流园区能否可持续发展下去，依靠其自身经营和开拓市场的能力。

观察现代化物流园区能否可持续发展下去，首先需要了解现代化物流园区的基本功能和增值功能有哪些，其次才是考虑可持续发展下去的必要条件。

一、现代化物流园区的基本功能

现代化物流园区从大的方面讲，主要具有物流组织管理功能和依托物流服务的经济开发功能两大功能。

作为城市的物流功能区，物流园区包括物流中心、配送中心、运输枢纽设施、运输组织及管理中心和物流信息中心，以及适应城市物流管理与运作需要的物流基础设施；作为经济功能区，其主要作用是开展满足城市居民消费、就近生产、区域生产组织所需要的企业生产和经营活动。

物流园区的内部功能可概括为8个方面，即综合功能、集约功能、信息交易功能、集中仓储功能、配送加工功能、多式联运功能、辅助服务功能和停车场功能。其中，综合功能的内容为：具有综合各种物流方式和物流形态的作用，可以全面处理储存、包装、装卸、流通加工、配送等作业方式以及不同作业方式之间的相互转换。

结合国内外物流园区情况，物流园区的发展应当包括以下几个要素：

1. 土地规模

物流园区是大概念，而一般意义上的物流配送中心是小概念，这一点在国内外都是明确的。因此，要求物流园区有一定的规模。因为规模大小将决定物流园区所能够承载的设施、功能与服务。

2. 物流设施

物流园区必须具备比较完备的设施，这些设施包括基础设施（用于仓储运输服务的设施）、公共设施（用于工商、税务、海关、商检、银行、保险等服务的设施）以及相关设施（用于办公、住宿、饮食等服务的设施）。

3. 进入企业及标准（或规则）

物流园区必须制订明确的进入企业标准，并以市场竞争的规则决定企业进出或去留。那种没有标准或在标准问题上先松后紧的做法是不科学的。

4. 物流功能和服务

物流服务包括基本服务和附加服务（或增值服务），既包括对进入企业的服务也包括对终端客户的服务。物流园区在规划与设计中不能只停留在功能上，必须定义所提供的服务，依据“链”条（需求链、供应链、价值链、产业链、服务链等）设计物流园区的服务（建议在物流园区规划与设计中引进业务模式）。

5. 运营主体

物流需要集约化，土地开发需要集约化，物流园区需要经营，如果物流园区没有一个明确的运营主体，那么，土地以及各种投资的回报就只能是纸上谈兵。避免表面上一个运营主体而实际上是各自为政或者只有管理主体而没有运营主体的局面。单一的通过招商而转让或租赁土地的方式难以形成真正意义上的运营主体，经营土地和经营物流园区是两个不同的概念。

6. 投资主体

这个问题对于中国的物流园区尤为重要，绝大多数的物流园区都是从生地开始，其主要情形是：物流园区都是政府主管部门或直属企业以土地形式投资控股并在此基础上衍生出一个两个牌子一班人马的机构，这就必然造成政企不分的局面。国外的很多物流园区都是从熟地开始的，即便是政府投资，也不存在政府干预经营的情况。关于投资主体问题，既要明确投资主体本身，也要明确投资主体和运营主体的关系。

二、现代化物流园区良性发展需要具备的条件

物流园区的良性发展需要具备以下几个条件：

1. 经济环境

经济环境要素是发展物流园区的首要条件。根据国外的经验，当一个地区内第二产业在三大产业结构中占主导地位时，是大力发展物流业的最好时机；当第二产业比重向第三产业转移，第三产业占主导地位时，物流业在国民经济中占有举足轻重的地位。

2. 市场环境

日本、美国、德国等发达国家的物流发展经验说明物流运作本身要求有一定的市场经济规模为依托。美国的经验说明物流业要在市场中锤炼崛起，需要有强大的市场竞争规模与企业经营规模做后盾；而日本与德国的经验则说明在经济发展不平衡、企业竞争力不强时，政府以物流园区为手段，是平衡经济、引导企业规模发展的最佳切入点。

3. 基础设施条件

物流园区强大的辐射能力和运输组织能力要靠发达的综合运输网络来支持，它要求区域内不仅要具备公路、铁路、航空、港口等多种运输方式，还要具有一定的规模和等级，并且具备相互无缝连接的可能性。拥有物流园区的地区还必须是一个通信非常发达的地区，可以满足非常庞大的信息交换需求，有一定规模的通信管网为物流园区提供相当数量的程控交换系统、卫星定位系统、公众互联网以及宽带系统，并具有随时接入的可能。

4. 政策环境

软环境有时要比硬环境更重要。物流园区能否具有长久的生命力和对企业具有吸引

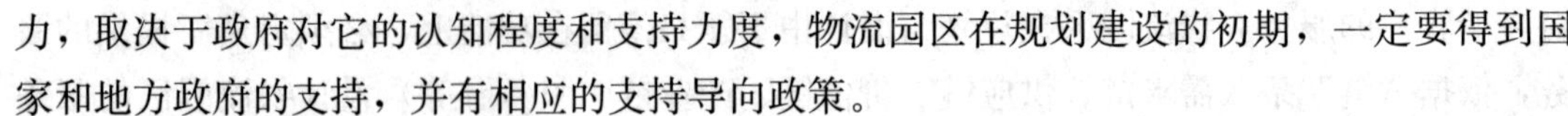

力，取决于政府对它的认知程度和支持力度，物流园区在规划建设的初期，一定要得到国家和地方政府的支持，并有相应的支持导向政策。

5. 人才环境

物流园区对人才素质的要求非常高。人员的配置不能仅仅停留在搬运、装卸、运输等基础层面上，更需要高级物流管理人才，以适应物流园区的长远发展。因此，物流园区所在地区内必须拥有一定数量的高规格物流培训和物流咨询机构，以提供制造和网聚人才的环境保障。

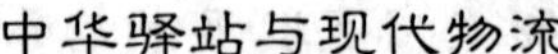

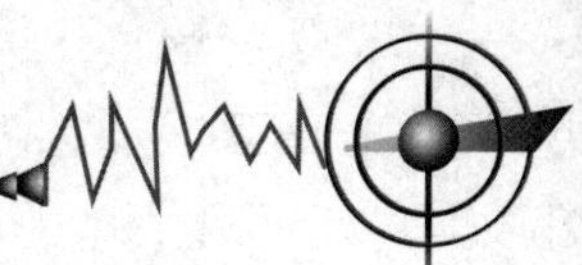

第十一章 研究结论与展望

第一节 驿站古今研究探讨

在我国悠久的文化历史上，不仅有着博大的政治理念、优秀的文化传统，还有纷繁多姿的社会生活和农业经济的供给体系。这其中最值得称道的是古代一整套完整的驿站传递体系，它是人类历史上最早的官方人员、物资供应系统，组织严密、运行有效、绵延数千年之久的信息物资传递组织。

对于中华驿站的研究，古今学者都将侧重点放在了我国古代的邮政历史上。通过对古代驿站的研究，将古代社会的经济、军事、政治、宗教、文化等各方面的成就一一展现在世人面前，对于全面了解我国悠久的历史文化有着重要意义。

在促进国内、国际各地的经济文化交流和中华文明的传承方面，古驿站扮演着极其重要的历史角色（如图 11－1 所示）。

图 11－1 “马蹄下茶马古道”雕塑

注：作者摄于云南昆明民族文化馆前

今天，有着近 3000 年发展历史的中华驿站，其经验教训是发展现代物流的宝贵财富。而本书将古驿站与现代物流进行系统化的研究在业内尚属首次。

在国内外经济文化的交流和中华文明的传承方面，中华驿站扮演着极其重要的历史角色。从贯通中西的丝绸之路到翻山越岭的茶马古道，这些铭记在人们心中的古代贸易物流之路，在承载人们记忆的同时，也在述说着古人物资流通的艰辛，描述着祖先勤劳智慧与古代邮递故事（如图 11－2、图 11－3 所示）。

图 11－2　“驮马”雕塑

注：作者摄于云南昆明民族文化馆前

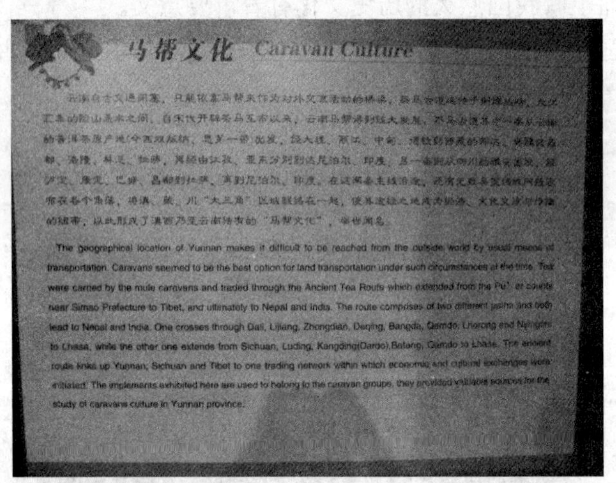

图 11－3　马帮文化介绍文字

注：作者摄于云南昆明民族文化馆前

目前，我国已经迎来了发展物流业的政策环境和企业基础，大力发展物流业，将传统物资流通的经验教训和现代化物流方式相结合，打造“水陆、陆空、陆陆”等多方式联运方案，带动仓储、配送、加工、装卸等物流活动在整体的现代物流作业方式下，有机结合。

相比古代几近完善的驿站流通体系和运作经验丰富的发达国家现代物流，我国正处于发展阶段的物流业还有许多问题需要我们研究和解决。

(1) 各种运输方式之间，基础设施的规划、建设，缺乏沟通和衔接，尚不能有效发挥应有的作用，健全的现代综合运输体系是物流发展的基础和保障；

(2) 各种运输方式之间，物流或运输组织重复投入，缺乏战略上的合作和微观经营中的配合，社会资源浪费现象比较严重；

(3) 开发利用信息技术和资源方面障碍重重。建设与完善物流服务供应体系，现代信息技术是一个重要环节。加强信息技术和资源方面衔接与合作，逐步实现共同开发、资源共享，才能充分发挥信息技术的积极作用，构筑统一有效的区域和全国物流服务供应体系（如图 11－4 所示）。

图 11－4　作者在二连考察“昊罡果蔬粮油进出口物流园区”留影

第二节　研究的结论

不论是古代驿传系统，还是现代物流，物流都不单单是将物资从 A 地运送到 B 地。同时，物流在保障物资的质和量，满足及时送达、保密、方便等需求的基础上，还日益成为保障社会物资供给、降低流通成本等的重要手段。这也是古驿站与现代物流赋予物流重要意义的一部分。

古代驿站邮递体系并非完美无瑕，现代物流的构建也并非无懈可击。所以，在发展现代物流方面，除了引进、吸收、学习国外先进经验外，我们还可以通过总结、借鉴古代驿站的经验教训，做到洋为中用、古为今用。

现代物流的发展离不开整个社会经济体系的完善。目前，我国物流业的发展仍然有许多突出问题，主要表现在以下几个方面。

一、基础设施“瓶颈”制约明显

目前我国公路与铁路网与拥有四通八达运输网的北美相比还有很大差距，而且现有设施也由于种种原因而不能得到有效利用。

二、粗放经营的格局尚未根本改变

国际上通常把社会物流费用占 GDP 比率作为衡量一个国家物流运作水平的重要指标。尽管我国经济发展阶段和经济结构与这些国家差异较大，但这一指标反映出我国物流运作效率方面相比发达国家的差距。物流服务社会化程度低，物流“小、散、差”问题还比较突出。

三、物流信息化程度仍然不高

除了 POS 和条码技术外，其他信息技术在物流领域的应用程度普遍较低。物流技术和物流服务规范标准大多不统一。在物流服务商需要改进的方面，信息传递效率排首位。

四、功能单一，缺乏特色

随着经济的快速发展，对物流服务业提出了更高的要求，物流服务商不仅要提供门到门运输及有关的基本服务，还要实行一体化物流和供应链管理模式，提供从生产材料采购到产品送达消费者的一整套服务系统，包括相关的物流延伸服务，如包装、加工、配货等方面。我国物流业由于受计划经济体制的影响，“顾客至上”的经营观念尚未完全落实到行动中，落后的管理、技术、设备也影响服务质量的提高。

五、物流专业人才缺乏和流失

当前我国在物流人才的教育和培养上比较缓慢，市场上符合要求的物流人才较少，而且层次较低，物流专业人才缺乏。由于物流教育和培训的缺乏，能够切实为企业提供有效方案的中高级物流人才较少，制约了物流业的发展。

六、物流发展的环境需要进一步改善

体制方面的障碍。物流的产业形态和行业地位不明确，物流组织布局分散，物流资源和市场条块分割，地方封锁和行业垄断等对资源整合与一体化运作形成体制性障碍。政策环境的影响。由于物流产业的复合性，造成了与物流有关的政策分属不同部门，缺乏统一、透明的产业政策体系。虽然国家发改委等九部委已经出台了《关于促进我国现代物流业发展的意见》，但仍需要落实。

第三节 建议与对策

近年来，经过三十年改革开放的中国经济，开始缓缓驰出经济高速发展通道，迎来产业的转型升级。随着物流概念的引入，以及网购快递、电商物流的蓬勃发展，众多企业和各级政府纷纷把关注的焦点投向了物流业，在我国掀起了一股“物流热”的狂潮。而这股“物流热”狂潮最突出的表现就在物流园区建设上。从中央到地方的各种物流规划中，物流园区规划往往也是这些规划的重中之重。

然而，目前各地政府争相打出物流牌，将物流作为地方的支柱产业，并盲目地建设物流园区，致使一些地区出现重复建设，造成社会资源的浪费。同时，部分物流园区在管理服务方面，仍然采用传统管理方式，使物流园区处于低水平和低效率运作，不能真正发挥现代化物流园区的功用。

因此，我们要从宏观角度出发，科学发展现代物流，客观地对待现代化物流园区的规划建设。这对于推动物流产业发展和建立整个国家的物资流通网络至关重要，因此需要合理和严谨的进行规划建设。以下是我们对即将开始筹划物流园区的政府和企业提出的几点建议。

一、加强物流园区可行性研究

物流园区可行性研究是进入规划前的序幕，主要指通过对物流园区项目的主要内容和配套条件，包括市场需求、资源供应、建设规模、资金筹措、赢利能力等，从市场需求、技术工程、法律政策、功能定位等方面进行调查研究和分析比较，并对项目建成以后可能取得的财务、经济效益及社会影响进行预测，从而确定有利和不利因素，提出该项目是否值得投资和如何进行建设的咨询意见，为决策提供依据。

二、科学合理的物流园区规划

物流园区规划，指的是对物流园区进行比较全面、长远的发展计划，是对未来整体性、长期性、基本性问题的思考、度量和设计未来整套行动方案。物流园区规划有别于国家与区域物流发展规划，又不同于工业与房地产业园区的规划。物流园区规划更偏重于在较大规模的地域范围内，土地布局与功能布局结合的科学性，更偏重于园区建设发展的基础条件规划，更突出物流产业的特点以及相关产业发展的协调等要素规划。

（一）物流市场和竞争策略研究

分析中国物流行业概况（政策、资本、运作、购并）；分析所规划的物流园区在所在地第三方物流市场中可能占有的容量，及其各细分市场的容量和成长率；分析所规划的物流园区的经营网络、所在地及相关地区的现实和潜在物流客户群状况；结合具体情况，分析和确定所规划物流园区在有效物流半径内所提供服务和产品的类型及其发展方向和潜力；分析和确定所规划物流园区的客户能力、运作成本及对进驻企业的整合价值；结合所

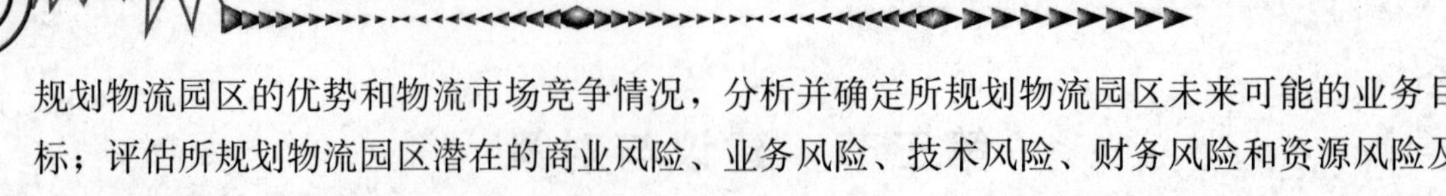

规划物流园区的优势和物流市场竞争情况，分析并确定所规划物流园区未来可能的业务目标；评估所规划物流园区潜在的商业风险、业务风险、技术风险、财务风险和资源风险及其相应对策。

（二）物流园区规划战略分析

分析和评估所规划物流园区工程完工后的战略和竞争实力（SWOT）即：优势、劣势、机会、威胁；价值贡献和运作能力分析。

（三）物流园区体系设计

运输体系规划；物流系统的衔接与配合；物流功能、业务流程与信息系统的整合；进驻企业与物流中心的合作竞争；信息系统规划。

三、物流园区建设符合要求

（一）规划与评审

物流园区规划应结合国家物流产业规划要求、所属地物流产业导向，根据所属地城市总体规划、用地规划和交通设施规划等进行选址，编制符合所属地城市总体规划和土地利用规划的物流园区详细规划，并通过规划评审。物流园区建设应做好各功能区的规划，建设适合物流企业集聚的基础及配套设施，引导区域内物流企业向物流园区聚集。物流园区建设应加强土地集约使用和发挥规模效益。

（二）交通影响评价与规划

物流园区建设应开展项目对区域内各类交通设施的供应与需求的影响分析，评价其对周围交通环境的影响，包括建设项目产生的交通对各相关交通系统设施的影响，分析交通需求与路网容纳能力是否匹配，并对交通规划方案进行评价和检验。物流园区建设应按交通影响评价的要求，采取有效措施，提出减小建设项目对周围道路交通影响的改进方案和措施，处理好建设项目内部交通与外部交通的衔接，提出相应的交通管理措施。

（三）环境影响评价与建设

物流园区规划与建设应进行环境影响评价，并按环境影响评价的要求，采取有效措施，减少环境污染，保护环境。物流园区应建立与其规模相适应的环境保护和监管系统，并定期开展环境质量监测活动。

（四）基础设施建设

物流园区应配套建设与园区产业发展相适应的电力、供排水、通信、道路、消防和防汛等基础设施，并纳入城市基础设施建设的总体规划，应与城市基础设施相衔接。物流园区基础设施的建设，应遵循“一次规划、分步实施、资源优化、合理配置”的原则，防止重复建设，以降低基础设施的配套成本。物流园区应为工商、税务、运管、检验检疫等政府服务机构的进驻提供条件，并逐步完善“政府一站式服务”的功能。物流园区应为银行、保险、中介、餐饮、住宿、汽配汽修等各项支持服务机构的进入提供相应的配套设施，并为入驻企业提供必要的商业服务。

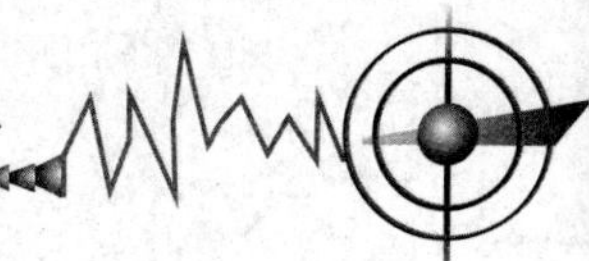

（五）信息化设施建设

物流园区应建设具有基础通信平台、门户网站、信息管理平台、电子服务平台以及信息安全等功能的信息化设施。物流园区应为入驻企业提供具有数据通信、固定电话、移动通信和有线电视等方面基础功能的基础通信设施。物流园区应逐步建设具有对外宣传、电子政务、电子商务、信息服务、园区信息管理等功能一体化的门户网站，能为园区内企业提供物流公共信息；设有保税物流中心的物流园区，应建设符合海关监管要求的计算机管理系统。

第四节　研究展望

当展望现代化物流园区的发展趋势时，我们发现交互性、社会性和全球化等将可能成为未来物流园区的重要特征，同样这也是现代物流发展的方向。

受到当时科技和社会经济等多方面的影响，古代驿站体系交互性和社会性特征表现迥异。在交互性方面，信息传递、物资运输递送者和接受者，只听命于“邮符”，虽然信息通道单一，却在一定程度上保障了信息和物资的安全。在社会性方面，一方面驿站体系在保障重要信息和物资流通的同时，促进了当时社会的经济文化交流；另一方面驿站体系又成为小道消息的主要传播通道，这时的驿站又成为发散式的信息传播途径。

节点网络化，或者说网络化节点，可能是古代驿站传承给现代物流最重要的启示，也将是各地现代化物流园区未来协同发展的方向。古代驿站体系与现代物流最大的不同点在于，古代驿站体系是由一个个驿站节点所组成，而现代物流一方面自身组成物流仓储、中转、配送的完整体系；另一方面在社会上又是归属于不同主体的物流节点。因此，我们说信息化协作共享将是现代物流发展的重要手段和途径，由此使整个社会以最小的资源消耗分享更多的物流发展成果。

所以，这就要求以现代化物流园区为代表的现代物流，在规划建设和运营管理方面进行持续性的改进，尤其在信息化、自动化和共享协作等技术和管理方面进行不断的尝试和更新换代。

以下是本书最后为大家所罗列的现代物流发展趋势“十五化”。

1. 信息化

物流信息化是社会信息化的必然要求和重要组成部分，是现代物流发展的基础，没有信息化，任何先进的技术装备都无法顺畅地使用，信息技术的应用将会彻底改变世界物流的面貌，更多新的信息技术在未来物流作业中将得到普遍采用。

2. 网络化

网络化是指物流系统的组织网络和信息网络体系。从组织上来讲，供应链成员间的物理联系和业务体系需要有高效的物流网络支持。而信息网络是供应链上企业之间的业务运作通过互联网实现信息的传递和共享，并运用电子方式完成操作。

3. 自动化

物流自动化的基础是信息化，核心是机电一体化，其外在表现是无人化，效果是省力

化。自动化是扩大物流能力、提高劳动生产率、减少物流作业差错等的重要实现手段。

4. 电子化

电子化是以信息化和网络化为基础，表现为业务流程步骤实现电子化和无纸化；商务货币实现数字化和电子化；交易商品实现符号化和数字化；业务处理实现全程自动化和透明化；交易场所和市场空间实现虚拟化；消费行为实现个性化；企业或供应链之间实现无边界化；市场结构实现网络化和全球化等。

5. 共享化

供应链管理强调链上成员的协作和社会整体资源的高效利用，以最优化的资源最大化地满足整体市场需求。企业只有在建立共赢伙伴关系基础上，才能实现业务过程间的高度协作和资源的高效利用，通过资源、信息、技术、知识和业务流程等的共享，才能实现社会资源优化配置和物流业务的优势互补、市场需求的快速响应。

6. 协同化

市场需求的瞬息万变、竞争环境的日益激烈都要求企业具有与上下游企业进行实时业务沟通的协同能力。企业不仅要及时掌握客户的需求，更快地响应、跟踪和满足需求，还要使供应商对自己的需求具有可预见能力，并能把握好供应商的供应能力，使其能为自己提供更好的供给。

7. 集成化

物流业务是由多个成员与环节组成的，全球化和协同化的物流运作要求物流业中成员之间的业务衔接更加紧密，因此要对业务信息进行高度集成，实现供应链的整体化和集成化运作，缩短供应链的相对长度，使物流作业更流畅、更高效、更快速，更加接近客户和需求。

8. 智能化

智能化是自动化、信息化的一种高层次应用。物流涉及大量的运筹和决策。近年来，专家系统、人工智能、仿真学、运筹学、商务智能、数据挖掘和机器人等相关技术已经有比较成熟的研究成果，并在实际物流业中得到了较好应用，使智能化成为物流发展的一个新趋势。智能化还是实现物联网优化运作的一个不可缺少的前提条件。

9. 移动化

移动化是指物流业务的信息与业务的处理移动化。应用现代移动信息技术能够在物流作业中实现移动数据采集、移动信息传输、移动办公、移动跟踪、移动查询、移动业务处理、移动沟通、移动导航控制、移动检测、移动支付和移动服务等，并将这些业务与物体形成闭环网络系统，在真正意义上实现物联网。它不仅使物流作业降低成本、加速响应、提高效率、增加赢利，而且还使其更加环保、节能和安全。

10. 标准化

标准化是现代物流技术的一个显著特征和发展趋势，也是实现现代物流的根本保证。只有实现了物流系统各个环节的标准化，才能真正实现物流技术的信息化、自动化、网络化和智能化等。特别是在经济贸易全球化的新世纪中，如果没有标准化，就无法实现高效的全球化物流运作，这将阻碍经济全球化的发展进程。

11. 柔性化

物流作业的柔性化是生产领域柔性化的进一步延伸，它可以帮助物流企业更好地适应消费需求的“多品种、小批量、多批次、短周期”趋势，灵活地组织和完成物流作业，为客户提供定制化的物流服务来满足他们的个性化需求。

12. 社会化

物流社会化也是今后物流发展的方向，其最明显的趋势就是物流业中出现第三方和第四方物流服务方式。它一方面是为了满足企业物流活动社会化要求所形成的；另一方面又为企业的物流活动提供社会保障。

13. 全球化

为了实现资源和商品在国际间的高效流动与交换，促进区域经济的发展并满足全球资源优化配置的要求，物流运作必须要向全球化的方向发展。在全球化趋势下，物流目标是为国际贸易和跨国经营提供服务，选择最佳的方式与路径，以最低的费用和最小的风险，保质、保量、准时地将货物从某国的供方运到另一国的需方，使各国物流系统相互“接轨”，它代表物流发展的更高阶段。

14. 快递化

当展望现代物流发展时，给我们更大的震撼是快递化。

在中华古老的这块国土上，一个新兴行业的新生命运又与中华邮驿思想智慧竟然有着异曲同工光芒，因为，这个新兴行业就是与“古老邮驿”多么相似的“快递”。它正被现代人吸引、扩散、传播与分享。如果留心观察，会发现整天都会看到这个新兴行业的人在工厂、在机关、在学校、在社区、在大街小巷不停地穿梭，带给人们生活、工作和学习方便的乐趣。在此过程中，它也会时不时地惹烦恼，有时甚至是不小的麻烦；但确又真实的感觉得到这个新兴行业带给人们的是更大的帮助和便利。

有些东西，似乎是天生的，通常很难改变或者是说很难表达，但又觉得在表达思想的维度上，或许还有更高的空间。因为，“古老邮驿”与现代“快递”，同样都带着一份责任，同样都有一种使命，不管春、夏、秋、冬，下雨、落雪，都风雨无阻将“送达”完成，它是中国物流文化刻骨铭心的记载。有道是世事常变迁，岁月总沧桑，空间总不断转换，沉沉浮浮的世间，人间情怀，还原中华邮驿的情节，好像在一条历史长河里慢慢流淌，需要慢慢地去读、需要慢慢地去研究、需要慢慢地去分享。

快递（Express），又名速递（Courier），兼有邮递功能的当今时尚的“门对门”物流活动，即指快递公司通过航空飞机，公路汽车和铁路火车等运输方式，再经大大小小的汽车、微型面包车、摩托车、电动车、脚踏三轮车、自行车、手推板车、甚至是自制简式各类滑轮车等交通工具，对客户货物进行快速投递。快递是市场经济的产物，快递服务提供的是个性化、商业性邮寄、邮递的消费服务，是我国对外开放的一个组成部分。如今，快递业已成为我国物流产业的重要基础部分。

穿越快递的时光隧道，诞生于地下运作，成长于街道或巷道或里弄或库房，中国快递

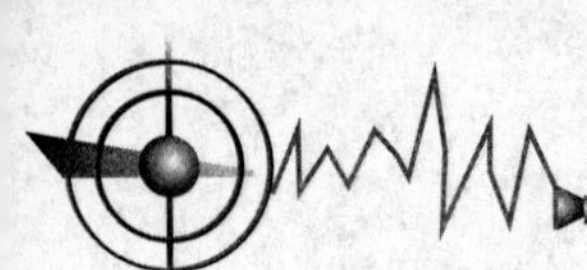

开始起步，似乎变成了物流领域的一个狂欢之队，有时甚至会感觉到“疯狂”的地步。通过原始积累，以速度和规模化发展，尔今逐渐在整个中国似乎是被“快递化”了。

快递发展至今取得了长足进步，中国的快递市场个性化需求在增长，自然出现便捷灵活的快递服务。快递在中国，开展业务的有国有企业、民营企业和全球快递行业的公司。无论是国有企业、民营企业还是跨国公司在服务品质上各有优劣，快递业凭借创意性的服务突出特色，又以不同的规模运作；小至服务特定市、区、镇、社区，大至区域甚至是全球服务。

近年来，中国快递产业发展迅速。2010 年，全国规模以上快递服务企业业务量累计完成 23.4 亿件，同比增长 25.9%；业务收入累计完成 574.6 亿元，同比增长 20.0%。2011 年，全国规模以上快递服务企业业务量累计完成 36.7 亿件，同比增长 57.0%；业务收入累计完成 758 亿元，同比增长 31.9%。2012 年上半年，全国规模以上快递服务企业业务收入完成 973.4 亿元，同比增长 24.4%；业务总量累计完成 933.9 亿元，同比增长 21.2%。全行业增速达同期 GDP 增速的 3 倍左右。6 月份，全行业业务收入完成 167.3 亿元，同比增长 25.3%；业务总量完成 167.1 亿元，同比增长 19.3%（2012 年 7 月中国行业研究网）。目前，已经在中国地区形成了以沿海大城市群为中心的区域性快运速递圈，这些速递圈又以滚动式、递进式的扇面辐射，部分大城市已成为区域性快递产业发展中心。而且全国范围内形成了以基本交通运输干线为基础的若干快递通道，使中国快递业系统形成一定网络与分工（如图 11-5 所示）。

图 11-5 快递划拨中心内忙碌工作

注：图片来源于新华社记者韩传号摄

快递是现代物流市场的一匹黑马，通过智慧和努力去为个人、企业和社会创造出丰富的、精彩的点点滴滴。上游客户和下游终端客户的不断提高的需求又对快递行业形成巨大的冲击和刺激。快递要发展，需要去学习、需要去了解、需要去研究。快递业作为前途无量的朝阳产业，又跟我们的生活越来越紧密，使得快递业的发展受到当今社会各界更多关注和寄予更多厚望（如图 11-6 所示）。

图 11-6　快递中心内忙碌收发工作

注：图片来源于经理人杂志

15. 竞争化

2012 年是国内外宏观经济形势极为复杂的一年。由于欧美地区经济持续低迷、国际政治形势动荡，以及我国转变经济增长模式、调整产业结构等内因的影响，我国经济正在经历一个震荡调整、稳中求进的发展过程。在这个暗流涌动、变幻莫测的时期，中国的物流行业也正面临来自国际和国内市场的竞争化。

2008 年以来，我国物流行业在国家利好政策的鼓励下，继续保持着较快的增长速度。然而，这种增长不论在数量上，还是在质量上，都不足以满足当前我国经济社会变革的需要，一场源于市场需求和行业发展需要的，更深层次的变革，正在悄然改变着刚刚成长起来的中国物流业。

从当前物流的发展可以看到，物流已经成为行业竞争中最重要的一个砝码。这个传统概念如今却成为“竞争化”的“代名词”。推而广之，在流通、能源、制造等越来越多的行业中，认识物流正走向“竞争化”，而越来越多的传统企业也纷纷投身物流。这种转变，预示着我国物流行业正在酝酿着一场深层次的伟大变革！变革的源动力，就在于“竞争化”。

归根结底，“竞争化”的基础在于构筑市场应变能力。其实考核自身是否具有应变思维、知识、技能、机制和组织等方面的能力，以及这些能否带来独特的价值，核心来源于长期积累资源和技能的有机融合，“竞争化”是培养特色模式，并能发挥最大效率，强调了实践与创新的重要性，体现不断学习与勇于探索的重要性。

参考文献①

[1] 2010年8月伊林驿站博物馆和斯望馆长提供的驿站资料图片.

[2] 解缙，等. 永乐大典·经世大典 [M]. 北京：中华书局，1994.

[3] 宋濂，等. 元史 [M]. 北京：中华书局，1976.

[4] 胡小鹏. 西北民族文献与历史研究 [M]. 兰州：甘肃人民出版社，2004.

[5] 臧嵘. 中国古代驿站与邮传 [M]. 北京：中国国际广播出版社，2009.

[6] 党宝海. 蒙元驿站交通研究 [M]. 北京：昆仑出版社，2006.

[7] 况腊生. 论唐代驿站的军事化管理体制 [J]. 军事历史研究，2010 (1): 97-102.

[8] 张说，张九龄，等. 唐六典 [M]. 北京：中华书局，1987.

[9] 国家文物局文献研究室，新疆博物馆，武汉大学历史系. 吐鲁番出土文书[M]. 北京：北京文物出版社，1984.

[10] 杜佑. 通典 [M]. 北京：中华书局，1988.

[11] 欧阳修，宋祁. 新唐书 [M]. 北京：中华书局，2003.

[12] 李昉. 太平广记：卷243 [M]. 北京：中华书局，2011.

[13] 李吉甫. 元和郡县图志 [M]. 北京：中华书局，1983.

[14] 陈国灿. 魏晋南北朝隋唐史资料 [M]. 武汉：武汉大学出版社，2000.

[15] 张传玺. 应劭“汉改邮为置”说辨证 [M] //文化的馈赠. 北京：北京大学出版社，2000.

[16] 范晔. 后汉书 [M]. 北京：中华书局，1983.

[17] 房玄龄. 晋书 [M]. 北京：中华书局，1974.

[18] 廖生训. 魏晋南北朝时期馆驿建置探讨 [M]. 北京：首都师范大学，2002.

[19] 萧子显. 南齐书 [M]. 北京：中华书局，1971.

[20] 马晓峰. 魏晋南北朝交通研究 [D]. 北京：北京师范大学，2004.

[21] 天一阁博物馆，中国社会科学院历史研究所天圣令整理课题组. 天一阁明钞本天圣令校证 [D]. 北京：中华书局，2006.

[22] 宫宏祥. 清代邮驿立法 [J]. 山西高等学校社会科学学报，2003 (10):

①由于本书涉及学科内容与门类广泛，鸣谢所有参考资料和图片的作者及其单位的支持与帮助。若本书中参考文献标注有所遗漏，请有关人员与单位谅解，并及时与我们取得联系，我们将通过其他媒介方式及时补救，谢谢。

25－28.

[23] 刘晓航．汉口与中俄茶叶之路 [J]．武汉春秋，2003 (2)：95－98.

[24] 纪宗安．暨南史学 [M]．广州：暨南大学出版社，2005.

[25] 伊本·白图泰．伊本·白图泰游记 [M]．马金鹏，译．银川：宁夏人民出版社，1985.

[26] 郝经．陵川集 [M]．北京：北京图书馆出版社，2000.

[27] 辽宁大学外语系．新俄汉词典 [M]．沈阳：辽宁人民出版社，1989.

[28] 黄巨兴，姚家积．蒙古统治时期的俄国史略 [M]．北京：科学出版社，1959.

[29] 拉施特．史集 [M]．周建奇，译．北京：商务印书馆，1986.

[30] 约翰·普兰诺·加宾尼．蒙古史 [M]．吕浦汉，译．北京：中国社会科学出版社，1983.

[31] 党宝海．蒙古察合台汗国的驿站交通 [J]．西域研究，2004 (4)：59－63.

[32] 余大钧．蒙古秘史 [M]．石家庄：河北人民出版社，2001.

[33] 尹煜．清末驿站制度的演变——兼论其受近代邮政之影响 [D]．美国：耶鲁大学，2008.

[34] 任月海．多伦文史资料 [M]．呼和浩特：内蒙古大学出版社，2007.

[35] 任月海．多伦汇宗寺 [M]．昆明：民族出版社，2008.

[36] 邓九刚．茶叶之路：欧亚商道兴衰三百年 [M]．呼和浩特：内蒙古人民出版社，2000.

[37] 政协张家口市桥西委员会．记忆张家口——老照片辑 [M]，2009.

[38] 李逸友．黑城出土文书（汉文文书卷）[M]．北京：科学出版社，1991.

[39] 马可·波罗．马可·波罗游记 [M]．上海：上海书店出版社，2001.

[40] 杨正泰．明代驿站考 [M]．上海：上海古籍出版社，2006.

[41] 方铁．唐宋元明清的治边方略与云南通道变迁 [J]．中国边疆史地研究，2009 (1)：27－32.

[42] 史继忠．驿道提升贵州战略地位 [J]．当代贵州，2011 (10)：12－15.

[43] 孙兆霞，金燕．“通道”与贵州明清时期民族关系的建构与反思 [J]．思想战线，2010 (3)：10－13.

后　记

中秋国庆双长假，选择去了被誉为“上帝抛洒人间的项链”和“人间最后的乐园”的印度洋上一个岛国——马尔代夫度假。借此机会，应出版社节前之约，将《中华驿站与现代物流》一书完稿。

在2010年8月，在我亲自倡导与组织下，在“李芏巍物流之星奖助学基金”支持下，组织中国物流策划研究院团队对内蒙古自治区贫困地区学生进行慰问扶贫活动，同时开展了对“中华驿站”课题开题研究。这一路的行走，历经了实地考察、交流、访问，专访古驿站博物馆、探古遗址、收集材料、拍摄了大量图片、编写、校对等。说来令人惭愧，时间过得太快，由于还有其他有时间限制的工作，算起来前前后后、断断续续竟花了两年时间。从原计划的“中华驿站”研究课题基础上进行全面梳理后深化，终于迎来了《中华驿站与现代物流》一书的付梓。从原先的课题研究至著书所走过的这一程路，我个人认为，是享受中国深厚历史文化底蕴的一路；是丰厚物流文化的一路；是感受到巨大精神喜悦的一路；是感受到灵魂满足的一路；是感受到知识扩充增长见识的一路；也是为梳理中国物流历史文化不懈努力的一路。

今天，可以自豪地说，这一路经历了一次宝贵的精神洗礼，也因此获得了人生最宝贵、最难得和最难忘的记忆。在前往内蒙古二连浩特“中华古老商贸之路”上的一个重要遗存，中国边境通往蒙俄欧最后一个驿站——伊林驿站遗址实地勘探和采集数据，这是我国高等院校物流方向研究专业科研人员和国内外物流研究机构的第一次。我们也是到达古驿站遗址的第一批研究队伍。经指引在伊林驿站遗址约一公里处，见到被称为茶马古道的“古驿道”和取水供骆驼与马队饮用补给的“辘辘井”遗址，至今仍可以取水。还前往被誉为祖国“北大门”，巍然屹立连接欧亚大陆桥的桥头堡、2007年矗立边境上国内唯一的815、816双号双立界碑处，这是现代通往蒙古国、俄罗斯至西欧的两条铁路线通道，在国际经济交往中发挥着重要作用。

“中华驿站与现代物流”这一课题成果的完成，没有商业气息的侵扰，没有浮躁气候的感染。由“李芏巍物流之星奖助学基金”承担研究经费完成研究课题，后将此研究成果著书出版发行。虽然可以告一段落，但推广中国深厚的历史文化、物流文化的号角却依然嘹亮。“中华驿站研究会”筹建组和中蒙俄联合举办的国际物流论坛会议已发出邀请，共同将“中华驿站”文化发扬光大。

在波澜壮阔的历史长河中，中华驿站被称为“天下血脉”，纵横交错的驿道和“国脉所系”的网络棋布的驿站，承担着“九州清平、江山一统、盛世中华”的重大保障职责，为中华商业繁荣提供完善服务，演绎情报传递、军事保障、物资运输、食宿、补给、换乘中转、护卫服务以及“货通天下”实现物畅其流等各种使命。期望《中华驿站与现代物流》一书的出版，能吸引越来越多对物流感兴趣的人士关注物流事业，能有效地推动我国现代物流事业的发展。

在该书编写过程中，向我的一位好朋友、也是我尊重的一位师长、中国物流学界的泰斗王之泰教授介绍“中华驿站与现代物流”的研究工作，王之泰教授给我很大的鼓舞。王之泰教授认为：“这一项工作非常重要，迄今为止，我国很缺乏这方面的研究和成果，应该说这是我国物流研究工作者第一次用现代物流的观点，对‘中华驿站’进行的追踪研究。从这一点来讲，你和你领导的物流策划团队做了件开创性的研究工作。”

在该书编写过程中，向我的一位好朋友、也是我尊重的一位学者，中国物流学会副会长、西安交通大学管理学院博士生导师、中国科学院研究生院管理学院兼职教授冯耕中介绍“中华驿站与现代物流”的研究工作，冯耕中教授给我很大的鼓励。冯耕中教授认为：“研究课题需要一定经费、组织队伍去考察吃住行又需要一笔不少经费，还需要大量的精力、财力和物力才能实现，著书出书是件很不容易的工作，一般说难以去承担。再加上仅此是件不容易的工作，从研究课题至出书特别之处在不同于一般的物流常规性理论研究，‘中华驿站与现代物流’一书的研究已经涵盖了其他考古、历史类等学科。”的确，正如冯耕中教授所言，这不是一般物流知识读物，因为这本书在邮政史、物流学、地理学、考古学、历史学、经济学、社会学、道路学、人类学，艺术史等方面皆有研究参考价值。

在《中华驿站与现代物流》著书过程中，得到了中国物流策划团队优秀成员张远昌研究员、日本海归物流工程博士李家齐副教授、物流工程博士（赴美国访问学者）秦进副教授、物流工程博士（赴德国进修博士后）易海燕副教授、物流工程博士杨京帅副教授、物流工程硕士许行、物流管理硕士李蒙、城市规划与设计硕士刘斌及市场部经理李峻磊等的鼎力帮助和大力支持；得到了广州李芏巍物流策划机构赵春洁等的鼎力帮助和大力支持，没有他们的帮助和支持难以完成这项工作。

特别鸣谢内蒙古自治区二连浩特伊林驿站博物馆、伊林驿站博物馆斯望馆长等提供大量历史资料、图片和详尽交流介绍，为《中华驿站与现代物流》一书的编写与出版起了非常重要的作用。

特别鸣谢内蒙古自治区乌兰察布市人民政府、乌兰察布市集宁区人民政府、集宁现代物流园区管理委员会给予《中华驿站与现代物流》著书过程的帮助与大力支持。

特别感谢国务院参事室、中国物流策划研究院、中国物流策划专家委员会、中物策（北京）工程技术研究院、广州大学建筑设计研究院、广州大学商学院、广州大学物流规划设计研究院、广州大学物流与运输研究中心、广州大学物流类专业教学指导委员会、北京交通大学物流研究院、广州李芏巍物流策划机构和李芏巍物流之星奖助学基金等单位对“中华驿站与现代物流”从课题研究到著书过程给予的帮助与大力支持。

特别感谢中国物流与采购联合会、中国物流学会、学会工作部、研究室、物流园区专业委员会等单位对“中华驿站与现代物流”从课题研究到著书过程给予的帮助与支持。

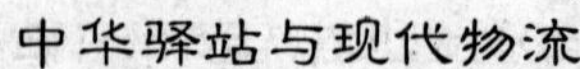

感谢所有对“中华驿站与现代物流”从课题研究到著书过程给予帮助与支持的朋友们，谢谢大家。

更多关注：网址：www.56cehua.cn；新浪微博—李芏巍；E-mail：liduwei56@163.com；交流咨询联系助理电话：010-5807 6783（北京）；020-8623 7961（广州）。

作 者

2012 年 10 月 6 日

于马尔代夫共和国天堂岛